古川孝順
社会福祉学著作選集

第1巻

社会福祉学の
基本問題

中央法規

著作選集の刊行に寄せて

一九六七年四月一日、私は、学校法人熊本学園熊本短期大学社会科（現在の熊本学園大学社会福祉学部）に専任講師として赴任した。同短期大学の内田守教授による社会科を基礎に社会福祉学部を設置したいという構想のなかでその要員の一人として就任したように記憶している。このことについては、日本社会事業大学の仲村優一教授によるご紹介とご推薦をいただいた。以来、五二年、熊本短期大学、日本社会事業大学、東洋大学、西九州大学、そして現在の公立大学法人長野大学と、教育・研究者としての日々を積み重ねてきた。大学入学の時期を始点として数えればすでに五八年、顧みて随分と長い大学生活である。

これら五つの大学のうち、私にとってもっとも重要な意味をもつのは、もとより母校日本社会事業大学である。私は、一九六〇年に日本社会事業大学社会福祉学部児童福祉学科に入学し、六四年に同学科を無事卒業することができた。その後、一九七一年四月、母校に専任講師として勤務することになり、一九九一年三月まで在籍した。この間、かつて東京都渋谷区原宿の地にあった日本社会事業大学の薄暗い教室で授業を受け、着任後は同僚となった木田徹郎、小川政亮、仲村優一、石井哲夫、飯田精一、小川利夫などの諸先生、かつての学部時代の先輩で同僚になった高澤武司、横山和彦両先生などのご指導やご鞭撻のもとに、助教授、そして教授に昇任することができた。日本社会事業大学に入学していなければ、社会福祉学の教育・研究者としての現在が存在しないことは確実である。その意味では、日本社会事業大学と苦難の時代を越えて大学を支えてこられた諸先達による学恩は、まさに、嶽よりも高し、海よりも深し、といわなければならない。

東洋大学には一九九一年四月に着任し、二〇一二年三月まで二一年間在籍した。東洋大学ではわが国最初の夜間大学院（東洋大学社会学研究科福祉社会システム専攻）、ライフデザイン学部、福祉社会デザイン研究科の設置に携わり、社会学部長、ライフデザイン学部長、社会学研究科委員長、福祉社会研究科委員長などの役職も経験した。他方、この時期に、博士（社会福祉学、日本女子大学）の学位を取得するとともに、日本社会福祉学会の会長職に就任した。単著のほとんどもこの時期に出版している。教育・研究者としての経歴のなかでそれなりに教育・研究・校務に集中することのできた恵まれた時期であった。しかし、何といっても最大の思い出は、東洋大学着任数年後から退職時まで継続した社会福祉理論研究会である。院生中心の自主的な研究会であるが、多数の院生諸君、そして現立教大学コミュニティ福祉学部長の三本松政之教授の参加をえて、毎年大河内一男、孝橋正一、竹内愛二、嶋田啓一郎、岡村重夫、一番ヶ瀬康子、真田是、三浦文夫など、わが国の社会福祉学研究に貢献されてきた錚々たる諸先達の業績を繙いてきた。年々歳々、同じ顔ぶれの研究者を取りあげ、その業績を輪読してきた。参加した院生のなかには同じ課題の繰返しに倦む者もいたはずであるが、そうしたなかから少なからぬ人数の院生が巣立ち、全国各地の大学において教授、准教授、さらには助教として教育・研究に携わっている。私として、特段研究の方向づけをしてきたわけではない。それぞれが自分の道を発見し、歩み、すでにそれなりの業績をあげてきているということであり、これに越したことはない。偽らざる思いである。

さて、来し方を振り返ることに思わず時間を取ってしまったが、此度、中央法規出版のご理解と、ご支援をいただき、社会福祉学著作選集を刊行する運びとなった。本書（第1巻）の巻末に、現在にいたるまでの研究業績のリストをあわせて掲載している。私は、これまで、『社会福祉原論』の第二版およびその英訳版を除いて、一九八二年の『子どもの権利』（有斐閣）の刊行以来、二〇一二年の『社会福祉の新たな展望』（ドメス出版）まで、折に触れ合わせて一六冊の著作を公にしてきた。ただし、ここで、著作集として、そのすべてを収録しているわけではない。タイトルを「古川孝順社会福祉学著作選集」とした理由である。

著作選集の構成は、以下の通りである。

第1巻　『社会福祉学の基本問題』（書き下ろし）
第2巻　『社会福祉研究の構築』（各年）
第3巻　『社会福祉学序説』（有斐閣、一九九四年）
第4巻　『社会福祉学』（誠信書房、二〇〇二年）
第5巻　『社会福祉原論』（誠信書房、二〇〇三年）
第6巻　『社会福祉改革の構想』（誠信書房、一九九一年、九五年、九八年）
第7巻　『社会福祉の拡大と限定』（中央法規出版、二〇〇九年）

著作選集を構成する全七巻のうち、第3巻の『社会福祉学序説』から第7巻の『社会福祉の拡大と限定』までは、第6巻の『社会福祉改革の構想』を除いて、いずれも既刊単著の復刻版である。これまで執筆してきた著書のうち、まず、私にとっては社会福祉学の構築に挑戦した最初の研究書であり、学位論文ともなった『社会福祉学序説』を第3巻に位置づけた。以下、順に、『序説』以後の研究の展開を取りまとめた『社会福祉学』を第4巻に、私なりの社会福祉学の枠組を提示した『社会福祉原論』を第5巻に、そして、今世紀初頭の混乱の時期に新しい時代の社会福祉学のありようについて改めて考察した『社会福祉の拡大と限定』を第7巻として集録することにした。

これら五冊はいずれも理論的な考察を中心にした著書である。これにたいして、第6巻の『社会福祉改革の構想』は、既刊の著書のうち、改革という語句を冠して刊行した『児童福祉改革』『社会福祉改革』『社会福祉基礎構造改革』を合わせて一冊に合本したものである。分量的には大部のものになってしまったが、これらはいわば改革三部作ともいうべき著作である。他の著書に比べると、多少とも行論のなかに施策提言的な議論、あるいは政策、制度、援助のありようについての実際的、実践的な批判と提言を含んでおり、そのことを軸に三部作を一冊にとりまとめることにした。

第2巻の『社会福祉研究の構築』は、大学院時代の習作一点を含め、私の教育・研究のそれぞれの時期において転機となった論稿であり、かつこれまで単著のなかに組み入れてこなかったものを取りまとめて一冊とした。「社会福祉研究の構築」という些か大仰なタイトルになっているが、私の徒弟時代からどうにか一人立ちの研究者として振る舞えるようになった時期まで、節々において執筆した論稿を一冊に取りまとめたものである。

順序が逆になってしまったが、第1巻の『社会福祉学の基本問題』は此度の著作選集の刊行にあわせて新たに書き下ろしたものである。この年、二〇一八年、春浅い頃から、著作選集の構成を考えるため、既刊の著書をあれこれ読み返す日々が続いた。そうしたなかで、社会福祉学の教育・研究という視点で自らを省みるとき、まさに道半ば、日暮れてなお道遠しの思いに陥り、現時点において社会福祉学について考えるところを取りまとめ、著作選集の巻頭に加えることに思いを定めた。著作選集を刊行することについては、私自身の教育・研究に一区切りをつけるという意味をもつことはもとよりである。同時に、これから社会福祉学の研究に志そうとする大学院レベルの初学者や若手研究者たちに社会福祉の全体像について論じることの重要性とおもしろさを知っていただきたいという思いも強かった。そのこともあって、あまり例のあることではないと思いつつ、初学者や若手研究者たちには著作選集にたいする導入の冊子として、現に社会福祉学研究を支え、その発展を期しておられる研究者諸氏には著作選集において足らざるところについてのエクスキューズを兼ねた補足の冊子として、それぞれ受けとめていただければ幸いである。そこに何程かの意味もあろうかと考えた次第である。その意味では、第1巻の『社会福祉学の基本問題』は、読者諸氏に最初に手にしていただいてもよいし、第2巻以後に目を通していただいたうえで、最後にご一読願っても、差し支えがあるわけではない。現在の時点において、私が社会福祉、そして社会福祉学の研究について何を考えているのか、それを知っていただければ幸いである。

これまで著書や論文のあちこちで論じてきたところであるが、私は社会福祉学は学際的であることを免れず、学際的であることなしには社会福祉学は成り立ちえないと考えている。その意味では、熊本短期大学の四年間は、時間的には短いものであったが、得難い経験になった。学部時代の教育においては、社会福祉は、いってみれば、学問あるいは研究の対象というよりは、社会福祉の従事者となるうえで必要とされる専門的な知識や技術を身につけることが求められる職業の一領域という位置づけであったかと思う。社会福祉にかかる知識や技術は、学問、研究の対象というよりは、身につける対象であった。その意味で、熊本短期大学時代に、法律学、心理学、社会学、経済学などを学問なり、研究なりの対象としてきた同僚たちに接する機会をえたことはまたとない経験となった。岡本民夫教授や定藤丈弘教授をはじめ優秀な社会福祉学の研究者たちとの出会いも大いに幸いした。もっとも、四年間の熊本時代、教育や研究に専念していたというわけではない。どちらかといえば、市中での課外活動に割いた時間のほうが多かったかもしれない。しかし、それにもかかわらず、学際的な研究方法にこだわりをもつことになった最初の切っ掛けは、熊本短期大学にあったと思っている。

社会福祉学の研究には、多様な科学、学問分野にかかる知識や技術を援用すること、学際的なアプローチが不可欠である。しかし、学際的アプローチといってもただ諸科学の知識や技術を集積すればよいというわけではない。私自身の学際的アプローチがいまなお広く浅くというレベルに終始していることは十分自覚しているつもりである。まさに浅学非才であるが、社会福祉学の発展にとって必要なことは、多様な科学を援用して蓄積した知識や技術を一定の視点や枠組によりながら、組織化し、体系化することである。この著作選集がそのことに少しでも役立てばと願っている。

私は、東洋大学退職後、西九州大学に六年間在籍することになった。西九州大学では、学部、学科、大学院の課程や専攻の改組転換、新設に微力を添えた。現在在籍している公立大学法人長野大学においても、公立化後の大学改革、発展計画の実現に関わっている。西九州大学では大学院を中心に授業も行ったが、研究活動という側面ではこれといえるほどの成果をあげることができなかった。長野大学における活動の中心も大学の改革に関わることであるが、社会福祉学の間口を広げ、底上げするという意味では一定の役割を果たすことができるのではないかと願っている。

ここで凡例的な事項について触れておきたい。組版については縦組に統一した。著書のうち原本が横組になっているのは『社会福祉原論』のみであるが、第2巻に収録した論文には横組のものが多い。縦組にするにあたっては、年月日については いずれも漢数字に置き換えた。欧文については、数は少ないが、もとより横組のままとした。章、節、項などの数字については、新たな原則によることにし、そのため、多少の変更が起こっている。精神薄弱、痴呆などの語句が使われているところがあるが、原本執筆時の状況に鑑み、原文のままとした。そのほか、明らかな誤字、脱字については訂正した。原文で意味の取り難い部分について、数は少ないが文脈と文意を変更しない範囲で加筆修正を施した部分がある。なお、第5巻の『社会福祉原論』については、施策、政策、運営、制度などの語句について可能な限り統一することにした。さらに、図表の一部について、巻ごとに、場合によっては同一巻においても、施策の種類や名称、説明のための語句が異なる場合がある。これについては、執筆時の背景、時期や状況、研究の進捗状況を反映したものとして扱い、敢えて統一せず、原典のままとした。その点、読者のご理解とご海容をえられれば幸いである。

刊行に関わる作業のうち、既刊論文のコピー作成、校正などについては、かつての東洋大学大学院ゼミ生である西田恵子（立教大学教授）、門美由紀（東洋大学非常勤講師）の両氏を煩わせた。両氏には、公私多端のところ、公私多大な時間とエネルギーを割き、第2巻以下すべての巻についてダブルチェックをしていただいた。さらに、両氏には、第6巻の索引を作成していただいた。両氏にたいし、ここに衷心より感謝の意を表したい。ただ、両氏のご尽力にも関わらず、処々に誤字、脱字、語句の不統一などの見落としもあろうかと虞れている。そのことについての責任は、もとより私自身が負うべきものである。

本著作選集に収録した原本の出版社である誠信書房とその編集担当者、有斐閣とその編集担当者にも謝意を表したい。誠信書房には、『児童福祉改革』『社会福祉改革』『社会福祉基礎構造改革』（以上は合本して第6巻として収録）『社会福祉学』（第4巻として収録）『社会福祉原論』（第5巻として収録）を刊行していただいた。編集を担当されたのは、松山由理子、長林伸生の両氏である。有斐閣には『社会福祉学序説』（第3巻として収録）を刊行していただいた。担当されたのは千葉美代子氏である。両社にはこのほかにも多数の著作を出版していただき、多くの編集者諸氏のお世話になった。改めて御礼を申し上げたい。

最後になるが、本著作選集の刊行については、中央法規出版社長の荘村明彦氏の社会福祉学についての深いご理解と多大のご支援に依っている。それがなければ本著作選集が書肆の書棚に並ぶことはなかったであろう。衷心より感謝の意を表したい。刊行にかかる煩瑣な過程を担っていただいたのは照井言彦、須貝牧子、鈴木涼太、三浦功子の各氏である。照井氏とは『エンサイクロペディア社会福祉学』以来のつながりであるが、常日頃から細部にいたるまで気配りの効いたご支援をいただいている。須貝、鈴木、三浦三氏には、全巻にわたって緻密な校正、校閲を進めていただいた。あわせて感謝を申し上げたい。さらに、中央法規出版の各部署を担う諸氏にも謝意を表したい。見えないところで、また気づかないところで、関係諸氏にお世話になってはじめて、著作選集は刊行の日を迎えることができた。すべての方々に改めて御礼を申し上げたいと思う。

二〇一九年一月

古川　孝順　記す

第1巻　はしがき

社会福祉とは何か、社会福祉学とは何か、それを明らかにすること、これは、筆者ならずとも、社会福祉にかかる研究や教育に携わることを職業とする者にとって、常に念頭にある課題であろう。筆者も、研究や教育に関わるようになってこのかた、さまざまな機会や場所をえて、この見果てぬ夢ともいうべき課題に取り組んできた。本書の課題もその延長線上にある。筆者は、本書においても、社会福祉学の研究を志す院生諸君や若手の研究者諸氏を読者に想定しながら、社会福祉学研究の基本的な視点や枠組をどのように構築するか、そのうえにたって社会福祉学の全体像をどのように描出するか、改めて考えてみた。

本書は、第1章「社会福祉学の基本的枠組」、第2章「社会福祉の史的展開」、第3章「社会福祉研究の争点」、第4章「社会福祉研究の焦点」、結び「社会福祉学のスケルトン」から構成されている。第1章においては、社会福祉学の研究や教育に携わろうとする場合、まず最初に理解されているべき基本的な事柄、論点について考察した。第1章において取りあげた事項は、第一には、社会福祉学の科学としての特性である。第二に、初歩的なことであるが、視点や枠組の意義について考察した。第三に、社会福祉学の基本的な視点と枠組としての社会福祉の外部環境（マクロ環境とメゾ環境）、社会福祉の起点としての生活システム、社会福祉の内部環境（構造と機能）について素描した。第四に、社会福祉の内部環境を論じる手掛かりとして、社会福祉学の先行研究による社会福祉学の概念規定を素材として、社会福祉の構成要素について考察した。第五に、その結果を踏まえ、社会福祉の構造や機能を捉える枠組について改めて考察した。第六に、以上の作業を踏まえつつ、社会福祉学の性格や研究領域について考察した。

第2章においては、第1章における考察を踏まえ、かつ歴史をストーリーとして捉えるという視点から、イギリス、アメリカ、そしてわが国の社会福祉の歴史を分析した。もとより、歴史は、史実とされる事象の単なる時系列的な記述ではない。史実の集積を一定の視点から原因、結果、影響という因果的な文脈のなかにおいて把握し、意味づけ、解釈したものである。歴史と理論の関係は歴史即理論というものではない。社会福祉にかかる史実を時間軸や空間軸のなかに適切に位置づけ、解釈し、社会福祉の歴史として把握するためには、一定の視点と枠組が準備されなければならず、その拠所となる理論が必要とされる。逆に、社会福祉の理論を構築するためには不可避的に社会福祉にかかる史実についての一定の知識が必要とされる。

第3章第1節においては、まず、社会福祉学を公共政策学に対照させることを通じて、社会福祉学の現状を評価し、その特性を浮き彫りにするという試行的な考察を行った。公共政策学の分野では社会福祉研究は公共政策学の一領域、分野として捉えられているが、多元性（学際性）、フレーミングの問題など、参考になる部分は多い。しかし、なかでももっとも重要なことは、政策を政策という局面（ステージ）だけで捉えるのではなく、政策の策定からその実施にいたる過程を一つのプロセス、連続して順次変化する過程として捉えていることである。筆者自身もかねて運営という要素を入れて社会福祉の政策から援助にいたる過程を一つのプロセスとして捉えることを指向してきた。しかし、社会福祉においては、伝統的に「政策か（と）援助（ないし技術）か」という二分法的な問題の立て方が受けつがれてきている。そこで、第3章第2節では、社会福祉学のなかでこの問題がどのように論じられてきたかを改めてレビューし、問題点を剔出するとともに、そのことを前提に社会福祉の存在根拠（レーゾンデートル）がどのように論じられてきたかをレビューした。第3章第3節においては、政策と援助を一つのプロセスとして捉えることを前提に、先行研究において社会福祉の存立根拠、正当性がどのように捉えられてきたかを考察した。

第4章においては、前章までの議論をもとに、社会福祉のマクロ環境、対象としての生活問題とその捉え方、メゾ環境、内部環境の順に、それらをめぐる議論の現状と取りあげるべき課題について考察した。重要な論点の一つは、現代における社会、経済、政治、文化の変動とそこにおける社会福祉の状況を的確に把握し、将来を展望するためには、現代社会が資本主義社会、しかも先祖返り志向の資本主義であることを前提に、しかしそこを一歩引いて、社会存立の基底であり、根源である共同社会、さらにいえば基層としての共同社会（基層社会）を起点とする論理構成が必要とされているということである。いま一つの論点は、いわゆる政策と援助（技術）の問題を、それらを捉える科学方法論の問題と切り離し、実態に着目して、一連の施策過程、政策の策定から制度の設定、援助の展開に至る一連のプロセスを構成するステージの違いの問題として位置づける必要があるということである。その二点を踏まえて、最後に、社会福祉の政策から援助に至る過程を分析するために必要とされる視点と枠組について考察した。

以上、本書においては、社会福祉とは何か、社会福祉学とは何かというアルファにしてオメガの課題について改めて検討し、取るべき方向性について若い世代に改めて問題提起を試みた。その際、議論の組み立て方として、筆者は、基本的なところからはじめて螺旋的に議論を深めるという手法を採用した。ただ、螺旋的な深まりを期した議論が却って議論の重複、さらには堂々巡りに陥っている部分もあろうかと懸念するところがある。また、議論の深浅、過不足も否めない。このため、末尾に、「結び　社会福祉学のスケルトン」と称する項目を設け、筆者の構想している社会福祉学の全体像をその骨格のレベルで明示することにした。最後の取りまとめという趣旨であるが、逆にこの部分から読んでいただければ、あるいは本書にたいする導入としての意味をもつことにもなろうかと考える次第である。

筆を起こしてからこんにちまで、数多くの皆様にお世話になった。なかでも校正については、西田恵子氏（立教大学教授）にお世話になり、校務多端なところをご尽力いただいた。御礼を申し上げたい。

最後になってしまうが、筆者の名を冠した著作選集の第1巻となる本書の刊行をこころからの熱意をもって支援し、準備過程を担っていただいたのは、中央法規編集部の照井言彦氏である。筆者の試行錯誤的な筆の運びと校正時の大幅な加筆修正を了とされ、刊行の日まで見守っていただいた。衷心より感謝の意を表したい。

二〇一九年一月

古川　孝順　記す

目次

著作選集の刊行に寄せて

第1巻　はしがき

第1章　社会福祉学の方法

第1節　科学としての社会福祉学……3

第2節　研究対象としての社会福祉的事象……5

第3節　分析の視点と枠組――一般的規定……10

一　分析の視点――視座・視角・視点　10

二　分析の枠組　13

三　視点・枠組と理論　14

第4節　社会福祉分析の視点と枠組――輪郭の提示　15
一　社会福祉の構成　15
二　社会福祉のマクロ環境　16
三　生活システム――社会福祉形成の起点　17
四　社会福祉のメゾ環境　19
五　社会福祉の内部構造　20

第5節　先行社会福祉概念の分析　22
一　分析の方法　23
二　社会事業の古典的規定　24
三　社会政策と社会事業　28
四　生活問題と社会福祉　31
五　社会関係と社会福祉　34
六　論点の整理　37

第6節　視点と分析枠組の展開　41
一　社会福祉・社会事業の用語法　41
二　社会福祉のマクロ環境分析　42
三　社会福祉の対象分析　45
四　社会福祉のメゾ環境分析　50
五　社会福祉の内部構造分析　53

第7節　社会福祉学研究の性格……57
一　社会福祉の価値と研究　58
二　社会福祉研究の位相とレベル　61
三　社会福祉学の性格と課題　64

第2章　社会福祉の史的展開

第1節　社会福祉史理解の視点と枠組……75
一　歴史は過去の実験室　76
二　歴史理解の基本的枠組　77

第2節　社会福祉の原風景……80
一　助けあう共同社会　80
二　排除する共同社会　83

第3節　資本主義社会の救済原理……85
一　自己責任主義の一般化　85
二　友愛組合と慈善事業の展開　89
三　世俗的慈善事業　91

四　わが国の救済事業　93
第4節　社会政策と社会事業　95
一　個人貧から社会貧へ　96
二　労働者保護施策の発展　97
三　社会保険と救貧法　100
四　民間における救済活動の展開　102
五　アメリカの革新主義と公的救済　104
六　慈善事業の組織化・科学化・専門職化　106
七　わが国における社会事業　110
第5節　福祉国家と福祉社会　113
一　福祉国家成立の契機　114
二　福祉国家の光と影　119
三　戦後社会福祉の展開　123
四　社会福祉基礎構造改革　126
第6節　社会福祉の二一世紀　129
一　社会福祉における第三の道　130
二　ウェルフェアからワークフェアへ　132
三　社会福祉のデボリューション　135
四　社会福祉援助提供システムの新たな展開　138

第7節　社会福祉の歴史分析——回顧と展望……141
一　視点と枠組の再考　141
二　螺旋的な展開　144

第3章　社会福祉学の争点

第1節　社会福祉学の「性格」問題……150
一　社会福祉学の対象と目的　150
二　対照としての公共政策学　151
三　問題志向　153
四　コンテクスト志向　155
五　多元性志向　156
六　規範志向　158

第2節　社会福祉における「政策と援助」問題……161
一　政策論と援助論の拮抗　161
二　二者択一説　164

三　二者統合説——運動論的統合　165
四　二者分離説　166
五　ソーシャルワーク単立説　167
六　施策統合説——個別的社会サービスによる統合　169
七　二者一体説——政策の実施過程としての援助活動　171
第3節　社会福祉の「存立根拠」問題　175
一　社会福祉分析の視点・枠組の再構成　175
二　理論モデルとしての位置づけ　178
三　歴史形成説——社会福祉における歴史と理論　180
四　社会改良説——社会事業の存立根拠　182
五　政策説——資本主義的必然性　184
六　技術説——専門職体系　186
七　固有説——串刺し施策　188
八　運動説——社会運動を契機とする社会福祉の成立と発展　190
九　運営説——社会福祉の内部構造への着目　192
一〇　社会共同説——社会福祉存立の基盤としての社会共同　193
一一　若干の整理　195

第4章　社会福祉研究の焦点

第1節　社会福祉のマクロ環境——社会構成体と社会福祉……206
一　総体社会の位相と社会福祉　207
二　生活問題の多様化・複雑化・高度化と対象認識　212
三　現代社会の変貌と社会福祉　216
四　新たな視点と枠組の模索　219
五　基層社会の自己復元・自己防衛としての社会福祉　223
第2節　社会福祉のメゾ環境——社会福祉のL字型構造……226
一　社会福祉と社会政策　227
二　社会福祉と一般生活支援施策との関係　229
三　社会的生活支援施策の構造と機能　232
四　総体社会と社会的生活支援施策　234
五　生活支援システムとしての福祉社会　239
六　社会的生活支援施策のなかの社会福祉　241
第3節　社会福祉の内部環境——社会福祉の構造と機能……246
一　社会福祉の二定点構造説　247
二　社会福祉の三層構造説　250
三　政策・制度・援助の三位一体構造説　254
四　科学としての統合　257

第4節　社会福祉の施策過程……260
一　施策過程としての社会福祉　260
二　政策・制度・援助・評価の構成　265

結び　社会福祉学のスケルトン

履歴

研究業績

索引

第1章 社会福祉学の方法

第1節　科学としての社会福祉学

社会福祉学研究の課題は、簡潔にいってしまえば、社会福祉とはいかなるものか、一定の視点と枠組にもとづき、その性格、内容、体系などについて分析し、その特質を明らかにすることにある。

もとより、このような課題設定の方法は社会福祉学に限られるものではない。哲学や心理学、教育学などの人文科学であれ、経済学、法学、政治学、社会学などの社会科学であれ、また物理学や化学などの自然科学であれ、それぞれの科学が一つの独立した領域として成り立つためには、それぞれの科学が固有の研究の対象をもつとともに、そのような研究の対象を分析し、その性格なり特質なりを解明するうえで必要とされる固有な研究の視点と枠組を有していることが重要な要件となる。

しかし、社会福祉学の研究においては、そのような固有な視点や枠組についての議論に進む以前に、あらかじめ言及しておかなければならない状況がある。それは、社会福祉学がみずからを科学、学問の一領域として標榜しようとするとき、しばしば直面させられてきた障壁のことである。

第一の障壁は、社会福祉学というが、社会福祉に関する研究は果して一箇の科学、学問として成立しうるのであろうか、社会福祉は経済学、法学、政治学、社会学あるいは心理学など既成の科学がそれぞれの視点と枠組によって研究の対象にする応用領域の名称に過ぎないのではないか、という疑問である。第二の障壁は、仮に一つの科学としてその成立を期するにしても、果して社会福祉学はすでに科学として認知されている先行諸科学の視点と枠組、それらのいずれにも収斂されえない固有の視点と枠組を有しているといえるのかという、学問の成立という課題に関わって根源的に問われ続けてきた疑問である。

第一の障壁についていては、端的にいえば、社会福祉はディシプリン（一箇の科学）かフィールド（研究の対象領域）かという疑問である。わが国においては、社会福祉をフィールドとして捉えようとする根強い傾向がある。そのような言説の一部には、社会福祉をディシプリンとして捉え、社会福祉学を一箇の科学、学問として構築しようとする試みは、科学論あるいは学問論として実りのない、さらにいえば非現実的な試みであり、海外においても社会福祉はフィールドとして扱われているという指摘も含まれている[(1)]。

むろんこのような言説にも示唆に富む論点が含まれている。しかし、この問題についてのわれわれの基本的なスタンスは、社会福祉の研究を一箇のディシプリンとして位置づけ、確立するという方向にある。社会福祉を諸科学のフィールドとして位置づけるという方法では、社会福祉の全体像を適切に把握し、その性格、内容、体系を十全に明らかにすることは不可能である。社会福祉の適切な理解のためには、社会福祉を一箇の固有な研究の対象領域として位置づけ、一定の視点と枠組をもってその性格、内容、体系を解明することをめざす一箇の科学、学問としての社会福祉学が必要とされる。

ここでわれわれは、さきの第二の障壁、疑問に直面させられる。すなわち、仮に一箇の科学としての社会福祉学が必要とされるとしても、それは経済学、法学、政治学、社会学、心理学などの先行諸科学と区別し、それら諸科学に収斂され、吸収されることのない、固有の研究の対象領域を設定することができるのか。さらに、それを分析し、その性格、内容、体系を解明するとともに、その結果を総合し、記述しうる固有の視点と枠組をもちうるのか、という疑問である。

このことについては、われわれはまず、社会福祉学が経済学、法学、政治学、社会学、心理学などの先行諸科学による学際科学として出発したことを認めなければならない。確かに、社会福祉学の構築には、それら先行諸科学の視点や枠組、それらを駆使した学際研究とその成果を必要とする。しかし、それだけで社会福祉の研究が完結するわけではない。社会福祉学の研究をより十全なものとするには、それらの成果を総合し、秩序立てるプロセスが必要となる。そのことを可能にし、社会福祉研究の全体を鳥瞰し、方向づけ、体系化するための視点と枠組が必要とされる。社会福祉学には、そのような科学としての発展が期待される。

加えて、先行する諸科学のありようは、それぞれに措定された固有の領域について、一定の視点と枠組からなされる法則定立的な研究である。その成果が実際的な問題や課題の解決に活用されるとしても、それは法則定立的な研究の現実への適用、応用である。先行諸科学による社会福祉研究の特徴は、基本的には、そこにある。

これにたいして、社会福祉学は、法則定立的な研究（分析科学としての側面）を基礎として含みつつも、その成果を踏まえ、社会福祉の対象としての生活問題が一定の基準に照らして社会的、公共的に対応すべき課題として認知され、選択される過程についての研究（規範科学としての側面）、選択された課題の解決、改善、達成などをめざす政策が策定され、その実体化として制度が設けられ、運営される過程についての研究（設計科学としての側面）、さらには制度の具現化としての援助が提供され、展開される過程についての研究という、多様な研究の側面を有している。われわれはそこに、先行諸科学とは異なる別の次元において、一箇の科学としての社会福祉学の特徴を見出すことができるのである。

このような社会福祉学の特徴については、行論のなかで徐々に明らかにするが、本章第7節の「社会福祉学研究の性格」において改めて取りあげることになろう。

第2節　研究対象としての社会福祉的事象

さて、社会福祉学の研究対象は、社会福祉的な事象、すなわち社会を構成する人びとによって社会福祉とみなされている事象、あるいは社会福祉という言葉によって捉えられようとしている事象である。それでは、どのような事象が社会福祉という言葉に対応するものとみなされるのか。そのことを明確にするためには、社会福祉学についての一定の知識が必要とされる。経験主義に頼ることはできない。社会福祉の輪郭と内容、構造と機能について理解するには、多少とも社会福祉学の知識がなければならない。しかし、社会福祉学の知識を蓄積し、その体系を構築しようとすれば、まず社会福祉なるもの、社会福祉という言葉によって想定される事象の輪郭と内容を定める必要がある。社会福祉をそれ以外のものと区別し、比較衡量、分析し、その特質、構造や機能を明らかにすることが求められる。

この論法では、議論は鶏が先か卵が先かの堂々巡りに陥ってしまう。ここでは、それを避けるために、社会福祉学の研究に着手するにあたり、それが研究の対象とする社会福祉、すなわち社会福祉とよばれる事象のアウトラインを把握するうえで役に立つ幾つかの手掛かりを提供することから始めよう。

第一の手掛かりは、法制度的なものである。こんにち、社会福祉は社会の存続と統合を促進する社会的・公共的な施策として国・自治体などの政府機関、民間の組織や団体などによって実施されている。この文脈で捉えれば、社会福祉は基本的には国や自治体による社会的・公共的施策の一つであり、そこに根拠を与え、内容の策定と実施の方法を方向づけるために膨大な法律が準備されている。そのような法律の基本になるのが社会福祉法である。ただし、ここでは議論の便宜上その前身である旧社会福祉事業法の規定を取りあげる。

この、国や自治体による施策としての社会福祉のありようを基本的に規定してきた旧社会福祉事業法の規定は、社会福祉の範囲ないし輪郭について理解しようとするとき、有力な手掛かりを与えてくれる。旧社会福祉事業法によれば、わが国の社会福祉を構成する要素は、「社会福祉事業（第一種社会福祉事業と第二種社会福祉事業）」「社会福祉を目的とする事業」「社会福祉に関する活動」である。旧社会福祉事業法は、このうち「社会福祉事業」を構成する「第一種社会福祉事業と第二種社会福祉事業」について、それぞれに該当する事業（プログラム）を個別に列挙している。

このような旧社会福祉事業法の規定によれば、社会福祉とは、「社会福祉事業」「社会福祉を目的とする事業」「社会福祉に関する活動」の総体ということになる。一見すると大変わかりやすい手掛かりであるが、「社会福祉事業」は別にして「社会福祉を目的とする事業」「社会福祉に関する活動」の内容は必ずしも明確ではない。後二者の「社会福祉を目的とする事業」「社会福祉に関する活動」については、それに該当する事業や活動の明確な規定が与えられていない。具体的事業名が列挙されている社会福祉事業についても、その内容は固定的なものではない。その時々の社会的、政治的な状況のなかで、必要に応じ、役割を終えた事業の一部が社会福祉事業の範疇から除外され、逆に新しい事業が追加されている。さらに、社会福祉事業については、事業の性格、規模、実施期間などが一定の基準を充足しないものを社会福祉事業から除外する旨の規定（除外規定）が設けられており、事業の内容としては社会福祉事業に該当するが法的には社会福祉事業に含まれないという奇妙な事態がうまれている。取り敢えずの結論としては、旧社会福祉事業法の規定によって社会福祉の範囲ないし輪郭を明確に把握することは困難である。旧社会福祉事業法による規定は、手掛かりとしては極めて有力であるが、範囲や輪郭を確定しうるものではない。

さらに、確かに、社会福祉は基本的には国や自治体による施策である。そこに規定されている事業が社会福祉の相当の部分を構成する。しかし、それだけではない。その周辺には、国や自治体の施策にはなっていないが、施策に組み込まれることを求める活動や事業が少なからず存在し、展開されている。なかには、内容的には社会福祉法による事業に相当するが、国や自治体による制約や規制を避けるため、意識的に法の外側において事業や活動を行うという事業体も存在している。加えて、法律による規制の対象にはなっているが、事業それ自体としては社会福祉事業には含まれない有料老人ホーム、法の規制の外側にありながら事業の内容は社会福祉事業に類似するベビーホテル（託児事業）や青少年指導塾（生活指導施設）なども存在する。こうした事業は法的には社会福祉事業ではない、つまり社会福祉とはいえないものであるが、世間一般的には、法に依拠する事業とこれら法外の事業を区別することはまず不可能であろう。

われわれは、このような隘路を克服するため、かつて一定の事業を社会福祉以外の事業と区別し、社会福祉を構成する事業と認めうる基準の設定を提起したことがある。❶応答性、❷公益性、❸規範性、❹非営利性、❺組織性、❻規模性、❼継続性、❽安定性、の有無をもって判断の基準にしようという試みである。このうち、❶応答性はその事業が福祉ニーズの解決、軽減緩和という目的に適切に対応しているかどうかということであるが、以下❹の非営利性まではいわば社会福祉の内実的特質であり、❺の組織性以下❽の安定性までは外形的特性である。これらの特性の有無を規準にして社会福祉とそうでないものとを区分しようという試みである。たしかに、この規準に一定の成果を期待することはできそうである。しかし、もとより完全なものとはいいがたい。(2)

そこで、社会福祉についてのイメージを膨らませるため、これまでとは別の観点を導入する。社会福祉の施策が実施（実践）され、具現化される過程においてその中核となる方策（援助）の具体的な姿かたちに着目するという接近方法である。方策の内容は、利用者にたいしてなされる、生活に必需な資源を購入するうえで必要とされる金銭（現金）の提供、生活に必要な生活手段（生活資料と生活サービス）の現物による提供、金銭や生活手段の提供過程をより適切なものにするための、あるいは独立して利用者の心身の機能を保持、回復、促進することを目的とする人的サービス（役務）の提供、さらには施設などにおいて生活手段の提供と人的サービスの提供を統合して行われるシステム的サービスの提供などを中心に構成されている。人的サービスの具体的な内容は、ソーシャルワーク、ケアワーク、相談、指導・助言、保育、養護、介護、援護などの形態によって捉えられる。

さて、ここまでの議論を通じて、社会福祉学の研究対象としての社会福祉について、幾分なりとも具体的なイメージが形成されえたであろうか。旧社会福祉事業法による社会福祉事業の規定を始めとして、幾つかの手掛かりを提供してきた。しかし、見てきたように、社会福祉は、一義的にその外縁、範囲や輪郭を捉え、定めることの困難な事象である。周辺部においては時代的社会的にかなり出入のある事象である。その意味では、社会福祉は開放体系ともいうべき性格を備えており、われわれはそこに特徴の一つを見出すことができる。

そうした状況のなかで、さらに社会福祉学の対象としての社会福祉に接近しようと思えば、たとえば社会福祉の援助提供機関や施設を訪問し、そこで行われている援助の状況を観察し、記述するという方法によることもあるいは有意義であろう。また、そのような援助提供の背後にある事業（プログラム）の運営について個々に観察、記述し、その特徴を分析することも可能であろう。しかし、そのような経験主義的な方法を精力的に積み重ねえたとしても、そこからえられる知識だけによって社会福祉の全体像を描出し、その基本的な性格を解明することは容易ではあるまい。むしろ、不可能というべきかもしれない。

こうして、社会福祉の全体像、輪郭と内容、構造と機能、それらにみられる基本的な性格を解明するためには、多少とも系統的な考察、分析と総合の仕方を可能にするような視点と枠組を設定することが求められる。しかし、その作業に進む前に、ここで、ここまでの議論を総括し、つぎの議論に備えるという意味を込め、われわれの社会福祉についての基本的な考えかたを提示しておこう。

社会福祉とは、現代の社会において社会的にバルネラブルな状態にある人びとにたいして、社会的、公共的な施策として提供される多様な生活支援施策の一つであり、各種の生活支援施策に先立ち、またそれと並んで、あるいはそれを補い、人びとの自立生活を支援し、その自己実現、社会参加、社会への統合を促進するとともに、社会のもつ公共性と公益性を確保し、包摂力と求心力を強め、その維持発展に資することを目的として、国、自治体、民間の組織、住民によって展開される施策（政策・制度・援助）の体系、及びそれらに関わる諸活動、またそれらを支え、方向づける専門的な知識や技術の総体である。(3)

もとより、このような概念規定を与えたとしても、そこで社会福祉の輪郭や内容、構造や機能、そして特質のすべてが語り尽くされるというものではない。すでに、ここまでの議論からも明らかなように、社会福祉は時代や社会を超えて一定の様相、姿かたちを示す万古不易の事象というわけではない。加えて、概念をどのように規定するかは、議論の目的や文脈によって多様である。その限りでは、ここで提示した社会福祉の概念規定も暫定的なものであり、これからの議論の範囲や筋道を予告する道案内としての域を超えるものではない。以下、議論の節々において立ち戻る里程標になりうれば幸いである。

第3節　分析の視点と枠組――一般的規定

社会科学であれ、自然科学であれ、研究の起点として、分析の視点や枠組を明確に提示することが求められる。むろん、社会福祉学の研究においても同様である。しかし、そのことが求められるにも関わらず、研究方法論においても視点や枠組の設定とはどのようなことをさすのか、それが明確に示される例は必ずしも多いとはいえない。近年専門雑誌の投稿論文においては冒頭の部分において研究の方法と題する節ないし項が設定されている。ただ、ほとんどの場合、その内容は資料（データ）の収集方法に関わる議論が中心となり、たとえば量的分析によるか質的分析によるかを論じることに終始している。視点や枠組など研究方法の全体が論じられているわけではない。これでは、研究の方法というには不十分である。われわれは、社会福祉学の研究を深めるため、視点や枠組を設定することの意味や意義についてより一般的に議論をすることからはじめることにしよう。

一　分析の視点――視座・視角・視点

さて、「視点」という言葉であるが、これは通常二通りの意味においてもちいられる。視点は、一般にそれを広義にもちいる場合には、以下に順次議論の対象とする「視座」、「視角」、そして狭義の「視点」を含め、それらを総括する用語として扱われる。

まず視座について取りあげることにしよう。ここでいう視座の意味するところは、「物事を見る立場、姿勢」（広辞苑）、「物を見たり考えたりする立場」（類語例解辞典）である。視座の座は、台座、座席、座敷のように、すわる位置など一定の空間的な場所を示す言葉という印象を与える。しかし、それにとどまらない。視座という場合には、空間的な位置にとどまらず、そこに何がしかの考え方、さらにいえば価値観（判断）が含まれていることが多い。「物事を見る姿勢」という語義には、そのようなニュアンスが込められている。近年「立ち位置」という言葉がもちいられることがあるが、特にこの言葉にはここでいう空間的な位置とともに、議論の対象となる問題にたいする論者の価値判断が含まれている。

たとえば、利用者サイドの立ち位置から介護保険の給付手続きについて検討するという表現がなされている場合には、通例、介護保険利用者の享受する利益を最大のものにするという立場、観点に立って議論したい、という論者の姿勢の表明であることが多い。むろん、ただ単に保険財政サイドの健全化を図るという立ち位置、観点とは一線を画して議論したい、という姿勢の表明を意味する場合もある。

視座という言葉には、そうした意味で立ち位置という言葉と重なりあうところがある。視座という表現がなされているときには、それが空間的な位置に引き寄せた立ち位置という意味でもちいられているのか、価値判断を含めるニュアンスの強い立ち位置に近い意味あいでもちいられているのか、慎重に見極める必要がある。視座をどのような意味、ニュアンスでもちいるかは研究者によって異なるし、異なっていてかまわない。重要なことは、その表現に遭遇したときにはその含意を慎重に判断することが求められるということであり、逆に論者として自己の論旨を明確かつ的確に理解して貰いたいと思えば、最初に視座を明確にしておきたい。そのほうが理解して貰いやすいということである。

「視角」は、見ている物体（対象）の両端と目を結ぶ線、すなわち目に入っている事物（現象）の両端に発する二つの視線が構成する角度のことである。視線が向かっている物体（事象）が一定の距離に静止しているという前提でいえば、観察の対象となっている物体が大きければそれだけ視角は大きくなり、物体が小さければ視角は狭小になる。逆にいえば、研究者の側が視角を大きくとれば（広げれば）より広い範囲の物体（事象）を観察することになり、視角を小さくとれば（狭めれば）より小さな部分を見ることになる。

視角を広くとるか狭くとるかは、研究の対象や目的によって異なり、どちらがよいかという問題ではない。さらに、観察しようとしている対象と目とのあいだにカメラのレンズのような補助手段を介在させれば、見える範囲を変えることができる。魚眼レンズを挿入すれば、人の目で見るよりも広い範囲を見る（認識する）ことができる。逆に望遠レンズを挿入すれば、遠くのものを引きつけて、あるいは小さなものを拡大して、見ることが可能になる。視角が広いか狭いかが重要なことではない。むしろ、ズームレンズのように、視角を広げたり、狭めたりすることによって、それまで見えなかったものが見えるようになるということが重要である。より一般的にいえば、ミクロ、メゾ、マクロと視角を変えることによって、かつて見えなかったものが見えてくるのである。

つぎに視点であるが、その一般的な語義は「視線のそそがれるところ、物を見たり考えたりする立場、観点」（精選版日本語大辞典）、「視線の注がれるところ。また、ものを見る立場、観点」（広辞苑）とある。しかし、立場や観点では視座に重なってしまう。ここでは「視線のそそがれるところ」という語義に留意し、それを狭義の視点としたい。

視点は視線がそそがれた場所ということであるから、その場所は研究（観察）の対象となっている社会福祉的事象の一部ということになる。著書や論文を読むときには、そこで取りあげられている社会福祉的事象のどこに視線がそそがれているか、それを的確に読み取ることができるならば、その分だけ論者の主張は理解しやすいものとなろう。

ピンポイントという言葉もあるように、視線のそそがれる範囲はより狭いほど、小さいほど分かりやすいといえるかもしれない。たとえば、介護保険制度のありようのうち、介護支援専門員によるアセスメントの過程に視線がそそがれている場合である。視線のそそがれる範囲が限定的であればそれだけ、論点は明確なものになる。逆に、視線をそそぐ側、つまり研究者の側からいえば、どこに視線をそそぐかということが問題になる。あらかじめどこに視点をあわせて論じるかを明示しておけば、論者はそれだけ自分の主張しようとしていることを明確に伝えることができる。ここでいう視点は、ただ視線がそそがれている場所を意味するわけではない。どこに焦点をしぼって物事をみるかということである。

むろん、われわれが研究の対象にしようとしている社会福祉という社会的事象は物体ではない。視点をしぼり、自由に視角を変えるといっても、おのずとそこには限度がある。しかし、観察や分析の対象とする事象のどこに視点をしぼり、広狭どの視角で捉えるのかによって、見えてくるものが異なるはずである。先程の例でいえば、アセスメントの過程に視点をしぼる（焦点化する）としても、要介護認定という状況のなかでそれを捉えるか、それともニーズアセスメント一般に関する議論という文脈のなかで捉えるかによって、見えるものが違い、議論の内容も異なることになる。

二　分析の枠組

つぎに分析の枠組とは何か。ここでも議論を簡略なものにするため、一般的な議論からはじめることにしよう。

最近、パソコンや携帯などの世界ではＧＰＳ（全地球測位システム）が話題になる。社会福祉の世界でも徘徊する認知症高齢者の所在を探すのにこのシステムが活用されることがある。人工衛星を活用するシステムで地球上の物や人の所在を数メートル、数十センチメートル単位で特定できるという。最近のカメラのなかには撮影すると画像のなかに撮影された時間と場所を正確に記憶するものがある。しかし、場所を特定するには、人工衛星からの電波による照射があればいいというわけではない。その電波を受けた物体や人物の所在を正確に把握するには、地球上に設定された経線と緯線（子午線）がなければならない。

しかし、もとより、経線も緯線も実在する線でない。いってみれば架空の線であるが、経線と緯線が補助線として設定されていることで、その両者を手がかりに、われわれは自分の所在している位置を正確に把握し、示すことが可能になる。ある事象についての判断や評価の基準、手がかりとなる経線と緯線をどのように設定するか、これが研究方法論でいう枠組のもっとも簡明な説明である。

もう少し社会福祉の世界に引きつけていえば、たとえば、利用者の満足度を規定する要因を明らかにしようとするとき、横軸にサービスの質の水準をとり、縦軸にサービスの選択可能性の自由度をとり、満足度の高い人びとが四つの象限上のどこにプロットされるかを調べることができれば、そこから満足度を規定する要因としてサービスの質と選択の自由度のどちらが強い規定力をもつかを知ることが可能になるとしよう。この場合、サービスの質の水準という要因とサービス選択の自由度という要因の組みあわせは、利用者のサービス満足度を測定するために設定された枠組ということになる。

もとより、ここで例示した分析の枠組は一般論レベルの、しかもかなり簡略化したものである。社会福祉の全体像に接近しようとすれば、それなりに複雑な視点と分析の枠組が必要となる。そのことは、次節以下の議論を通じて、徐々に明らかになろう。

三 視点・枠組と理論

社会福祉の研究を推進するために準備され、設定される視点や枠組についての一般論のレベルにおけるイメージは、大枠でいえば、およそ以上のようなものである。それでは、そのような視点や枠組と社会福祉の理論とよばれるものとは、一体どのような関係にあるのか。

視点や枠組は理論の一部分のようにも思えるが、スタートラインにおいてはそうではない。視点や枠組は社会福祉の分析を推進し、理論の形成を促進するための装置、道具であって理論そのものではない。理論は、マクロのレベルでいえば、そのような視点や枠組を駆使して推進された分析の結果をもとに、それらを一定の秩序のもとに整序し、体系化することを通じて、社会福祉の全体像、すなわち生成の過程、基本的な性格と内容、政策の策定から援助の実施にいたる過程を整合性のある体系的な存在として再構成し、記述したものである。

そのことを前提にしていえば、社会福祉分析の視点や枠組は、分析結果を秩序づけ、体系化する過程において、その分析道具としての効用が吟味され、必要に応じて修正が加えられる。その修正された視点や枠組を適用することによってえられた分析結果をもとに、理論の修正、レベルアップが行われる。このような過程に着目すれば、分析の視点や枠組と理論とはいわば表裏の関係にあるといってよい。そのため、研究の成果を問う著書や論文をみると、視点や分析についての記述と理論に関する記述が明確に区別されず、渾然一体となっていることが多い。

第4節　社会福祉分析の視点と枠組——輪郭の提示

さて、ここまで分析の視点や枠組について、それらがどのような意味をもち、分析を進めるにあたってどのような用いかたがなされているのか、一般論のレベルにおいて考察してきた。つぎには、その議論を踏まえつつ、社会福祉の研究という限定された領域において、視点と枠組をどのように設定し、構築すればよいかが課題となる。しかし、その課題を達成するには、かなり入り込んだ議論が必要とされる。そこで、これからの議論をわかりやすいものとするため、ここで、これまでわれわれが社会福祉の全体像を理解するために構築し、活用してきた分析の視点と枠組について、そのアウトラインを紹介しておこう。

一　社会福祉の構成

まず、最初に問題になるのは、これから分析の対象とする社会福祉がどのような要素から構成されているか、ということである。このことについての一般的な理解は、社会福祉を対象、目的、主体、方法という四通りの要素から構成されているものとする見解である。通例、社会福祉の対象は、社会福祉を必要とする問題状況のことであり、社会問題、社会的問題、生活問題などとよばれる。社会福祉の目的はレベルによって異なるが、政策でいえば政策を実施する目的であり、援助でいえば個別援助の目的あるいは目標ということになる。社会福祉の主体は、社会福祉を推進する政府機関や民間の団体、専門職などのことである。社会福祉の方法は、これもレベルのとりかたによって異なるが、政策や援助を行うにあたって採用される方策手段あるいは技術のことである。

これとは別に、社会福祉の構成については、社会福祉の対象としての社会問題、社会福祉を要求する社会運動、国家による政策の三通りを要素とする言説もみられる。[(4)] また、「社会問題→社会福祉問題→生活ニーズ」、「社会福祉政策・制度・行政・施設・従事者」、「実践方法としての処遇（利用）、組織、運動」とする言説も存在する。[(5)] 後者は幾分か詳しい記述になっているが、いずれにしても、基本は対象、目的、主体、方法である。以下、これら対象、目的、主体、方法を社会福祉の構成要素として議論を展開することにしたい。

これら四通りなり三通りなりの構成要素のうち、対象は社会福祉を呼び起こす重要な契機である。しかし、対象となる社会問題や生活問題は、厳密にいえば社会福祉そのものではない。その限りでは、社会福祉の構成要素は、目的、主体、方法であるともいえる。ただし、社会福祉と社会、経済、政治、文化との関わりなどマクロレベルの議論を行うときには、社会福祉の対象、目的、主体、方法の全体をもって社会福祉と捉えるのが一般的である。われわれの場合にも、つぎに提示する社会福祉とマクロ環境、メゾ環境との関わりを議論する場合には、対象そのものや対象についての認識のありようなどを含めて社会福祉の構成要素として扱っている。

二　社会福祉のマクロ環境

われわれの社会福祉分析の視点と枠組の基本的な骨格についての議論は、まず社会福祉とその外部環境（エクソシステム）に関する分析、社会福祉の内部環境（イントラシステム）に関する分析に大別し、つぎに前者を社会福祉のマクロ環境に関する分析と社会福祉のメゾ環境に関する分析に分割することからはじまる。ここでいう社会福祉のマクロ環境とは、直截には社会の総体、すなわち総体社会のことである。さらに、総体社会には、その時系列的な変化と地理的空間的な多様性が包摂される。ただし、通常は、近代以降の社会が前提となる。社会福祉のメゾ環境は、社会福祉の周辺に位置する社会的生活支援施策群のことをさしている。これら生活支援施策群は、社会福祉のマクロ環境である総体社会と社会福祉の中間に位置して、メゾ環境を構成している。社会福祉は、それ自体として社会的生活支援施策の一つでありつつ、社会的・公共的な施策として社会福祉以外の社会的生活支援施策群（一般生活支援施策）と相互に規定しあう関係のなかにあって、みずからのありようを方向づけるという関係にある。

われわれは、これまで社会の全体、すなわち総体社会を四通りの位相、すなわち共生（共存）システムとしての共同社会、経済（市場）システムとしての資本主義社会、政治（権力）システムとしての市民社会、規範（価値）システムとしての文化社会という位相からなる社会として位置づけてきた。**図1-1**を参照されたい。こうして、社会福祉とマクロ環境との関係に関する議論は、総体社会と社会福祉との関係、あるいは総体社会を構成する各位相と社会福祉との関係において展開されることになる。わが国では、伝統的に社会福祉とは何かという、社会福祉の存立根拠（レーゾンデートル）を問う議論は、われわれの分析枠組に翻訳していえば、社会福祉と総体社会、なかでもその資本主義社会としての位相との関係において論じられてきたのである。

三　生活システム――社会福祉形成の起点

図1-1において外枠を構成している三角錐は、まず、社会福祉がそのなかに存立する総体社会が、共生システムとして共同社会、経済システムとしての資本主義社会、政治システムとしての市民社会、規範システムとしての文化社会という四通りの位相をもつ四相構造社会であることを意味している。つぎに、そのような三角錐すなわち総体社会の内部に位置し、総体社会の各システムと社会福祉のイントラシステム（内部環境）とを接続する要となるシステムを設定し、それを生活システムという。生活システムは、生活維持システム、生活支援システムから構成される。

生活維持システムは、生活を維持、存続するための装置である。一般的にいえば、生活構造に相当する。生活維持シス

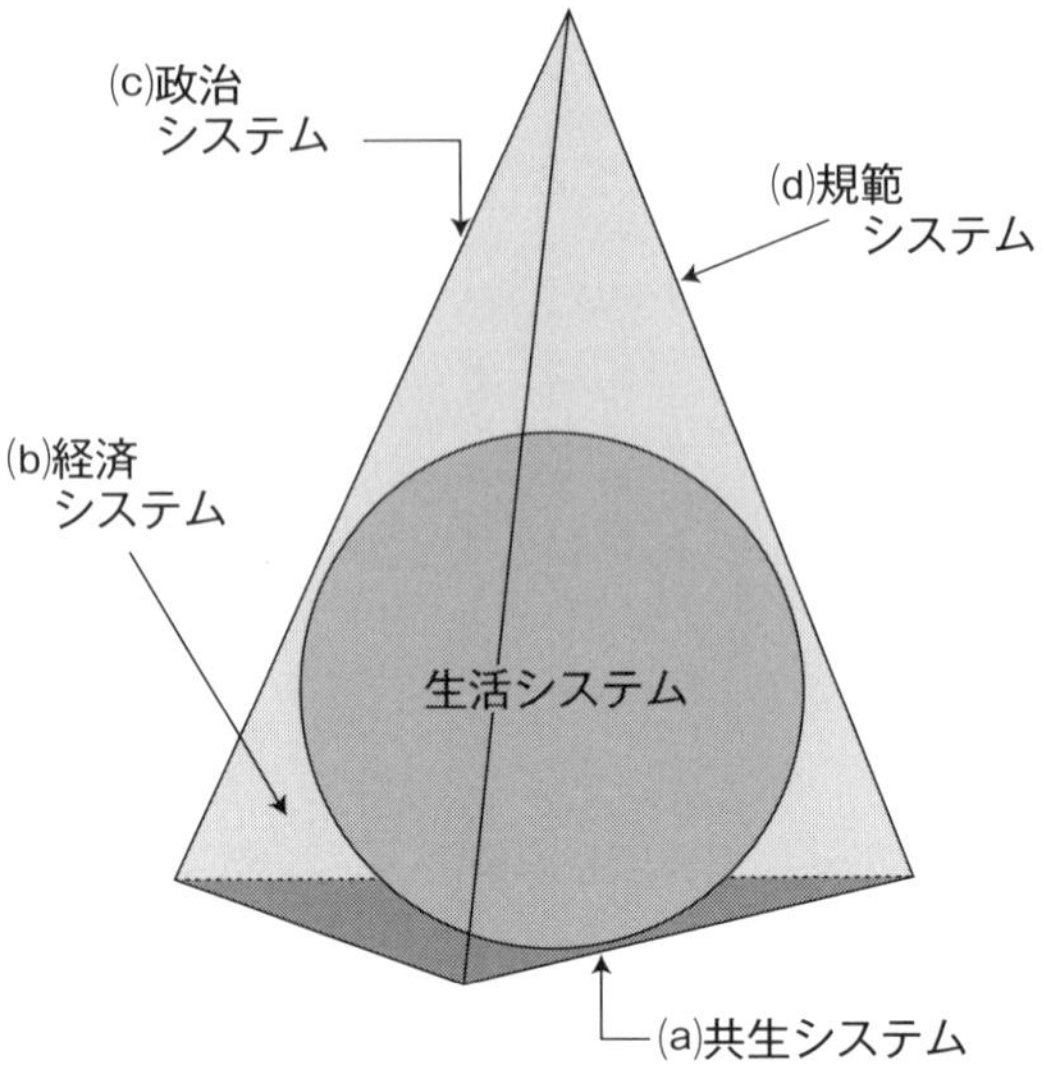

図 1-1　総体社会のシステム構成　　古川孝順　作成

テムの主体は共同社会を構成する個人や家族である。通常、個人や家族は、生活を維持するためには、総体社会、なかでも経済（市場）システムとしての資本主義社会と接触し、みずからの労働力を販売し、賃金を獲得する必要がある。個人や家族の生活は、この賃金（＝所得）によって維持される。

このような総体社会のもつ諸条件、そして生活主体としての個人や家族のもつ諸条件を前提にして、生活維持システムが順調に機能しえない状況に陥ったときに生成するのが、社会問題、社会的問題、生活問題、福祉ニーズ、社会的バルネラビリティなどとよばれる問題状況である。そのような問題状況にたいして、個人や家族、地域社会には各位相を含む総体社会の維持、存続のために何らかの社会的、公共的な対応が必要であるという認識が成立したときに形成されるのが各種の社会的生活支援施策によって構成される生活支援（福祉）システムであり、その一つが社会福祉である。

社会福祉の分析は、それが対象とする問題状況がいかにして形成され、いかなる特性をもつかという問題の解明にはじまる。いわゆる社会福祉の対象論である。

四　社会福祉のメゾ環境

現代社会の生活維持システムは、社会福祉を含んで多様な社会的生活支援施策群によって構成されている。そのような社会的生活支援施策群は、社会福祉にとってのメゾ環境を構成する。

従来、社会福祉とここでいうメゾ環境についての議論は、社会福祉と社会政策、公衆衛生、教育など一定の範囲にある関連施策（一般政策ないし一般対策とよばれる）との関係として論じられてきた。これにたいして、われわれは、社会福祉の周辺に位置し、生活支援を目的とする社会的施策群を社会福祉のメゾ環境として位置づける。社会福祉のメゾ環境に関する議論は、そのような社会的施策群と社会福祉との関係についての新たな視角による議論として展開される。

社会福祉のメゾ環境を構成する社会的生活支援施策は、社会福祉の周辺に位置する社会的、公共的な施策群を意味している。すなわち、社会福祉のメゾ環境は、**図1－2**にみるように、人権施策、司法施策、消費者施策、健康施策、教育施策、文化施策、雇用施策、所得施策、居住施策、保健施策、医療施策、被災者施策、まちづくり施策から構成されている。ただし、社会的生活支援施策として取りあげる施策の範囲や種類、名称は時代や社会によって、また視点や枠組を設定する側の意図によって一定ではない。ちなみに、われわれが社会的生活支援施策として取りあげてきた施策の範囲、種類、名称は、研究の時期や意図によって異なっており、傾向的に拡大してきている。(6)

われわれは、このような社会的生活支援施策群と社会福祉との関係を分析する枠組として「社会福祉のL字型構造」と「社会福祉のブロッコリー型構造」を導入してきたのである。

改めて**図1－2**を参照されたい。左端の社会福祉施策を意味する縦棒の部分と下部の水平に他の施策群と交錯する横棒の部分から構成される社会福祉のL字型構造は、社会福祉の外部環境を構成する社会福祉以外の社会的生活支援施策、すなわち一般生活支援施策群と社会福祉施策との関係を吟味し、社会福祉の固有の性格を抽出し、規定するために準備した枠組である。図1-3のブロッコリー型構造は、そのような社会福祉が一般生活支援施策群と連携・協働しつつ運営され、展開される、そのありようを分析するために設定した枠組である。

五　社会福祉の内部構造

社会福祉のイントラシステム（内部環境）は、社会福祉そのものの内部構造を意味している。第一項でみた社会福祉の構成要素の組みあわせである。ただし、ここでは各要素ならびに各要素間のつながり、規定関係と運動のダイナミズムを的確に把握するため、各要素をシステムという概念で把握するという方法をとっている。図1-4は、そのような社会福祉の内部構造、すなわちシステム構成を示している。

図1-4にみるように、社会福祉はそれ自体として一つのシステムであり、その下位シ

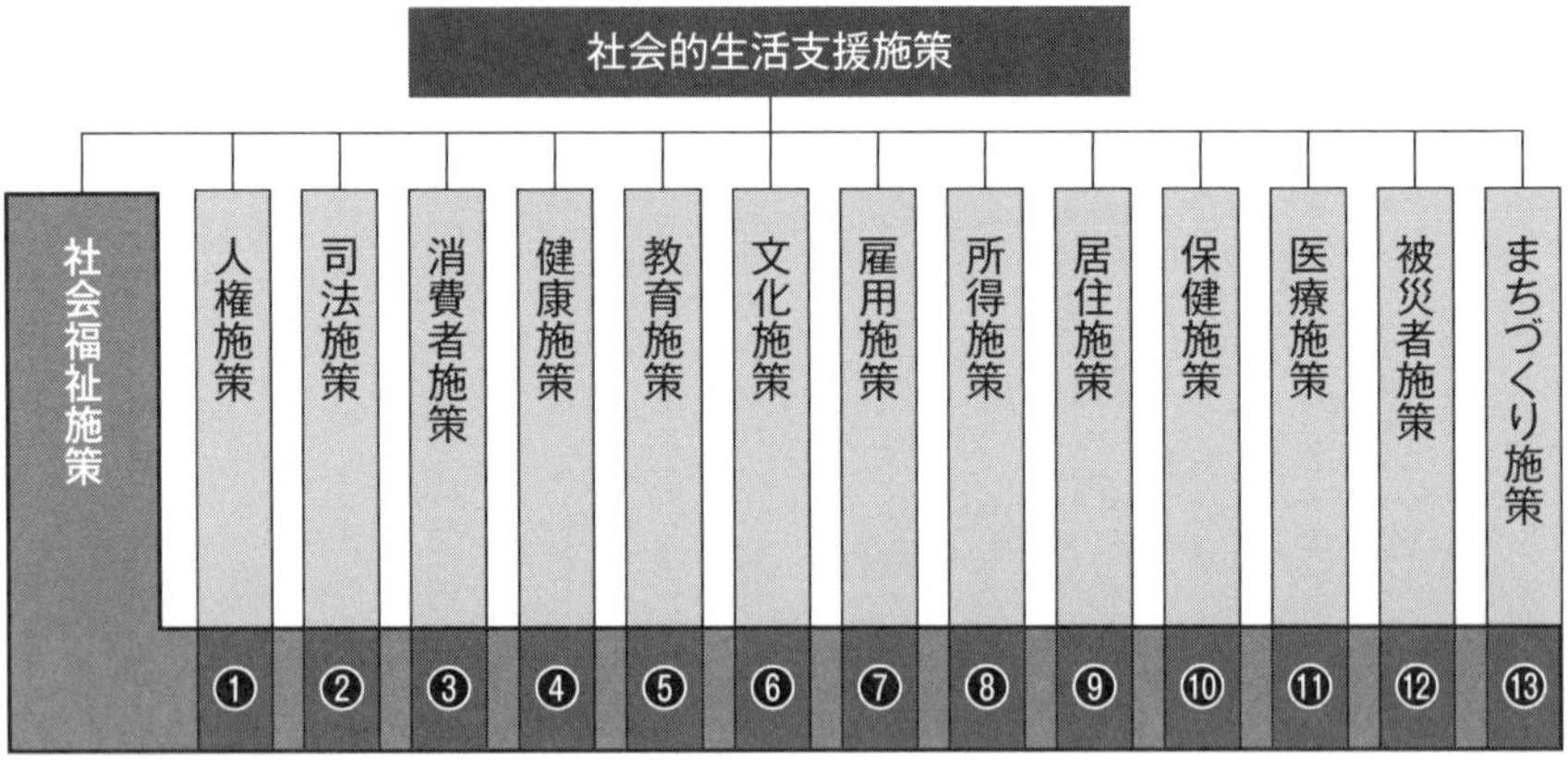

※横棒部分の例示
①人権生活支援＝被差別支援／虐待支援／権利擁護／法律扶助
②司法生活支援＝司法福祉／更生保護／家事調停
③消費者生活支援＝高齢者・未成年消費者支援
④健康生活支援＝健康相談／高齢者スポーツ／障害者スポーツ
⑤教育生活支援＝障害児支援／病児支援／学習支援／スクールソーシャルワーク／教育扶助
⑥文化生活支援＝児童文化支援／障害者文化支援／福祉文化支援／レクリエーションワーク
⑦雇用生活支援＝高齢者・障害者・母子・若年者・ホームレス就労支援
⑧所得生活支援＝生活保護／児童手当／児童扶養手当／特別児童扶養手当
⑨居住生活支援＝低所得者住宅／高齢者・障害者・母子住宅／ケア付き住宅／住宅改良
⑩保健生活支援＝育児相談／妊産婦相談／精神保健福祉相談／難病相談
⑪医療生活支援＝低所得者医療／医療扶助／医療ソーシャルワーク／精神保健福祉
⑫被災者生活支援＝災害時要援護者支援／生活再建／生活相談／災害ボランティア活動／コミュニティ再生
⑬まちづくり生活支援＝福祉のまちづくり／つながり支援／社会参加支援／ユニバーサルデザイン

図 1-2　社会福祉のL字型構造　　古川孝順　作成

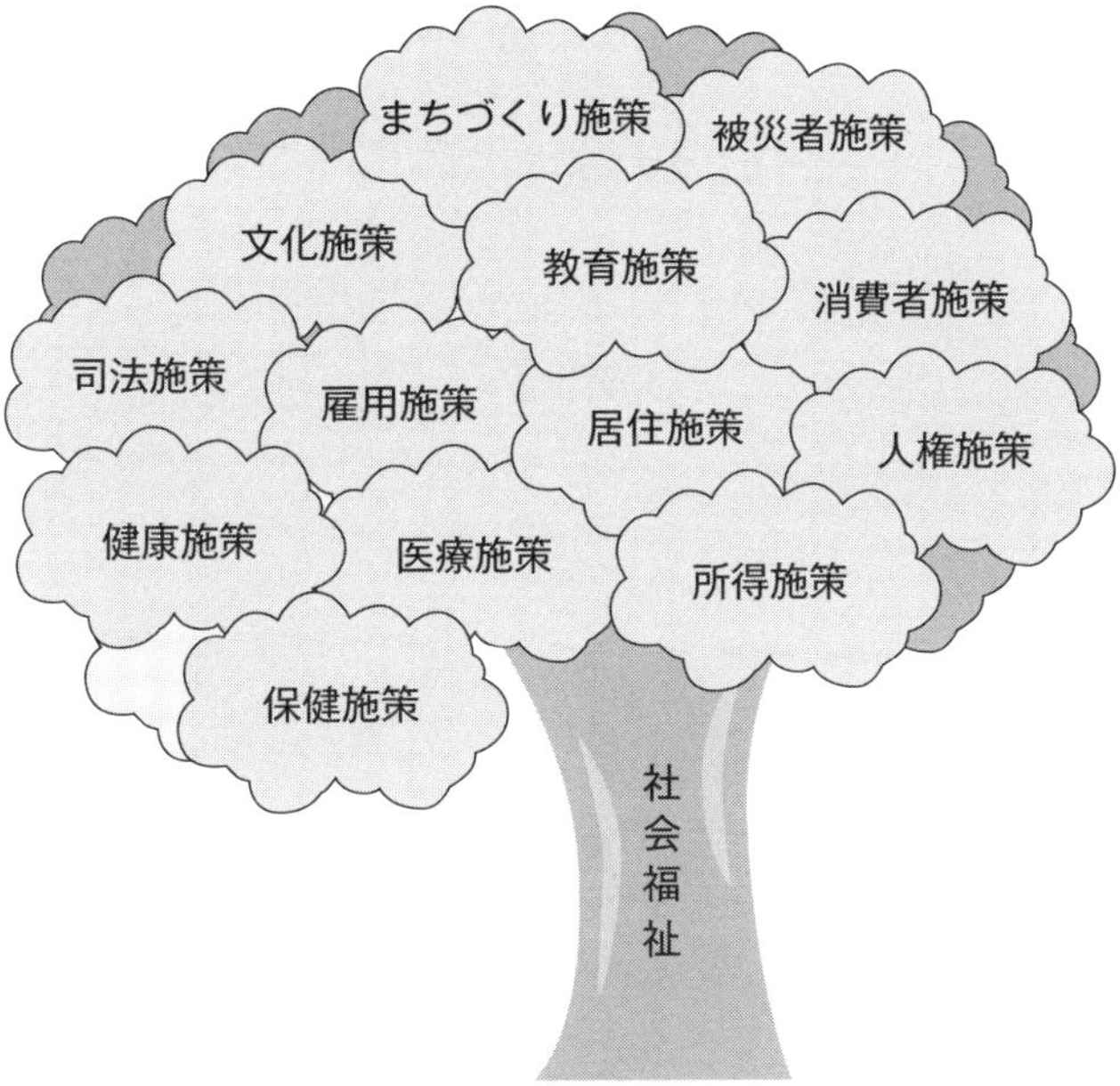

図 1-3　社会福祉のブロッコリー型構造　　古川孝順　作成

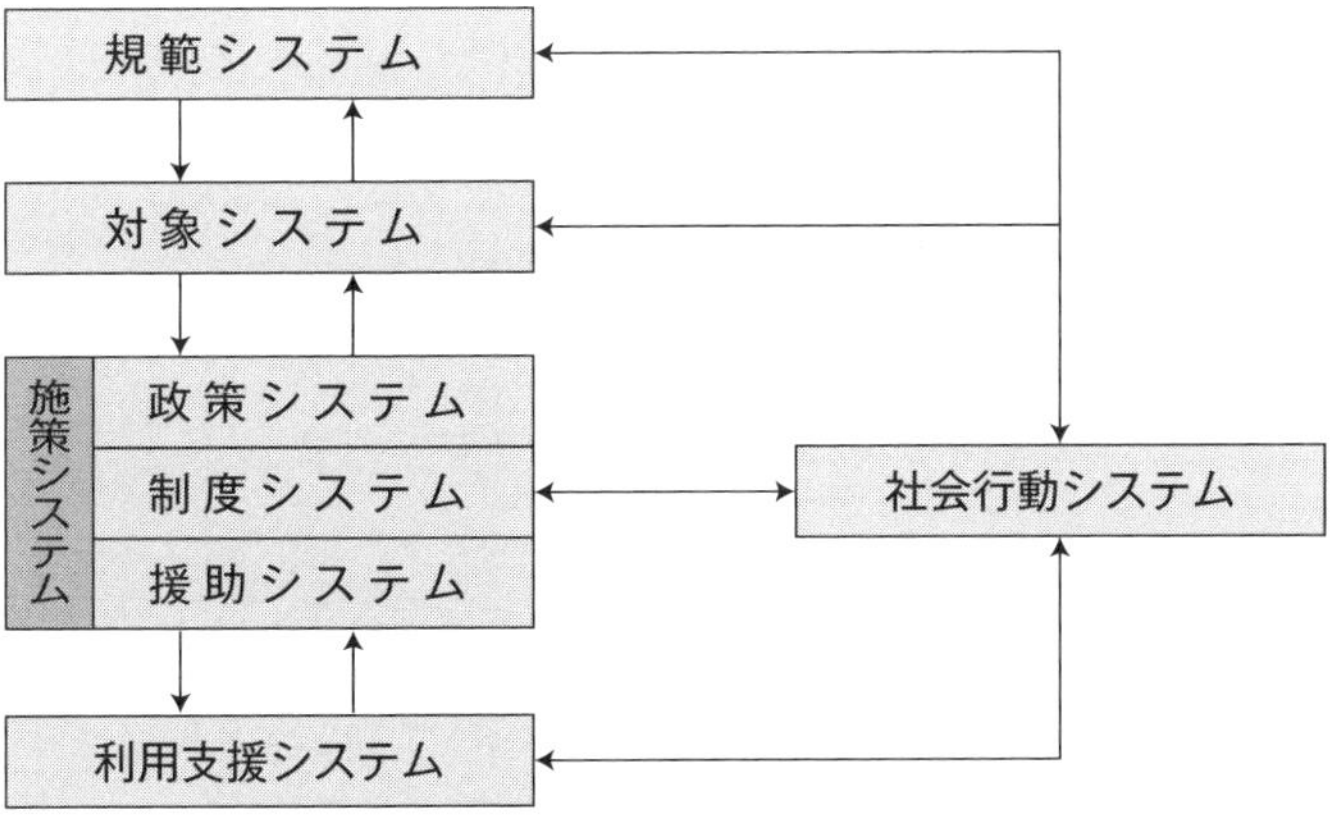

図 1-4　社会福祉のマクロシステム
初出：古川孝順『社会福祉原論』誠信書房、92 頁、2003 年を一部修正

ステムに相当するのが、規範（価値）システム、対象システム、施策システムである。対象システムにいう対象は社会的問題や生活問題そのものではない。そこから政策的に対応すべき問題状況として切り取られたものである。施策システムは、第一項でみた社会福祉の構成要素でいえば、社会福祉の目的、主体、方法に相当する。図1－4においては、社会福祉の主体、すなわち政策策定・実施の機関である国と地方自治体、援助の直接的な担い手である行政吏員や専門職、それらに対応する方法（方策・援助の手段）を組織的、一体的、かつ力動的に把握するため、施策システムを政策システム、制度システム、援助システムという三通りの下位システムから構成される一つのマクロシステムとして位置づけている。

さらに、図1－4には、利用支援システムと社会行動システムが表示されている。利用支援システムは本来的には施策システムの一部分をなすサブシステムとして把握されるべきものである。しかしながら、世紀転換期の社会福祉基礎構造改革以来、社会福祉の利用が契約制度を擬制する方式に転換されてきており、利用支援活動が重要性をもつようになってきたことに鑑み、相対的に独立したシステムとして扱っている。社会行動システムは、社会福祉利用の当事者、支援者、住民や市民、専門職者、事業経営者などによる社会福祉運動やソーシャルアクションのシステムであるため、施策システムとは区別して位置づけている。

ここまでは、われわれが社会福祉の分析をより的確なものとするために工夫してきた分析の視点と枠組の骨格の部分である。以下の考察は、こうしたわれわれの視点や枠組の前提についての、あるいは視点や枠組をより深化させるための議論である。

第5節　先行社会福祉概念の分析

ここまでの議論を通じて形成されてきた社会福祉とその分析のための視点や枠組についてのイメージを前提に、つぎには、そのアウトラインをより明確なものとし、社会福祉学の研究において議論されるべき課題あるいは事項を抽出する作業に移ることにしよう。手掛かりにする素材は、これまで、第二次世界大戦後の社会福祉学研究の過程において提起されてきた重要な社会福祉の概念規定あるいは定義である。

一　分析の方法

周知のように、第二次世界大戦後に限定しても、多数の研究者が社会福祉の概念規定を試み、定義を提起してきた。研究史的にみれば、それらはそれぞれに特徴をもち、意義をもっている。しかし、もとより、そのすべてに言及することなどできるものではない。ここで取りあげるのは、これまで言及してきた視点や枠組の前提となった、あるいは拠所となっている中央社会事業協会社会事業研究所、孝橋正一、一番ヶ瀬康子そして岡村重夫による社会事業ないし社会福祉の概念規定あるいは定義である。

ある概念や用語について定義するということは、その概念や用語の意味内容を他の概念や用語と明確に異なるものとして規定することを意味しており、簡潔かつ的確にそれが行われていることが望ましい。概念や定義のなかには、その対象になっている概念や用語についての知見や理論のエッセンスが凝縮されている。しかし、その背景には、その概念や用語に関わる複雑で多様な知見や理論が存在している。そして、概念規定や定義の周辺にはそこに盛り込めなかった知見も多々存在している。概念規定や定義のもつねらいや内容について、その短い行論、組立だけから理解することは難しい。このため、個々の概念規定や定義を考察するにあたって、われわれは、直接的にはそれぞれの概念規定や定義を手掛かりにしながらも、必要に応じてその背景にある研究者個々の知見や理論に遡及し、一定の補足を交えつつ議論を組み立てていきたい。

また、それぞれの概念規定や定義を分析するにあたって、❶社会事業ないし社会福祉という用語の使用法、❷一般対策ないし一般施策（われわれの用語法に近づけていえば、一般生活支援施策）と社会福祉との関係、社会福祉の❸対象、❹目的、❺主体、❻方法という六つの論点、視角から考察することを通じて、各論者による社会事業ないし社会福祉の概念規定や定義について、そのおよそのアウトラインを把握し、今後の議論に役立てたいと思う。

二　社会事業の古典的規定

最初に取りあげるのは、中央社会事業協会付設の社会事業研究所による社会事業の概念規定である。一九五〇（昭和二五）年、パリで開催された第五回国際社会事業会議にたいして、同社会事業研究所はつぎのような社会事業の定義を提出している。

> 社会事業とは、正常な一般生活の水準より脱落背離し、又はそのおそれある不特定の個人又は家族に対し、その回復保全を目的として、国家、地方公共団体、或は私人が社会保険、公衆衛生、教育等の社会福祉増進のための一般対策と並んで、又はこれを補い、或はこれに代わって個別的、集団的に保護、助長、或は処置を行う社会的な組織的活動である。(7)

この社会事業研究所による社会事業の概念規定は、第二次世界大戦直後の議論であり、こんにちの時点からみれば、文中の言辞はいかにも古めかしい。古色蒼然としている。しかし、この社会事業に関する概念規定、定義には、戦後このかたのわが国における社会福祉学研究の起点となるような幾つもの論点が含まれている。われわれもまた社会福祉学研究の起点になるべきものとして、煩を厭わず整理しておきたい。

第一の論点は、定義の冒頭にいう「社会事業」と中段に「社会福祉増進」というときの「社会福祉」との関係いかんということである。社会事業という用語は、一九二〇（大正九）年前後から、それ以前の慈善事業や感化救済事業にとって代わるべき用語として、政府機構や関係団体によってもちいられはじめた用語であり、それが一般化したものである。社会事業研究所による社会事業の定義は、そのことを前提としている。

しかし、その社会事業は、定義が提出された翌年の一九五一（昭和二六）年に社会福祉事業法が制定されると「社会福祉事業」とよばれるようになる。さらに、六〇年代になると、社会福祉事業の短縮型としての意味をあわせもちつつ、「社会福祉」が徐々に一般化していき、一九六〇年代の後半には社会事業はもっぱら社会福祉の前身、前駆形態をさす歴史的な概念として取り扱われることになる。

このような歴史的な推移を踏まえたうえで、試みに社会事業研究所による定義の冒頭の「社会事業」を「社会福祉」に置き換えてみよう。そうすると、われわれは直ちに、同じ定義が中段においていう「社会福祉増進のため」という場合の社会福祉とは一体何か、冒頭の置き換えた社会福祉との関係はどうなるのか、という疑問に直面させられることになる。もとより、このような疑問が浮上するのは、われわれが社会事業を社会福祉に置き換えた結果であって、社会事業研究所が責を負うべきことではない。

ここで何よりも重要なことは、われわれが研究の対象にしようとしている社会福祉は、それを指示する用語それ自体が、歴史的にみて、必ずしも一義的にもちいられてきたわけではないという事実である。われわれは、研究を進めるにあたって、社会福祉という用語にどのような意味を付託してもちいるのか、あらためて考えてみなければならない。

社会事業研究所の定義が提起した第二の論点は、「社会保険、公衆衛生、教育などの社会福祉増進のための一般対策と並んで、又はこれを補い、或はこれに代わって」とする部分に関わっている。一般対策と社会事業との位置関係（構造）あるいは一般政策に関連する社会事業の機能について、「並んで」「補い」「代わって」という表現をもちいて記述した部分である。その後における議論の展開を踏まえれば、定義にいう「並んで」「補い」「代わって」は「並列的関係」「補充（補完）的関係」「代替的関係」に置き換えても差し支えないであろう。

この部分は、一見すると、一般対策と社会事業との関係を淡々と記述したもののようにみえる。しかし、徐々に明らかになるように、一般対策と社会事業との関係は、両者の構造的な関係いかにという問題や一般対策との関わりにおいて社会事業が果たす機能についての分析と記述というレベルにとどまるものではない。それは、実は、社会事業――こんにち的にいえば社会福祉――のレゾンデートル（存立根拠）に関わるような重要性をもつ論点である。

第三の論点は、定義のなかの「正常な一般生活の水準より脱落背離し、又はそのおそれある不特定の個人又は家族」という記述に関わっている。ここで問題にされているのは、社会事業が働きかける人びとについて、それがどのような属性をもった人びとであるかということである。その後の議論において、社会福祉対象論とよばれる議論に発展する部分であるが、ここでの留意点は、社会事業の対象が、「不特定の個人又は家族」というかたちで、対象「者」というレベルにおいて扱われていることにある。

第四の論点は、「その回復保全を目的として」という部分に関わっている。社会事業が「不特定の個人又は家族」に働きかけるにあたって、どのような目的をもってそうするのかという問題である。いわば、社会事業の目的論ともいうべき議論である。

ただし、社会事業の目的といっても、その内容は、社会事業の主体をどのレベルに設定するかによって大幅に異なったものとなる。国や地方公共団体が社会事業を実施する場合と、私人――明示されていないが、私人のなかには社会事業家や社会事業による援助の担い手（援助専門職）が含まれている――が実施する場合とでは、ひとしなみに目的といってもその内容は異ならざるをえない。目的の背後にある国や地方公共団体、さらには私人の意図、そこにむかう過程や結果のありようについての評価ということになれば、違いはなおのことであろう。

こんにち、これに近い議論として行われているのは、社会福祉にかかる価値に関する議論である。ただし、そこで扱われているのは、主要には、社会福祉援助の実践にかかる価値、理念、思想であり、しかもメタフィジカルなレベルの議論になっていることが多い。

第五の論点は、定義の「国家、地方公共団体或は私人」という部分に関わっている。社会福祉の対象に働きかける者、実施する者は誰かということに関する記述である。社会事業研究所は、社会福祉を実施する者、すなわち社会福祉の主体を「国家、地方公共団体或は私人」としている。この論点に関わる考察は、その後、社会福祉主体論とよばれる議論に発展する。一九九〇年代以降になると、国、地方公共団体（自治体）、私人——私人は国・自治体などの公共団体以外の個人〈自然人〉や法人組織をさすものと思われる——相互の位置関係やそれぞれの責任分担のありようが問われることになる。

第六の論点は、定義が「個別的・集団的に保護助長或は処置を行う社会的な組織的活動」としている部分である。それは、社会事業の主体である国家・地方公共団体・私人がその対象である「正常な一般生活の水準より脱落背離し、又はそのおそれある不特定の個人又は家族」に働きかけるその方法、あるいは手段のありように関わっている。その意味でいえば、社会事業の方法論ということになるが、その内容、方法ないし手段の具体的な内容は、第五の論点である社会事業の主体をどのレベルにおいて設定するかによって顕著に異なったものとなる。その後の研究のなかでは、社会福祉方法論という用語が出現するが、そこで想定されている主体、すなわち働きかけの主体は、社会福祉による援助、より限定的にいえば、社会福祉の援助活動を実施する専門職である。専門職を主体として設定すれば、方法は専門職によって活用される援助の方法、さらにはそれを支える知識や技術の体系を意味することになる。

さて、概念規定、定義とは、簡潔にいえば、その対象になっている事象のもつ内容をそれ以外のものとは明確に区別されるような属性、性格ないし性質をもつものとして表現した言説ということになる。しかし、ここまでの考察からも明らかなように、この言説を吟味し・再構築するという作業は実は容易なことではない。

われわれは、ここまで、社会事業研究所による社会事業の定義を手掛かりに、❶用語の限定、❷社会福祉と関連施策との関係、社会福祉を構成する❸対象、❹目的、❺主体、❻方法という六通りの要素を論点として抽出、設定する作業を通じて、社会福祉的事象の内容を、明確に他と区別されうる属性をもつものとして規定しようとする場合に、考察され、あるいは解明されるべき課題について明らかにしてきた。以下、これら六通りの論点に関わらせながら、孝橋正一、一番ヶ瀬康子、岡村重夫による社会事業ないし社会福祉の概念規定について考察する。ただし、各人それぞれの規定のなかに六通りすべての論点に関わる言説が含まれているわけではない。その場合には、それぞれの背景にある言説に照らし、必要な補足を行うことにしたい。

三　社会政策と社会事業

孝橋による社会事業の研究は、第二次世界大戦後のわが国において特有の展開をみせたマルクス主義的社会科学の影響のもとに展開され、六〇年代までのわが国の社会福祉学研究に多大な影響を与えたことで知られている。その孝橋による社会事業の定義はつぎのようなものである。

社会事業とは、資本主義制度の構造的必然の所産である社会的問題に向けられた合目的、補充的な公私の社会的方策施設の総称であって、その本質の現象的表現は、労働者＝国民大衆における必要の欠乏（社会的障害）状態に対応する精神的・物質的な救済、保護及び福祉の増進を、一定の社会的手段を通じて、組織的に行うところに存する。(8)

さて、第一の論点である。孝橋は、社会事業こそが社会科学的にみてもっとも適切な用語であるとして社会福祉事業や社会福祉をもちいることを避け続けた。しかし、その孝橋による社会事業の定義のなかには「福祉の増進」という記述がみられる。ここでいう福祉が社会福祉の略称であるのか、それとも単に人びとの幸福、幸いを意味する語句なのか、定かではない。孝橋の文脈からすればおのずと後者であろうが、それにしても社会事業、福祉、社会福祉という用語のもちいかたには一定の整理が必要とされる。

第二の論点、社会事業と他の施策との関係であるが、孝橋は「合目的、補充的な公私の社会的方策施設」という記述のしかたをするなかで、間接的に、あるいは裏側から、そのことに言及している。まず、「合目的」というのは、社会事業なる社会的方策施設は、恣意的、あるいは偶発的な性格のものではない、一定の目的に適合して役に立っているという意味である。そして、「補充的」とは、まず何か本来的ないし独自固有の方策施設があり、それにたいしてそれを補充するという位置関係にあるという意味である。そのように自己に先行する施策を補充する施策、それが社会事業であり、補充的というところに社会事業の基本的な性格が認められるという趣旨である。孝橋は、定義のなかではそのような本来的ないし独自固有の方策施設とされる施策の名称を明示していない。しかし、孝橋の言説にもとづいて補足すれば、社会事業に先行する施策はおのずと社会政策を意味することになる。

孝橋によれば、社会事業という方策施設は、決して恣意的あるいは偶発的な方策施設ではない。それは、一定の目的にたいして合目的性をもつ方策施設である。ただし、社会事業は、本来的で独自固有な性格をもつ方策施設、すなわち先行する社会政策にたいして補充的な位置関係にある。理論的には、社会事業は、そのような位置関係をもつことによってはじめて、それとして存立する方策施設（＝施策）になりうるのである。

以上は孝橋による社会事業の概念規定を前提とした議論である。ちなみに、孝橋にも一般対策についての言及がないわけではない。孝橋は別のところで、アメリカのパブリック・ウェルフェア（公的福祉）に相当する「公共一般対策＝広義の社会福祉」として文化・教育政策、保健・衛生政策、労働・社会政策、児童・婦人政策、行刑・犯罪政策などをあげている。さらに、孝橋によれば、これら公共一般政策を補充する施策をもって狭義の社会福祉という語句がもちいられることがあるが、しかしそれは現象的な姿に惑わされた議論である。社会にとってもっとも基本的な政策は社会政策であり、それが十分に効果をあげ、人びとが適切な水準において生活を維持することのできる賃金なり所得なりを獲得することができれば、公共一般対策を必要とする状況に陥ることはないし、特別の配慮をせずとも公共一般対策を活用して生活を維持することができる。しかし、社会政策には理論的にも現実的にも限界があり、その目的を達成することができない。そこに、社会政策を補充する施策としての社会事業が要請される、ということになる。孝橋にとって第一義的な重要性をもつのは、社会政策なのである。それ故に、社会事業を論じるにあたっても、社会政策との関係こそが重要であって、社会事業と公共一般対策との関係を直接的に論じる必要性は認められない。これが、孝橋の社会事業と一般対策との関係についての結論である。(9)

このような孝橋の社会事業の位置づけのしかたは、従前の社会事業に関する言説にはみられない論理性と明晰性をもつものに映り、多数の賛同者を獲得することになった。しかし、それは同時に、社会事業にたいして、社会政策に追随する施策、それの足らざるところを補い、あるいは欠落を代替する施策として、いわば第二次的な施策としての性格を付与することになった。

第三の論点、社会事業の対象について、孝橋は「資本主義制度の構造的必然の所産である社会的問題」としている。ただし、これは本質のレベルにおいてである。社会事業の対象は、現象のレベルでは、「労働者＝国民大衆における必要の欠乏（社会的障害）状態」として現れる。ここでも、孝橋の社会事業についての言説の全体から補足すれば、「社会的問題」とは、資本主義制度における基本的な問題である「社会問題（＝労働問題）」から関係的、派生的に形成される問題である。(10)

つぎに、第四の論点、目的であるが、定義のなかには「合目的」という記述がみられる。それでは、目的に合うというときの「目的」とは何か。ここでも全体の言説から補足すると、孝橋の考える社会事業の目的は、資本主義制度の恒久的維持の確保である。(11)ただし、定義の後段においては、社会事業の目的とするところは「精神的・物質的な救済、保護及び福祉の増進」であるという。両者はどのような関係にあるのか。孝橋によれば、前者は社会事業を本質的構造的なレベルで捉えたときの目的であり、後者は現象的なレベルで捉えた場合の目的ということになろう。

第五の論点は、社会事業の主体であるが、これについては「公私の社会的方策施設」という記述のしかたから推論すれば「公私」ということになる。ここでも別の部分から補足すれば、孝橋は、社会事業の主体として、国家、地方公共団体、私的団体、個人をあげている。(12) 前二者が「公」であり、後二者が「私」ということになろう。

第六の論点、すなわち社会事業の方法については、「一定の社会的手段を通じて、組織的に行う」という部分が該当すると考えられる。ここでも孝橋の社会事業言説の全体から補足すると、社会的手段とは、社会的・構造的存在としての社会事業が与えられた課題の解決のために用意する社会的手段の総体である。そして、より具体的には、それは、❶法令的および自発的保護方法、❷対人的および環境的保護方法、❸―1収容的および非収容的保護方法、❸―2物質的および精神的保護方法、❹個別的、集団的および協働・調整的保護方法、❺保険的、扶助的およびサービス的保護方法、に区分される。(13)

このような孝橋による社会事業に関する言説においてもっとも重要な部分は、第二の論点である社会政策と社会事業の関係に関する議論である。そして、その起点になっているもの、それが第三の論点である社会事業における対象の捉えかた、すなわち「社会的問題」に関わる議論である。

四　生活問題と社会福祉

さて、つぎに一番ヶ瀬康子による社会福祉の概念規定である。以下、一番ヶ瀬の言説のなかから、多少の補足を加えつつ社会福祉に関する定義を抽出する。

〔社会福祉とは、〕国家独占資本主義期において〔中略〕、労働者階級を中核とした国民無産大衆の生活問題にたいする「生活権」保障としてあらわれた政策のひとつであり、国家が他の諸政策とりわけ社会保障（狭義）と関連しながら、個別的または対面的に貨幣・現物・サービスの分配を実施あるいは促進する組織的処置(14)〔のことである〕。（〔　〕内引用者）

この一番ヶ瀬による社会福祉の定義のなかには、第一の論点に関わる部分は直接的には含まれていない。しかし、一番ヶ瀬による言説の全体をみると、そのことに関わる重要な議論が提起されている。一番ヶ瀬は、従前の社会福祉あるいは福祉という用語のもちいられかたのなかには、社会福祉の理念や目的、目標などが想定されている場合と社会福祉の施策そのもの、いわば社会福祉の実体的な部分が想定されている場合とがあるという。一番ヶ瀬は、社会福祉の理念や目的、目標が意味させられている場合を「目的概念的規定」と名付け、社会福祉の実体が意味させられている場合を「実体概念的規定」とよび、両者を区別することを提案した。[(15)] この「目的概念としての社会福祉」、「実体概念としての社会福祉」という用語法の整理は大方の賛同を獲得することになり、以後、両者の混同や違いをめぐる議論は終息した。こんにち、この論点については、一方において目的概念についての議論の不足が指摘されるとともに、他方において目的概念と実体概念をどのように連結して議論すればよいかが論じられるという状況にある。

第二の論点については、一番ヶ瀬は、社会福祉を「生活問題にたいする『生活権』保障としてあらわれた政策のひとつ」として位置づけるとともに、その「他の諸政策」とりわけ「社会保障（狭義）」との関連を重視している。ただし、この定義においては、生活権保障を課題とする他の諸政策の範囲や種類、関連のありようについては言及されていない。その点については、一番ヶ瀬の社会福祉にかかる別の言説によって補足される必要があろう。むしろ、ここで重要なことは、社会事業ないし社会福祉と一般対策との関係いかんという問題が、「社会保障との関連」として限定的に継承されているということである。

第三の論点は、社会福祉の対象をどのように捉えるかである。一番ヶ瀬はこの点について、「労働者階級を中核とした国民無産大衆の生活問題」をもって社会福祉の対象であるという。一番ヶ瀬の「生活問題」は孝橋の「社会的問題」に対比させられている。孝橋は、社会的問題を社会問題（労働問題）から関係的派生的に形成される「必要の欠乏（社会的障害）」として捉えていた。これにたいして、一番ヶ瀬の社会福祉言説から補足していえば、一番ヶ瀬は生活問題と労働問題とを対比させ、生活問題を世帯（＝労働力の再生産過程）における生活上の困難や障害、労働問題を職場（＝労働力の消費過程）における労働力の販売や消費過程にかかる困難や障害として捉え、両者を区分している。孝橋においては、社会事業の対象としての社会的問題を社会にとってより基本的な社会問題である労働問題といかに接続させるかが重要な課題となっている。それにたいして、一番ヶ瀬の場合は、社会福祉の対象である生活問題を労働問題にたいして相対的に独立した独自固有の問題状況として捉える視点が強調されている。(16)

第四の論点、社会福祉の目的についていえば、該当するのは「生活権」の保障という部分であろう。一番ヶ瀬は、定義のなかでは政策レベルの目的と援助レベルの目的を特に区分していない。そこには、生活権の保障をもって社会福祉の目的という場合、その背後には、国家独占資本主義期においては、国家施策の次元における目的と援助実践者の次元における目的とは相互に重なりあっている、政策的にそうせざるをえない、という判断があるかと思われる。

第五の論点は社会福祉の主体である。われわれが定義として引用した文章において、一番ヶ瀬は国家を社会福祉の主体として措定している。定義に主体として記述されているのは国家のみである。しかし、全体の言説から補足すれば、一番ヶ瀬の社会福祉理解においては、社会福祉の実践者（専門的従事者）が社会福祉のもう一方の主体として措定されている。社会福祉の実践者は、一面において社会福祉の主体である国家の政策目的や意図の遂行者として位置づけられ、他面において専門的従事者の観点から、あるいは社会福祉にかかる職務を遂行する労働者という観点から、国家の政策目標や意図を批判し、修正を迫る存在として位置づけられている。

第六の論点、社会福祉の方法に関して、一番ヶ瀬は、社会福祉の内容を「貨幣・現物・サービス」の分配の実施・促進として把握するとともに、それらの分配の実施・促進が「個別的」「対面的」になされることをもって、その特質、固有性とみなしている。むしろ、定義の行論からすれば、一番ヶ瀬の力点は、社会福祉の内容が貨幣・現物・サービスの分配の実施・促進という側面ないし次元よりも、その分配の実施・促進にみられる個別性・対面性にあるというべきかもしれない。貨幣・現物・サービスの分配の実施・促進は、社会保障などの他の施策にも共通する側面ないし次元だからである。一番ヶ瀬は分配を個別的、対面的に行うところに、社会福祉の固有性を見出している。

要すれば、一番ヶ瀬による社会福祉理解の特徴は、社会福祉を、基本的には、資本主義の展開と関連づけ、現代資本主義期（国家独占資本主義期）の生活問題対策として形成される国家の「生活権」保障政策の一つとして把握するという視点と枠組にある。このような一番ヶ瀬の社会福祉理解は、社会福祉を現代資本主義とよばれる特有の経済システムとの関連を基本に据えて分析し、理解するという方向と方法において、一九六〇年代後半から八〇年代にかけての社会福祉学研究に大きな影響を与えることになった。

五　社会関係と社会福祉

それにたいして、岡村重夫は、社会福祉を多様な生活関連施策を構成している諸社会制度と個人との社会関係、なかでもその主体的な側面に焦点化して分析し、理解するという特有な方向と方法において、一九五〇年代以降のわが国の社会福祉学研究に大きな足跡を残した。

まず、岡村は社会福祉を「自発的社会福祉」と「法律による社会福祉」に類型化している。岡村によれば、社会福祉は、地域社会（共同体）の相互扶助活動である自発的社会福祉としてはじまり、その組織化されたものが法律による社会福祉である。(17)

岡村は、この枠組を踏まえて、社会福祉をつぎのように規定している。

社会福祉は、全国民が生活者としての主体的社会関係の全体的統一性を保持しながら生活上の要求を充足できるように、生活関連施策を利用、改善するように援助するとともに、生活関連の各制度の関係者に個人の社会関係の全体性を理解させて、施策の変更、新設を援助する固有の共同的行為と制度であるということができる。(18)

われわれの設定した論点に対応するかたちでの整理を行う以前に、まず岡村による社会福祉理解の中心となる「社会関係」について補足しておこう。

岡村によれば、すべての人びとは生活者としてその生活を全うするには、社会生活の基本的な要求である、❶経済的安定、❷職業的安定、❸医療の機会、❹家族的安定の要求、❺教育の保障、❻社会的協同、❼文化・娯楽の機会を充足しなければならない。そして人びとはそのような要求を充足するためには、それぞれの要求と照応する、❶産業・経済、社会保障制度、❷職業安定制度、失業保険、❸医療・保健・衛生制度、❹家庭・住宅制度、❺学校教育・社会教育、❻司法・道徳、地域社会、❼文化・娯楽制度と接触し、関係を取り結ばなければならない。岡村は、このような人びとと社会制度との関係を、特に「社会関係」と名付けている[19]。

この社会関係が順調に推移すれば問題は生じない。しかし、社会制度は必ずしも十全であるとはいえず、また社会関係をもつにあたって、社会制度は人びとに年齢、購買力、心身の機能、利用資格など一定の条件を充足することを求める。人びとは必ずしもそれらの条件を充足することはできず、また、複数の社会制度との関係を結ぶことによる不調和や矛盾も避けられない。そこに、社会関係の主体的側面における不調和、欠損、欠陥が生じることになる[20]。

社会福祉は、そのような状況に働きかけ、また人びとを援助し、人びとが社会制度と適切な社会関係をもち、それぞれの要求を充足させ、あるいは社会制度の変更や新設を求める固有の共同的行為と制度を意味する。これが岡村の社会福祉理解である。

以下、論点との対応について考察する。岡村には、第一の論点に関連する議論はこれといってみられない。岡村の場合、その用語法は最初から社会福祉とそれを研究の対象とする社会福祉学であり、社会事業や福祉との異同、目的概念と実体概念の区分などの問題は取り立てて議論の対象になっていない。

第二の論点、すなわち関連する施策と社会福祉との関連については、岡村は独自の言説を展開している。岡村は関連する一般的施策——前記の社会制度ないしそれに関連する施策といって差し支えないであろう——との関係について、独自の見解を有している。

前出の社会事業研究所による定義では、社会事業は社会保険、公衆衛生、教育などの一般対策との関係において並列（横並び）の関係をもつとともに、それらを補充し、代替するという垂直の関係を有していた。孝橋の理解によれば、社会事業の基本的な性格は、それが垂直の関係において社会政策を補完したり代替するというところに認められた。一番ヶ瀬の場合、社会福祉は、社会保障などの生活権保障政策にたいして分配の方法において横に並立する部分と、それらを補完したり代替したりする縦の部分とをあわせもつものとして理解されている。

これにたいして、岡村の理解においては、社会福祉は生活関連施策にたいして、それらを水平に横断する位置関係にある施策として位置づけられている。しかも、それらの生活関連施策の利用や改善、また変更や新設を援助するという社会福祉の機能は、社会事業研究所、孝橋、一番ヶ瀬に認められるような、他の施策を補充したり、代替するという性格のものではない。それは、社会福祉のみがもつ独自固有の機能である。われわれが岡村の社会福祉の理解を岡村に独自な言説として、固有論と称するゆえんである。

第三の論点は社会福祉の対象であるが、ここにも岡村の独自な見解がみられる。岡村の場合、社会福祉の対象となる生活上の困難は、生活の主体である個人や家族（＝生活者）と社会制度とのあいだに取り結ばれる社会関係の主体的な側面にみられる不調和、欠損、欠陥である。

第四の論点となる目的については、岡村は、「主体的社会関係の全体的統一性を保持しながら生活上の要求を充足できるように」援助するとともに、社会制度の関係者による施策の変更、新設を援助することとしている。岡村は、社会福祉が個別的目的と社会的目的をあわせもつことを認めているといってよい。

第五の論点、主体について、引用した定義においてそれに該当する部分を探せば、「固有の共同的行為と制度」ということになろう。ただし、「共同的行為」の主体についての言及はみられない。むろん、岡村に主体についての議論がないというわけではない。法律による社会福祉の主体は当然のことに国や自治体ということになる。しかし、岡村は「自発的社会福祉」が「法律による社会福祉」になる過程やその前提となる国や自治体そのものについて格別の議論を行っているわけではない。むしろ、岡村の場合には、地域社会やそれを基盤とする民間の団体や組織を社会福祉の主体として重視するところにその特徴が認められる。

第六の論点である社会福祉の方法について、岡村は「生活関連施策を利用、改善するように援助する」という側面ないし次元と「生活関連の各制度の関係者に個人の社会関係の全体性を理解させて、施策の変更、新設を援助する」という側面ないし次元の両方に言及している。補足を加えていえば、前者は、社会福祉における個別的・対面的方法、後者は制度的・政策的方法ということになろう。

六　論点の整理

さて、ここまで、社会福祉にかかる用語法、一般対策と社会福祉との関係、社会福祉の対象、目的、主体、方法という六通りの論点を設定しながら、第二次世界大戦後の社会福祉学研究を代表する先行研究において社会福祉がどのように捉えられてきたかを概観してきたところである。

もとより、ここで言及した社会事業研究所、孝橋正一、一番ヶ瀬康子、岡村重夫のほかにも取りあげるべき研究者は数多い。たとえば、竹内愛二、嶋田啓一郎、仲村優一、高島進、高島進、三浦文夫、池田敬正などが重要な足跡を残している。これらの研究者による業績にはそれぞれ参照すべき成果が多数含まれている。しかし、それらを網羅することがここでの課題ではない。ここでの課題は、社会福祉、そして社会福祉学を明らかにする旅路をはじめるにあたって社会福祉学の研究対象となる社会福祉とよばれる事象にたいして、およそのアウトアラインを設定し、かつこれからの議論において里程標になるような論点を抽出、整理し、より有効な分析の視点と枠組の構築に資することにある。

以下、この節の第一項において設定した論点の順に整理を続ける。

第一の論点、社会福祉の用語法という論点については、社会福祉の理念や目標を意味する用語法と、政策、制度、活動、またそれらを支える知見やその体系など社会福祉の実体を意味する用語法があり、社会福祉に関わる記述あるいは言説には、しばしば両者の混同や混在がみられた。これにたいして、一番ヶ瀬は、社会福祉の用語法を「目的概念的規定」と「実体概念的規定の社会福祉」に区分することを提案し、一定の整理が行われた。それ以後、社会福祉を実体概念として扱うという用語法が概ね一般化することになった。

第二の論点である一般対策（政策）と社会福祉との関係については、いずれの言説においても重要な論点として扱われている。しかし、そこにも幾つかの相違が含まれている。第一に、一般対策を社会保険、公衆衛生、教育などのように複数の施策として設定するのか（社会事業研究所）、それとも事実上社会政策に限定するのか（孝橋）という違いが認められる。第二に、一般対策と社会福祉の関係を横並びの位置関係に設定するのか（社会事業研究所、一番ヶ瀬）、それとも縦方向の垂直の位置関係に設定するのか（孝橋）、あるいは横断的に水平な位置関係において設定するのか（岡村）という違いである。第三に、社会福祉の機能を一般対策にたいして固有のものとして捉えるのか（岡村）、一定の施策にたいして補充（補完）ないし代替するものとして捉えるのか（孝橋）、あるいはまた固有機能と補充・代替機能の複合として捉えるのか（社会事業研究所）の違いがある。

第三の論点である対象については、社会的問題（孝橋）、生活問題（一番ヶ瀬）、社会関係の主体的な側面における不調和、欠損、欠陥（岡村）のように一定の問題のある（解決・緩和の求められる）状況ないし状態として捉える場合と、正常な一般生活の水準より脱落・背離し、またはそのおそれのある不特定の個人または家族などのように一定の問題状況をその属性としてもっている人びととして捉える場合とがある。

第四の論点は目的である。これについては、基本的には、孝橋のように、社会総体にたいする一定の効果ないし効用（たとえば、資本主義社会体制の維持存続）という次元で社会福祉の目的を設定している場合、社会事業研究所や岡村のように、個人や家族などの利用者にたいする一定の効果ないし効用（たとえば、回復や保全）という次元で目的を設定している場合、さらには岡村のように利用者にたいする効用と社会（制度）にたいする効用を並立させている場合に区分することができる。

ただし、これら二通りの目的すなわち、施策レベルの対社会的効用援助レベルの対利用者効用は別のものではない。次元を異にするように見える二つの目的は、一定のズレをもちながらも重なりあっている。あるいは、そうならざるをえない。社会福祉は国・自治体の施策であるといってもそれを利用する個人や家族に効用をもたなければ施策としての目的を達成することはできない。逆に個人や家族に効用があっても、それが施策の目的に添わなければ施策として成立しない。孝橋にしても、社会福祉の目的は本質的には資本主義社会体制の維持存続にあるとしながら、他方において、現象的なレベルで社会福祉の目的は労働者＝国民大衆の精神的・物質的な救済、保護及び福祉の増進であるとしている。

第五の論点は、社会福祉の主体である。社会事業研究所による定義においては、社会福祉（社会事業）の主体は国家、地方公共団体、私人として捉えられていた。孝橋の場合には、国家、地方公共団体、私的団体、個人である。社会事業研究所のいう私人は、定義が作成された時期の社会的背景からいえば、民間の社会事業家ないし社会事業従事者のことであろう。孝橋が私的団体、個人という場合も同様である。ただし、この時期、社会福祉の主体としての国家、地方公共団体、私人（私的団体や個人）相互の位置関係、あるいは相互の関わりあいについての議論は十分になされていない。孝橋の場合には、社会事業の主体はあくまでも国家、さらにいえば資本主義体制をとる国家であり、地方公共団体、私的団体、個人はその実施過程を担う存在である。むしろ、私的団体や個人をもってそのまま社会福祉の主体とすることの理論的な誤り、不適切性についての議論が孝橋による主体考察の中心になっている。

一番ヶ瀬や岡村になると新たな要素が登場する。一番ヶ瀬は国家独占資本主義下の国家を主体に据えつつ社会福祉に携わる専門職従事者（福祉労働者）を重要な主体の一つとして位置づけている。専門職従事者は、国や自治体による社会福祉政策の実現化過程を担う存在になるとともに、専門職としての立場から政策に変更や修正を求め、あるいは福祉労働者の立場から政策主体に政策の変更や修正、新設を迫る社会福祉運動の主体となる存在である。定義では言及されていないが、岡村は地域社会あるいは地域住民を社会福祉の重要な主体として位置づけている。

第六の論点は、社会福祉の方法である。その内容について、社会事業研究所は保護・助長・処置、孝橋は精神的・物質的な救済、保護及び福祉の増進、一番ヶ瀬は貨幣・現物・サービスの個別的対面的分配であるとした。他方、岡村は、社会福祉の方法に、生活関連施策を利用、改善するように援助するという次元と生活関連の各制度の関係者に施策の変更、新設を援助するという次元のあることを示唆している。このような岡村の社会福祉の方法についての言説は、従来の施策による援助の提供とその改善や変更、新設を求める運動の拮抗という理解のしかたとは異なるものであり、示唆に富む考えかたであるといってよい。

最後に、社会福祉の全体像を理解するうえで欠かせないと思われる課題について一、二言及しておきたい。第一の課題は、従来の研究がいずれも社会事業や社会福祉を一九世紀の後半期以後に成立した事象をさすものとして扱い、それ以前の慈善事業や救貧事業を社会事業や社会福祉と切り離し、その前史的な事象として扱っていることである。むろん、社会福祉史の研究においては、慈善事業や救貧事業が扱われるが、そこでは歴史的事実の時系列的な記述が中心になっていることが多い。それがなぜ、いかなる因果的な文脈のなかで起こったのかという議論になっていない。「自発的社会福祉」と「法律による社会福祉」を区別し、前者が後者に発展したという岡村にしても、「自発的社会福祉」がどのように形成されるかについては共同体における結《ゆい》や手伝いを原初形態として例示するだけである。しかし、社会福祉は一九世紀の後半に忽然として形成されたものではない。理論的には社会事業や社会福祉はその前史的な過程である慈善事業や救貧事業と区別されるべきものとしても、実態的には社会事業や社会福祉が慈善事業や救貧事業の延長線上にある存在であることに違いはない。その限りにおいて、慈善事業、救貧事業、社会事業、社会福祉はこれを一体的なものとして捉え、その形成の社会的な必然性、因果的なコンテクストが問われなければならない。社会事業さらには社会福祉成立の必然性を一九世紀後半期の事象のみをもって論じるのでは、社会福祉の理論的解明としていかにも不十分であろう。

第二の課題は、一九八〇年代から九〇年代、さらには二〇〇〇年以後、社会福祉の世界に加速度的に拡大してきた新自由主義、ワークフェア、公民連携、公私ミックス、準市場化、分権化、地域社会化という社会福祉の根底に及ぶような変化は、これまでわれわれがみてきた社会福祉理解の視点と枠組のもつ射程を超えるものであり、いまや視点や枠組の再構築が求められているということである。

しかも、これら第一、第二の課題は相互に独立したものにみえるが、実際には両者は密接に結びついている。すなわち、われわれは第二の課題を克服するためには第一の課題に遡及し、社会福祉の全体像を捉え直すための視点と枠組の再構築が求められている。逆に、第一の課題に遡及することなしに、第二の課題を克服することは不可能である。第二次世界大戦後の社会福祉研究の成果を批判的に継承しつつ、それを乗り越えて、近年の社会福祉をめぐる大きな変化を的確かつ批判的に捉えることのできるような視点と枠組の再検討、再構築が必要とされているのである。

第6節 視点と分析枠組の展開

さて、ここまで、われわれは、社会事業研究所と孝橋正一による社会事業の概念規定、一番ヶ瀬康子と岡村重夫による社会福祉の概念規定を取りあげ、分析し、整理してきた。つぎには、その整理を前提に、われわれの社会福祉理解の深化をめざし、社会福祉分析の視点と枠組の再構築のために議論を重ねていこう。

一 社会福祉・社会事業の用語法

社会福祉の研究を錯綜させ、分かり難いものにしている理由の一つに――むしろ最大の理由というべきかもしれないが――使われる用語の多様性がある。前節でみた社会事業研究所や孝橋正一のいう社会事業と一番ヶ瀬康子や岡村重夫のいう社会福祉との違い、さらには竹内愛二の専門社会事業など、さまざまな用語が入り交じっており、初心者や他領域の研究者にとって理解に苦しむところであろう。

しかし、こんにち、これら用語の多様性については、すでに一定の共通理解が成り立っているといってよいであろう。以下、再確認である。

まず、孝橋の社会事業と一番ヶ瀬らの社会福祉であるが、これについては社会事業を社会福祉に先行する歴史的な施策形態として扱うというのが一般的な理解になっている。竹内のいう専門社会事業については、ソーシャルワークないし社会福祉援助技術とよぶのが一般的である。ついで、社会福祉について、それが「社会の福祉という理念」をさすのか、それとも「社会福祉という施策の実体」をさすのかという問題がある。これについては、一番ヶ瀬の「目的概念的規定」「実体概念的規定」という整理の方法で決着をみているといってよい。いずれについても、まずは座りのよい決着といってよいであろう。

二　社会福祉のマクロ環境分析

われわれは先に「第4節　社会福祉分析の視点と枠組――輪郭の提示」において、社会福祉の原理論的な議論のありようについて、それを四通りのレベルにおいて考察することを提起しておいた。

第一は、社会福祉を取り囲む外部環境（エクソシステム）レベルの議論である。すなわち、社会福祉を、社会福祉がそこに存立する環境であり、そのありようを規制する諸条件を構成する環境、そして社会福祉が働きかける環境である総体社会との関係において分析するというマクロ環境レベルでの考察である。

第二に、対象形成の基盤としての生活システム、なかでも生活維持システムとそこで生起する問題状況についての議論である。

第三に、社会福祉を社会福祉にとってメゾ的な環境を構成する一般生活支援施策との関係において取りあげ、その基本的な特性、すなわち固有性、独自性を摘出することを意図したメゾ環境レベルでの考察である。

第四は、社会福祉の内部環境、すなわち社会福祉という施策それ自体を構成している要素とその連関構造、機能、活動の内容などを取りあげる内部環境（イントラシステム）レベルの考察である。

以下、第4節とそれを受けて展開した先行諸研究のレビューを踏まえ、さらに議論を深めていこう。

まず、マクロ環境レベルの議論である。

これについては、われわれは、社会福祉にとってのマクロ環境である総体社会を、「共生（共存）システム」としての「共同社会」、「経済（市場）システム」としての「資本主義社会」、「政治（権力）システム」としての「市民社会」、「規範（価値）システム」としての「文化社会」という四通りの位相（フェイズ）から構成される四相構造社会として位置づけ、そのような総体社会によって規定されつつ、逆に総体社会に働きかけるという、相互作用的、相互規定的な関係において、社会福祉のもつ基本的な性格を明らかにするという分析の手法、手続きを提起してきたところである。いわば四相構造社会アプローチである。

この四相構造社会アプローチという構想の提起は、社会福祉の対象、目的、主体についての議論のありようと密接に関わっている。周知のように、わが国の伝統的な社会福祉の研究においては、社会福祉の対象、目的、主体についての議論は、近代社会が資本主義社会であることを前提とし、資本主義社会を構成する社会関係、なかでも資本－賃労働関係や資本主義的社会秩序と関連づける議論のしかたを中心に展開されてきた。

しかしながら、このような社会福祉の把握方法は、一九八〇年代の頃から次第に説得力に陰りをみせはじめる。その契機は、それまでの伝統的な社会福祉理解において前提とされてきた資本主義社会そのもののありように深刻な変化が生じはじめたことにある。欧米諸国やわが国における新自由主義的思潮の拡大、そして他方におけるソビエトロシアをはじめとする社会主義体制の崩壊である。これらの歴史的なできごとは、それまでの伝統的な社会福祉理解のありようにたいして、その根底に関わるような重要なインパクトを与えることになった。

われわれの四相構造社会アプローチの初出は二〇〇三年の拙著『社会福祉原論』[21]であるが、その出発点は一九九四年の拙著『社会福祉学序説』における三相構造社会の提起に遡ることになる。われわれは、『社会福祉学序説』[22]において総体社会を共同体社会、資本主義社会、市民社会という三通りの位相から構成される三相構造社会として規定していた。『社会福祉原論』で提起した四相構造社会は、この三相構造社会に文化社会という位相を追加したものである。四相構造社会アプローチは一九八〇年代以降のそのような社会福祉にかかる状況の急激な変化に対応する問題提起としての意味あいをもっていた。四相構造社会アプローチは、従来の社会福祉の存在、その存立根拠を、資本主義社会との関係を基軸に把握しようとしてきた経済システム一元論的な研究方法にたいする疑問の提起であり、多元的アプローチへの転換を要請するものであった。しかし、四相構造社会アプローチは『社会福祉原論』においては議論としてなお端緒的な段階にとどまっていた。社会福祉と総体社会との関係を、総体社会を構成する共同社会、資本主義社会、市民社会、文化社会というそれぞれの位相との個別的な関係にブレークダウンさせて分析を試みるというだけでは、社会福祉の存立、維持に関わるメカニズムとダイナミズムを解明する方法論としてはいまだ不十分であった。どこか、分析の起点となり、同時に総合の拠所となる場所に軸足を定める必要があった。

われわれは、分析の機軸をかつての「経済システムとしての資本主義社会」から「共生システムとしての共同社会」に移行させること、「共生システムとしての共同社会」を機軸に、社会福祉の存立、維持、発展を論じるという方法に転換させる必要があった。すなわち、総体社会のもつ各位相のうち、総体社会そのものの存立する基盤、基層となるのは、「経済システムとしての資本主義社会」ではない。もとより、「経済システム」のもつ規定力には大きなものがある。しかし、総体社会の基層は原初的、本源的には「共生システムとしての共同社会」である。われわれは、そのような共同社会のなかに存在し、それに支えられて生命を維持し、生活を営んでいる。共同社会は、それがなければわれわれの生活そのものが維持されえないシステムである。それなしには総体社会それ自体が存立しえないシステムであり、総体社会の基盤、根幹を構成する位相である。

経済システム、政治システム、文化システムは、いずれもそのような基盤としての共同社会が存続し、発展する過程において、そのことを可能にし、支えるシステムとして形成されてきた、いわば手段的なシステムである。しかし、それらのシステムは、やがてそれぞれに自己組織性をもつシステムとして自立的・自律的に機能し、運動するようになり、その結果として逆に共同社会を規制し、制約するような状況が形成されてきた。手段と目的の逆転である。

これにたいして、共同社会は、そうした新たな、逆機能的な総体社会の状況において、しばしばそれに拮抗し、自己を復元し、防衛するために、それ自身の構成単位である人びとの生存（いのち）・生活（暮らし）・人生（キャリア）の本源性、全体性、個別性を維持し、回復させ、促進させようとする独特のシステム、すなわち生活システムを形成してきた。共同社会は人類の歴史を通じてそのような傾向性、ポテンシャルを発揮してきた。もとより、共同社会を構成する人びとの生活維持は、近代以降の社会においては、資本主義的な経済システムと無関係には成立しえず、政治システムとの接点をもたずに施策としての社会福祉が形成されることはありえなかった。文化システムの影響を免れることもありえなかった。社会福祉はそのような総体社会のなかで形成されてきたのである。

このようなコンテクストにおいて、社会福祉は、共同社会を機軸に、資本主義社会、市民社会、文化社会という各位相のもつ多様な条件による規制や規定をうけつつ、特殊固有な特性、構造と機能をもつ社会的な施策として形成され、実施されてきたのである。

われわれは、近代以降における社会福祉の存立、維持、発展をそのようなものとして理解しなければならない。

三　社会福祉の対象分析

一般に、社会福祉の構成要素として、対象、目的、主体、方法の四つがあげられる。そのことについては、しばしば言及してきたところであるが、この四つの要素のうち、対象と目的以下の三つの要素とのあいだには明確な違いがある。対象、すなわち社会福祉が働きかける客体、あるいは社会福祉が必要とされる問題状況は、それがなければ社会福祉そのものが成り立たない要素である。対象がなければ、社会福祉の目的も主体も方法も存在する意味がない。問題状況が存在しなければ対応策について議論する必要もないのである。

したがって、社会福祉の存立根拠が問われる事態になると、第5節でみたように、社会福祉学の先学たちは、まず社会福祉の対象をいかにして的確に把握し、その性格を解明するかに腐心してきた。先学による社会事業や社会福祉の概念に含まれていた「正常な一般生活の水準より脱落背離し、又はそのおそれある不特定の個人又は家族」「労働者＝国民大衆における必要の欠乏（社会的障害）状態」「国民無産大衆の生活問題」「自立的な社会生活を維持することのできない、あるいはそれが困難な個人や家族」などの記述はいずれも、社会福祉の対象に関する規定である。

これまで、社会福祉の対象を把握する手続としては、二通りの方法が適用されてきた。まず第一に、社会福祉の客体になっている、あるいはそうなる可能性をもつ人びと、個人や家族にみられる属性、たとえば、窮乏、浮浪、幼弱、障害、高齢などの属性を抽出し、そのような属性をもって要支援性として理解するという方法である。そのような要支援性に対応する施策、それがすなわち社会福祉であるとする理解である。この方法は耳目に入りやすいが、しかしそのような属性をもつ人びとが存在しているという事実と社会福祉という社会的施策の成立を論理的、理論的に結びつけ、社会福祉成立の必然性を説明するには幾つもの媒介項が必要となる。

このため、第二の方法として、社会福祉を必要とする人びとにみられる状況について、それを社会的な解決ないし解消が求められる問題状況あるいは達成ないし克服されるべき課題状況として把握する方法が導入された。社会問題、社会的問題、生活問題、生活困難などの用語は、いずれもそのような対象認識のありようを前提にしている。この第二の方法におけるキー概念は、問題状況の社会的起源性と要社会的対応性である。社会問題、社会的問題、生活問題、生活困難などは、いずれも社会的に生成した、すなわち社会的な起源をもつ問題状況であり、そのことの必然的な帰結として社会的な対応が必要とされる問題状況であることを意味している。もとより、社会福祉の対象とされる問題状況のすべてが社会的起源性をもつわけではない。たとえば、介護を必要とする高齢者にみられる認知症の根底にある要因は脳の器質的変化だといわれる。その限りにおいて、要介護問題は直接的に社会的起源性をもつとはいえない。しかし、そのような器質的変化によってもたらされる問題状況は、一般的平均的な個人や家族に期待しうる介護力によって対応しうるものではない。認知症高齢者の問題については、そこに社会的な対応を必要とする根拠が求められている。

こうして、社会福祉の対象に関する議論は、問題状況の社会的起源性や要社会的対応性に関する議論を媒介項に、総体社会との関係において展開されることになる。その意味においては、社会福祉の対象についての議論は、社会福祉のマクロ環境にかかる議論の重要な一部分を構成する。

このような性格をもつ対象に関する議論は、すでにみてきたように、社会的問題論や生活問題論というかたちで、独自に展開されてきた。そのことに関して、われわれは、**図1－1**に示したように、四つの位相から構成される総体社会を意味する三角錐の内部に、生活システムという位相を挿入し、それによって総体社会と社会福祉を媒介させるという枠組を提起してきた。

われわれのいう生活システムは、先に言及したように、生活維持システムと生活支援（福祉）システムという二つのシステムから構成されている。生活維持システムは人びとが共同社会を基盤に資本主義社会、市民社会、文化社会という位相と関わりつつ、生命と生活の維持再生産を目的として構築してきたシステムであり、生活支援システムはその過程において形成される生活上の困難や障壁を解決・緩和・軽減することを目的として創出してきたシステムである。ここでの対象論に結びつけていえば、生活システムの構成は、総体社会→生活維持システム→問題状況（生活上の困難や障壁）→生活支援システム→社会福祉という機序になる。つまり、人びとの生活を維持するシステムである生活維持システムが総体社会と相互的な規定関係を取り結ぶ過程において社会的な対応を必要とする問題状況が生成し、それに対処する生活支援システムが形成されることになり、そこに、その一部をなす施策として社会福祉が成立するという構図になる。総体社会

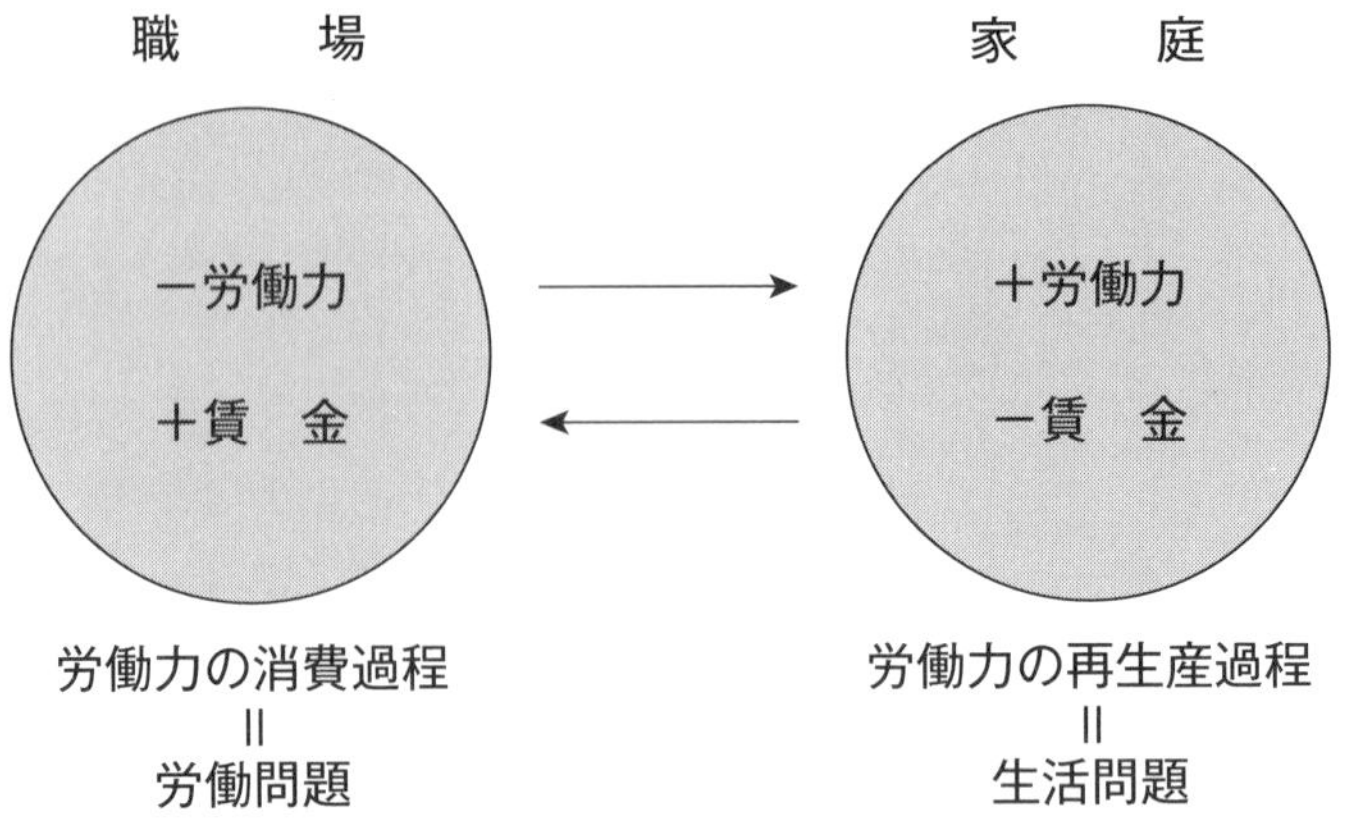

図 1-5　勤労者の生活構造
（一番ヶ瀬康子、1964 より一部修正）
初出：古川孝順『社会福祉原論』誠信書房、118 頁、2003 年

における社会福祉の位置づけを解明する端緒として、この枠組は一定の有効性を有しているといえよう。

さて、このような文脈を構成する生活維持システムとそこに生成する問題状況について解明するうえで一定の有効性をもつ分析枠組として一番ヶ瀬康子の生活構造論がある。**図1－5**がそうである。

図1－5が示すように、生活の主体である勤労者（労働者）は労働市場において雇用主（資本家）にみずからの労働力を販売し、雇用主の指定する時間、場所、内容にしたがって就労し、その代価として賃金を取得する。つぎに、勤労者はその取得した賃金によって生活手段（生活資料と生活サービス）を獲得し、それを消費することによって翌日の就労を可能にする状態を創出する。勤労者が労働力を販売し、就労する過程が労働力の消費過程であり、そこで形成される問題状況が労働問題とよばれる。勤労者が賃金によって獲得した生活手段を消費し、翌日の就労に備える過程が労働力の再生産過程であり、そこに生成する問題状況が生活問題とよばれる。

勤労者は、その生活を維持するために、総体社会を構成する位相の一つである資本主義社会における特有の社会関係である資本－賃労働関係にみずからを組み込み、一定の契機によってあるいは労働問題の担い手になり、あるいは生活問題の担い手となる。そのような労働問題に対応するのが雇用施策や所得施策であり、生活問題に対応するのが社会福祉である。

このような一番ヶ瀬の分析枠組は、こんにちにおいてなお、一定の、あるいは蓋然的な有効性を保持しているといってよい。一番ヶ瀬は、この枠組を前提に、貧困者をはじめとする多様な社会福祉の対象（利用者）の担う多様な生活問題を分析しようとした。社会福祉の対象となる人びととその労働力の態様――労働市場における労働力の評価――との関係はつぎのように整理される。すなわち、貧窮者は労働力再生産の破綻、児童は未来の労働力、以下同様に、婦人＝市場価格の安い労働力、老人＝衰退した労働力、疾病＝一時的な欠損労働力、身体障害者＝永続的な欠損労働力、精神薄弱者＝永続的な欠損労働力、非行少年＝社会的不適応労働力として理解される。(23)

この一番ヶ瀬による分析枠組の後段、労働力の態様＝労働市場における評価商品価値による対象の類型化の試みは概して不評であった。戦後から高度経済成長期初期の頃までであればあるいは一定の有効性をもちえたかもしれない。しかし、それ以後にみられた問題状況の変化を含め、多様な問題状況を労働力の態様のみに着眼して説明することは不可能であった。

こんにちにおいては、社会福祉を必要とする問題状況はさらに多様化、複雑化し、高度化している。それらの態様や性格を資本主義社会の資本－賃労働関係のみから一元的に説明することは不可能である。例えば、高齢者の社会的孤立や孤独は総体社会の基底にある共同社会の問題である。他方、高齢者は、判断能力の低位な契約当事者、被害を受けやすい消費者としての側面もあわせもっている。同様に、外国籍者の居住権、社会保険加入権などシティズンシップにかかる問題状況は市民社会の問題であるが、社会的差別や排除には文化社会にかかる問題としての側面が含まれている。

こんにちのように多様化、複雑化し、高度化した問題状況を的確に把握し、適切な対応策を講ずるには、多元的かつ個別的な分析枠組が必要とされるのである。

四　社会福祉のメゾ環境分析

さて、第5節においてみたように、社会事業研究所による社会事業の定義をはじめとして、孝橋正一、一番ヶ瀬康子、岡村重夫による社会福祉の規定には、それぞれに名称や表現のしかたに違いはあるものの、労働政策、社会保険、公衆衛生、教育などの一般対策と社会福祉との関係をどのように理解し、位置づけるかという論点が含まれていた。

実際、これまで、社会福祉学の研究においては、一般対策（一般施策）と社会福祉との関係いかんという論点は、社会福祉の本質あるいは基本的な性格を明らかにするうえで、避けて通ることのできない重要な課題として取り扱われてきた。この問題にたいする孝橋の見解については、すでに第4節において紹介しておいた。

ここでは、そのような背景を踏まえつつ、われわれのいう一般生活支援施策を中心に織りなされる社会福祉のメゾ環境について考察することが課題となる。われわれは、この問題についてはかねてより、第4節に**図1-2**、**図1-3**として示した「社会福祉のL字型構造」「社会福祉のブロッコリー型構造」という二通りの分析の視点と枠組によるアプローチのしかたを提起してきた。

まず、前者の社会福祉のL字型構造について取りあげるが、議論を進めるにあたり、用語法について再確認しておこう。われわれは、社会福祉のL字型構造を示す**図1-2**の社会福祉以外の縦棒部分に割りあてている施策群を一般生活支援施策とよぶことにしている。われわれが一般生活支援施策というのは、社会福祉以外の生活支援一般に対応する施策群のことである。一般生活支援施策は、人権施策、司法施策、消費者施策、健康施策、教育施策、文化施策、雇用施策、所得施策、居住施策、保健施策、医療施策、被災者施策、まちづくり施策の一三種の施策群から構成されていた。

さらに、ここで、三点注解を加えておきたい。第一の点は、人権施策や司法施策を生活支援施策とすることについてである。このことについては、少なからず疑問が寄せられるかもしれない。たしかに、人権施策や司法施策を人びとの生活の支援を第一義的な課題とみなすことは難しいであろう。ここで人権施策とよんでいる施策は、監督官庁との関係でいえば、法務省による人権擁護や刑余者対応の事業や活動である。そこには、直接的には生活支援という発想は含まれていない。消費者（保護）施策についてもそうである。消費者保護のねらいは、消費者としての未成年者や高齢者、主婦などの保護、また生産者側とのあいだに情報や判断能力について非対称性をもつ消費者の保護である。消費市場においてこれらの人びとが不当な不利益や損害を被らないようにするための規整の措置である。

人権施策や消費者施策に限らず、ここで一般生活支援施策として取りあげている施策群は、施策としての成立の過程や第一次義的な課題は、それぞれに異なっている。必ずしも、生活支援を第一義的な目的とするものばかりではない。しかし、いずれの施策も、こんにちにおいては、人びとの生活の支援、生活の安全、安心、安寧の向上、改善、生活の再建、人権の擁護や保障などに関わっている。いずれの施策をとっても、多かれ少なかれ、生活の支援に関わる部分を包摂していたり、生活支援との接点をもつ事業を含むようになってきている。われわれはそこに着目して、一般生活支援施策という範疇を構成することにしたのである。

第二の点は、一般生活支援施策の範囲についての疑問である。このことについてはすでに第4節において言及した。たしかにわれわれは、一般生活支援施策に含める施策の範囲を最初に確定するという手続きをとらせず、徐々に新たに施策を追加するという経過をたどってきた。その点については、議論の必要に応じて範囲を拡大させてきたという経緯がないわけではない。しかし、われわれは、基本的には、社会的生活支援施策についてはオープンエンドの体系として理解するのが望ましい、妥当性をもつと判断している。生活支援施策の範囲は、時代や社会によって十分異なりうるからである。

さらに、第三の点に議論を進めるとしよう。社会福祉のL字型構造の図は、社会福祉が一般生活支援施策と横に並列する縦棒の部分と、その規定において一般生活支援施策群と交錯し、重なりあう部分をあわせもっていることを物語っている。われわれは、今後この、社会福祉と一般生活支援施策が横に交錯し、重なりあっている部分について、それぞれ人権生活支援施策、司法生活支援施策、消費者生活支援施策、健康生活支援施策、教育生活支援施策、文化生活支援施策、雇用生活支援施策、所得生活支援施策、居住生活支援施策、保健生活支援施策、医療生活支援施策、被災者生活支援施策、まちづくり生活支援施策とよぶことにしよう。図1-2は、すでにそのことを反映したかたちになっている。

たとえば、ここでわれわれが人権生活支援施策とよぶのは、もとより、字面から想像されるような人権生活を支援する施策という短絡した意味においてではない。人権施策の領域における生活支援施策、あるいは人権施策に関わる生活支援施策という意味である。権利擁護事業、差別防止策などがそこに含まれる。司法支援施策に含まれるのは、司法福祉、更生保護、家事調停、法律扶助などである。それぞれの施策領域における生活支援事業の例示については、図1-2の下段を参照されたい。

ここで一般生活支援施策とよばれる施策の本来的な内容と社会福祉と交錯している部分に含まれている生活支援施策との関わり方は、個別の一般生活支援施策によってそれぞれ異なっている。その詳細については、第4章第2節において言及する。

以上、社会福祉は、一般生活支援施策と並列の関係に位置する縦棒の部分と、一般生活支援施策と横断的に交錯し、重なりあう関係にある横棒の部分を併せもっている。すでに触れておいたように、縦棒はL字の縦棒の部分、横棒はL字の横棒の部分にあたる。縦棒の部分は社会福祉に固有の事業内容であり、横棒の部分は一般生活支援施策と交錯し、重なりあう施策を先導し、あるいは相互に補完しあう（相補する）事業内容を有している。われわれは、社会福祉が縦棒の部分と横棒の部分を併せもっているというところに、一般生活支援施策にはない、社会福祉にのみ認められる独自の課題、固有性をみいだすことができるのである。

最後に、社会福祉のブロッコリー型構造である。ブロッコリー型構造はL字型構造の別の表現ともいえるが、分析枠組としての焦点はそれぞれ異なっている。近年生活問題の多様化、複雑化、高度化にともない、社会的生活支援施策のありようについて多分野横断的な施策運用、あるいは多職種横断的ないし多職種連携的な支援活動の方法が求められるようになっている。

たとえば、ホームレス状態にある人びとは、同時に、生活困窮者、求職者、無住居者であり、場合によっては傷病者、孤立生活者である。また、同一家族のなかに要介護者、保育に欠ける子ども、傷病者、不定期就業者が含まれていることも多い。こうした複合的で高いレベルの困難をかかえた人びとや家族は、個々の社会的生活支援施策だけをもって的確かつ効果的に対応できるというわけではない。社会福祉のブロッコリー型構造は、そのような生活と生活支援ニーズの状況を踏まえて、社会福祉を基軸とする多施策運用、多職種連携のありようを分析し、推進するための視点と枠組として提起したものである。

なお、社会福祉のブロッコリー型構造は、その形状からみて、社会福祉が多分野横断的アプローチの主軸となることを主張するものと理解されるかもしれない。たしかに、実態として、社会福祉が多分野横断的アプローチの中心に位置していることは多い。また、施策の内容からみて、そのように期待されることが多い。しかし、そのことを主張することがブロッコリー型構造を提起した理由ではない。

多分野横断的アプローチの主軸になるのはどの施策であってもよいし、どのような職種であっても差し支えない。関連する多分野横断的な施策を一定の方向にまとめあげることのできる施策や職種、あるいはチームアプローチを主導しうる施策や職種であればよい。最終的にはチームアプローチができる人であれば、施策や職種を問う必要はないからである。幸い、社会福祉は、多様な施策と交錯する部分をもち、それを支える専門職と接触し、連携する機会に恵まれており、その限りにおいて、多分野横断的アプローチの主軸となりうる立ち位置にあるといって過言ではない。社会福祉のブロッコリー型構造を提起する意味は、そこにある。

五　社会福祉の内部構造分析

われわれの最終的な目的は、現代社会における社会福祉の社会的な位置づけや基本的性格、施策の内容、体系、援助提供のプログラム、援助に必要とされる知識や技術の性質や内容などについて明らかにすることである。

すでに、第5節における社会福祉の概念規定に関する議論において明らかにしてきたように、わが国の社会福祉研究の領域においては、伝統的に、まず社会福祉を仮説的に対象、主体、方法など幾つかの構成要素に分割し、ついでそのそれぞれの構成要素について分析を加え、それらの成果を再構築、再統合することによって、社会福祉の全体像に接近し、その構成や内容の特質を抽出するという方法がとられてきた。すなわち、社会福祉を研究するもっとも簡潔かつ基本的な手続きとして、それを対象、主体、方法という三通りの構成要素に、論者によってはこれに目的を加えて四通りの構成要素に分割し、そのそれぞれについて分析を試み、そこからえられた結果を一つの体系として再構成するという方法がとられてきた。

これら社会福祉の対象、主体、目的、方法という四通りの要素は、それぞれが相対的に自立性を有するとともに、相互に依存し、規定しあいつつ、みずからの総体として社会福祉を構成している。こうして、社会福祉は、対象、目的、主体、方法という四通りの要素を下位要素として構成されて生成し、存立する一つの全体、一つのマクロシステムとして捉えられることになる。

しかし、すでに第4節の第五項並びにこの節の第三項において論じてきたように、対象という要素は、他の要素とは異なる特性をもっている。対象、まずは社会福祉とよばれる施策が、対峙し、働きかけ、対応する事象、客体、相手方、すなわち社会的問題や生活問題のことである。原初的にいえば、社会福祉は、そのような対象がなければ存立しえない、存立する必要もない施策である。その意味においては、対象は社会福祉の成立にとってもっとも重要な要素である。

しかしながら、それは施策としての社会福祉を構成する要素そのものではない。その限りにおいて、対象と残りの三通りの要素とは、その性格を異にしている。そのことを確認するため、われわれは、社会福祉の総体を構成する諸要素のうち、対象とそれに働きかける目的、主体、方法とを明確に区別し、そのうえで後者の目的、主体、方法を要素として構成されている部分を施策とよぶことにしてきた（**図1－2**）。

こうして、厳密にいえば、社会福祉の施策は、目的、主体、方法という三通りの要素から構成される施策システムを中心とする体系として存立する。三通りの要素のうち、主体は、対象に働きかけ、そこに何らかの成果をえようとする存在である。目的は、そのような主体が対象に対峙し、働きかけるときに掲げる理念、目的、目標の総体である。方法は、主体がそのような理念、目的、目標のもとに、対象に働きかけるときに採用する、あるいは動員し、活用する手段、方策や手続きのことである。

これら社会福祉の施策システムを構成する三通りの構成要素のうち、もっとも強い規定力をもつのは主体である。目的と方法は、基本的には、主体の性格によって規定される。社会福祉の施策システムは、このように相互に影響し、規定しあう三通りの要素によってもたらされる相互規定的な関係、構造と運動（形態・性情・機能などの変化）をもって構成され、そのありようが社会福祉を方向づける。

具体的には、社会福祉施策の主体は、通例、国、自治体、団体や機関、施設、専門職従事者、ボランティアなどとして記述される。たとえば、社会福祉の主体が国であれば、その目的は福祉ニーズや問題の充足や軽減、それによる社会の不安や不満の緩和、方法は政策や計画の策定、管理運用ということになる。社会福祉の主体が自治体であれば、その目的は施策の適用対象となる生活問題や福祉ニーズの解決や充足、それによる関係者の不安や不満の除去、方法は制度の運営管理、現金、物品、サービスの提供であろう。社会福祉の主体が専門職従事者であれば、その目的は利用者のもつ福祉ニーズや問題の直接的、対面的な解決、それによる利用者の不安や不満の除去、方法は援助の具体的な提供・実施、それに必要とされる知識や技術の適用ということになる。

こうして、社会福祉の施策は、国、自治体、民間組織、個人など主体のレベルによって、それぞれの目的、方法が相互に複雑に規定しあい、交錯しあいながら一体化されたかたちで、その全体が形成され、存立することになる。設定される目的や採用される方法には、主体の性格やレベル、すなわちその社会的位置づけ、関与する人びとの職種、職位、さらにはミッション（志や使命感）などによって大きな違いがうまれる。

このため、われわれはこの種の問題を適切に処理するべく、第4節の**図1－4**に示しておいたように、社会福祉の基軸となる部分を施策システムとして位置づけ、それを三つの下位レベル、政策や計画を策定し運用するレベル、制度や施設を設け運営し管理するレベル、援助を計画し提供するレベルに区分し、そのそれぞれを、政策システム、制度システム、援助システムとして再整理することにした。こうして、社会福祉の施策システムは、政策システム、制度システム、援助システムという三通りの要素をサブシステムとして形成され、存立する一つのシステムとして把握し直されることになる。

目的については、社会福祉の施策システムのありように関わるとともに、あるいはそれ以前に、政策対象の措定、すなわち何をもって福祉ニーズや問題状況として把握するのか、その基準の設定、政策的対応における優先順位の決定、個別的、対面的な援助提供場面における倫理的行動規範の運用など、社会福祉の基幹に関わっている。そのことに鑑み、社会福祉における対象の措定、政策の策定、行動の規範等に関わる基準となる要素を規範（価値）システムとして設定し、社会福祉のマクロシステムを構成する重要なシステムの一つとして位置づけることにした。

さらに、ここで、社会福祉のマクロシステムを構成する重要な要素として、われわれは利用支援システム、社会行動システムとよぶ二通りのシステムを追加することとした。まず、利用支援システムは、社会福祉の対象を構成する利用者と社会福祉施策を担う主体とのあいだにあって、利用者と施策主体とのあいだ、より具体的には利用者のもつニーズと援助提供者による援助プログラムやその実施とのあいだにインターフェイス的に介入し、媒介調整するシステムのことを意味している。このような利用支援システムは、その働き、機能の性格からすれば、施策システムを構成する制度システムあるいは援助システムに含めて解明することも可能である。そうするのが適切であるかもしれない。しかしながら、昨今、超高齢社会化が進行するなかで、判断能力の低位な利用者や振り込め詐欺などの被害者にたいする人権生活支援のありようがクローズアップされてきていることなどから、独立した構成要素として扱うことにした。

つぎに、われわれが社会行動システムとよぶのは、社会福祉の成立の過程やその内容、質や量、社会福祉に関わる政策の策定、制度の運営、援助の展開の過程、その内容、質や量などに社会的、あるいは政治的に影響をおよぼすことを目的としてなされる人びとの集合的、組織的な行動、すなわち社会福祉運動やソーシャルアクション、さらにはそれらを規定する要素のことである。

図1-4の「社会福祉のマクロシステム」は、以上の議論を取りまとめたものである。再度確認しておけば、われわれはまず、社会福祉の全体を構成する要素として、規範システム、対象システム、施策システム、利用支援システム、社会行動システムの五通りのシステムを設定した。さらに、それらの中心に位置する施策システムを政策システム、制度システム、援助システムというサブシステムに分割した。これが、われわれが社会福祉の全体像を分析し、把握するために準備した基本的な視点と枠組総体である。

第7節　社会福祉学研究の性格

社会福祉学の研究には、他の領域に比べて特徴的ともいえる状況がある。それは、端的にいえば、社会福祉学がすぐれて価値志向的な性格を備えているということである。社会福祉学は、問題解決科学、課題志向科学、課題発見科学、あるいは課題設定科学、場合によってはミッション志向科学ともよばれる。

社会福祉学は、所与の自然状態や社会状況について観察し、そこに作用している法則的な因果関係を抽出し、整序し、体系化することをもって基本的な課題とする学問の領域、法則定立科学ではない。そのような手続きを含みながらも、直接的には何らかの社会的、公共的な対応が求められている問題状況に関わり、その解決や緩和を志向する科学である。社会福祉学はその意味で、価値判断から自由になれない科学、むしろ価値志向的な科学である。

最後に、そのことを念頭に置きつつ、社会福祉学の性格について論じ、第1章の議論を閉じたいと思う。

一　社会福祉の価値と研究

われわれは、社会福祉における価値の問題について、四通りの側面を設定することができる。第一の側面は、社会福祉が対象とする問題ないし課題状況に関わって、何を以て、あるいは何を基準にして、問題ないし課題状況として捉えるか、ということである。社会福祉においては、人びとの生活の安全、安心、安寧、尊厳、健康、発達、教育、雇用、居住の状況などについて、まず何らかの解決や改善が必要であるという判断がなされ、ついで対応策の模索がはじまり、最終的に、何もしないということも含めて、一定の政策が策定されるという過程を経るのが通例である。

そこで議論になるのは、そのような過程の節々においてなされている判断の基準であり、その核心にある価値である。もとより、それらの判断の背景や基底には、人びとや社会の安全、安心、安寧、尊厳、自由、平等、公平、公正、人権、平和などの普遍的な価値が横たわっており、そのそれぞれについての考察が求められる。しかし、一般的にいえば、判断の基準は時代や社会によって異なっており、そこに一定の基準を設けることには大きな困難がつきまとう。そうしたなかで、実際的には、統計的な平均値からの偏差、標準とされる数値、位置、方向などからの偏り、理論的な基準、倫理綱領などからの逸脱などを拠所に個々に判断が行われ、政策が形成されている。

そのことを踏まえていえば、より重要なことは、社会福祉の領域において追求されるべき普遍的な価値についての思索を深めつつ、政策が形成され、実施される過程においてもちいられている判断基準の性格や判断の結果について、より実際的、具体的な分析と考察を積み重ねることであろう。

第二の側面は、第一の側面にも関わることであるが、こんにち社会福祉に関わる政策の導入や推進の要求、政策の企画、立案、決定、そして実施にいたる過程にさまざまのステークホルダーが関与し、それぞれの価値判断にもとづいた意思決定への参画がなされているということに関わっている。

たとえば、問題の解決を要求する人びとの把握する問題の質量についての判断と、政策の策定に関わる人びとの問題認識やそれに関わる判断には、少なからぬズレが生じるというのが通例である。このようなズレは、政策の新規導入や拡充を求める側からいえば、政策担当者（国・政府）の理解や熱意の不足、その結果としての予算配分の欠落などの結果として批判の対象とされる。たしかに、政策担当者の理解や熱意の不足ということも十分ありうることである。しかし、同時に、われわれは、政策の要求者と担当者では、問題状況の把握、認識のしかたに大きな違いが存在することに留意しておかなければならない。政策の策定過程に関与する人びとが増加すればそれだけ認識のズレは大きくなる。換言すれば、関与者の問題の切り取りかた（フレーミングのしかた）によって、そこに量的のみならず、質的な違いが生じている、ということである。

たとえば、保育問題への対応は、労働力不足を解消するための子育て女性労働者対策として理解するのか、子どもの発達支援の拡充策として理解するかでは大きな違いがある。派遣労働や非正規就労によるワーキングプアの問題を経済のグローバル化にともなう雇用関係の歪みとして捉えるか、若年者の就労意欲や労働能力の低位性の結果として捉えるのかでは明らかに対応が異なる。このような違いは、当事者、支援者、サービス提供者、地域住民、納税者、政策担当者などの物の考えかた、思想ひいては価値判断の違いによるものである。

今後、社会福祉に関与するステークホルダーの数やバックグラウンドの多様化は、一層拡大することが予想される。そのようなステークホルダーにみられる思考や価値判断の違いがどのように個別政策の策定や実施の過程に関わっているのか、またそのような違いをもつステークホルダーの利害をどのように調整して政策の策定や実施過程の改善につなげるのか、精力的な研究が求められることになる。

第三の側面は、社会福祉に関わり、推進しようとする人びと、さらには社会福祉専門職者が何をめざすのか、何故に社会福祉に関わるのかということに関連している。この側面においては、社会福祉に関わる人びと、なかでも社会福祉事業の創設者や専門職者を社会福祉に向かわせる信念、理念、思想などが取りあげられる。社会福祉施設史、実践史、専門職

表 1-1　社会福祉施策研究の位相とレベル　　古川孝順　作成

研究の位相	研究の性格	研究課題のレベル		
		政策レベル	制度レベル	援助レベル
課題の設定	規範科学（べき論）	政策課題の設定	制度課題の設定	援助課題の設定
実態の把握	分析科学（ある論）	政策課題の実態分析	制度課題の実態分析	援助課題の実態分析
施策の設計	設計科学（できる論）	政策の企画と策定	制度の設計と構築	援助の方針と計画
施策の展開	実践科学（する論）	政策の遂行	制度の運営	援助の展開

論などの研究においては、社会福祉事業の先駆者や大きな業績を残した研究者や教育者たちの思想、その形成史や内容が重要な研究の課題となっている。より普遍的なレベルにおいては、特定の時代や社会における、あるいは時代や社会を越える、隣人愛、慈悲、利他主義、愛他主義、連帯主義などにかかる価値観や倫理観、信念や思想が考察の課題となる。

このような社会福祉に関わる規範あるいはその基準になる価値についての解明には、哲学、倫理学、宗教学、思想史、文化人類学、比較文化などの人文諸科学、社会科学の視点や枠組を援用した研究が必要とされよう。

第四の側面は、社会福祉学の価値志向性と社会福祉学研究者の価値、思想との関係という問題である。社会福祉学の研究者が固有の価値観や思想をもつということは、ある意味では当然のことである。社会福祉学の研究者を社会福祉学の研究に向かわせる背景、理由には、当該研究者自身の価値観や思想があることについて疑問の余地はない。しかし、その研究者が自己の価値観や思想について語ることと、社会福祉学の研究とは別物である。研究者は、社会福祉学の研究が価値志向的な性格をもつことを自覚しつつ、自己の価値観や思想を表に出すことについては禁欲的であるべきであろう。そうでなければ、研究のアウトプットそれ自体が、研究者個人の価値観や思想の直接的、個別的な表出のレベルにとどまり、理論としての一般的な妥当性や普遍性、ひいては信頼性をもつことができず、説得力に欠けるものとなろう。

二　社会福祉研究の位相とレベル

つぎに、社会福祉の施策システムについて研究する視点と枠組について考察する。**表1－1**の「社会福祉施策研究の位相とレベル」は、施策研究の方法を鳥瞰するために作成したものである。**表1－1**のマトリックスは二通りの視点で構成されている。第一の視点は、社会福祉施策研究を、課題の設定、実態の把握、施策の設計、施策の展開という四通りの位相に分類し、それぞれに規範科学（べき論）、分析科学（ある論）、設計科学（できる論）、実践科学（する論）という性格の異なるアプローチを対応させるという切り口である。第二の視点は、課題の設定、実態の把握、施策の設計、施策の展開という位相とアプローチの方法を、社会福祉の施策を構成する政策システム、制度システム、援助システムというそれぞれのレベルに対応させ、それぞれの位相とレベルの交点に社会福祉施策の分析に必要とされる研究の課題を析出するという切り口である。

社会福祉施策研究の第一の位相は、課題の設定である。人びとの生活に関わって多様に生起している社会的な問題状況のなかから社会福祉施策によって応答すべき福祉ニーズや問題状況を社会福祉の課題として切り取る（フレーミング）という作業である。この位相では、社会福祉学は規範科学であることが求められる。そこでは、多様な状況のうち一定の範囲を施策対象として切り取る基準とその適用方法が論点となる。まず、何がそうあってはならないことか、社会的に対応すべきことかを判断する基準の性格や内容が問われることになる。この判断には価値が介在する。規範やそれを構成する価値についてはすでに言及しておいた。そこでは、社会的公平、公正、人権、人格の尊厳、生活の質、安全、安寧などについて考察することが求められる。政策、制度、援助というレベルによってそれぞれ着目される課題の局面に違いはあるが、何が解決されるべき課題であるかを決定する過程においては、研究者自身によるそれを含め、一定の価値判断が行われることになる。第一の位相については、そのことを自覚した議論が必要とされる。

第二の位相は、課題として設定された状況がいかなる性格をもつものであるのか、いかなる背景とメカニズムによって形成されたものであるかを解明する実態分析、実態把握の位相である。この位相にあっては、社会福祉学は客観的で法則定立的な分析科学であることが求められる。かつて社会福祉研究の領域においては、第一位相の規範的な価値判断に関わる議論や第三位相の施策の設計に関わる議論について、先験的なあるべき論や十分な実態の分析を経ない政策提言的な研究が多かった。しかし、実態の把握が適切に行われていなければ、既成の社会福祉施策を批判することも、より適切な施策の策定や運用を求め、成果を上げることも不可能である。実態の分析把握が客観的な事実（エビデンス）にもとづいて適切に行われることによって、第一位相の課題の設定も変更され、第三位相における施策の設計もより効果的、効率的なものに改められることになる。

第三の位相においては、施策の設計が求められる。設計科学の位相である。第一位相において課題が設定され、第二位相においてその実態が解明されたことをうけ、第三位相では福祉ニーズや問題状況の充足や解決、軽減をめざし、一定の権限、情報、要員、財源を動員した方策手段のありようが設計される。方策手段は、政策のレベルにおいては「政策の企画と策定」、制度のレベルにおいては「制度の設計と構築」、援助のレベルにおいては「援助の方針と計画」として、それぞれ構築される。したがって、策定された施策手段は、政策、制度、援助というレベルに着目すれば、それぞれ異なった態様をもつことになる。それぞれのレベルにおいて、着目する局面、設定する目的や目標、採用する手続きが異なるからである。しかし、それぞれのレベルにおける方策には、一貫した基軸が通底していなければならない。政策、制度、援助それぞれの掲げる目的や目標に一貫性が欠けていれば、総体としての社会福祉施策は十分な成果をもちえないのである。

社会福祉施策研究の第四の位相においては、施策実践の方法、手続き、過程のありように関する研究が求められる。実践科学の位相である。この位相においては、いかにして政策を遂行するか、制度を運営するか、援助を展開するかが論点となる。ここでも、政策、制度、援助それぞれのレベルにおいて施策実践の方法、手続き、過程は態様を異にする。それぞれのレベルのうち、外部からみて、その違いがもっとも可視的なのは援助レベルの実践であろう。社会福祉専門職による援助活動がもっとも大きな役割を演じるのはこのレベルであり、ここにおける実践の成否、すなわち援助の成否が社会福祉施策の成否を決定するといってあながち過言ではない。

続いて、社会福祉のなかで近年重要性を増しつつある利用支援システムを取りあげる。**表1－1**に表示されている研究の課題には含まれていないが、すでにふれたように、われわれが利用支援システムとよぶのは、社会福祉の施策と利用者のあいだにあって、利用者による援助利用の支援、人権の擁護などに携わるインターフェイス的なシステムである。広い意味では、施策なかでも制度システム研究の一部に含まれるべきものであるが、利用支援システムの重要性に鑑み、独立した施策の範疇として扱うことにしている。

ここでは、より具体的には、利用の方式、利用の手続き、利用の資格と基準、不服申立て制度、利用援助事業、苦情対応制度、成年後見制度、ケアマネジメント制度などが研究の対象となる。ここにおいても、課題の設定（規範科学）、実態の把握（分析科学）、施策の設計（設計科学）、施策の展開（実践科学）という研究の位相が適用されることはいうまでもない。

最後に、社会行動システムについて言及しておきたい。これも**表1－1**のなかには含まれていない。ここで社会行動システムとよぶのは、社会福祉の成立の過程や政策の策定、制度の運営、援助の展開の過程などに社会的あるいは政治的に影響をおよぼすことを目的としてなされる人びとの集合的、組織的な行動とそれを規定する諸要素のことである。このような社会行動の主体は、社会福祉を必要とする人びと、すなわち利用者（当事者）やその家族（保護者や擁護者）、支援者、地域住民、市民、労働者など多様なかたちをとる。また、社会行動は、当事者運動、親などによる保護者運動、地域福祉運動、社会福祉運動、市民運動、ソーシャルアクションなど、主体の性格、目的、組織や行動の形態などによってさまざまに類型化される。社会行動のありようは、国や時代、社会の状況、設定された目的や目標によって異なるが、社会福祉の成立過程やそのありように大きな影響を及ぼす重要な要素である。ここにおいても、**表1－1**に示した研究の各位相が適用される。ただし、位相の名称は、研究対象の性格に応じて、課題の設置（規範科学）、実態の分析（分析科学）、運動の課題（設計科学）、運動の展開（実践科学）ということになろう。

三　社会福祉学の性格と課題

この章の冒頭において言及したことであるが、一つの科学がそれとして成立するためには研究の対象となる事象がそれとして設定できること、採用される研究の方法が固有のものであることが求められる。社会福祉学の場合、研究の対象となる事象を他の科学が対象とする事象と区別することはできる。社会福祉学が研究対象とする事象、すなわち社会福祉とよばれる事象の範囲は、歴史的にみても国や地域によっても規模や内容にかなりの違いがある。一義的に規定することは難しい。しかし、それでも、歴史、国、地域を越えて、そこに一定の輪郭を設定することは可能である。

それにたいして、研究方法の固有性についてはそれを疑問視する議論も存在する。なかでも、社会学、政治学、経済学など隣接する科学には社会福祉学の成立を疑問視する言説がみられる。これらの言説にたいして、われわれは、これまで一貫して社会福祉学の固有科学としての存立を提起してきた。本書そのものが、そのような論旨で構成されている。それが学術世界に理解され、受け入れられるものであるかどうかは、読者の判断に委ねる外はない。

そのことを前提に、社会福祉学の方法についての章を閉じるにあたり、これまでわれわれが社会福祉学の成立可能性に関連して展開してきた議論について一応の整理を試みておきたい。

わが国における社会福祉研究の歴史と重ねあわせていえば、わが国の社会福祉研究は、明治期の社会福祉（救貧事業・慈善事業）を所管する省庁の官吏その他による海外の社会福祉事情の紹介とそのわが国への適用に関する言説や民間の社会福祉関連事業推進者による言説の展開というかたちではじまっている。大正期後半から昭和期初頭においては、そのような伝統を受け継ぎながらも、独自の社会福祉（社会事業）学の成立を主張する研究者も少数ながら登場してきている。

しかし、一九三〇年代後半から第二次世界大戦期を挟んで一九六〇年代にかけての社会福祉学の研究は、もっぱら経済学、法律学、歴史学、社会学、教育学、心理学などの一部門ないし応用領域として展開されてきたといっても過言ではない。この時期、社会福祉学はいわばそれら先行諸科学の応用分野として成り立つ科学、応用科学の分野として扱われてきたのである。

ただし、これと重なりあう時期には、二〇世紀初頭以来アメリカで発展したソーシャルワークの理論や技術の紹介がなされるようになり、なかでも一九四〇年代後半、占領期の戦後福祉改革の過程におけるソーシャルワークの移入と普及の努力にはめざましいものがあった。そのことを抜きにして第二次世界大戦以後のわが国における社会福祉学の展開を物語ることは不可能である。ただし、そのソーシャルワークも社会福祉学のなかでは社会福祉の援助過程に適用される技術の学として扱われてきた。ソーシャルワークの視点や枠組で社会福祉にかかる政策や制度を論じることにはならなかった。

一九七〇年代以降になると、このような社会福祉学研究の状況にも著しい変化がみられるようになる。従来のマルクス主義的なアプローチをとる経済学や歴史学、社会学の影響力が後退し、社会福祉の研究は、経済学、社会学、法律学、教育学、心理学、さらには経営学などによる学際科学の領域として発展するようになる。ここで学際科学というのは、社会福祉という事象、領域を共通の研究の対象としつつ、異なった研究方法をもつ諸科学の共同作業として研究が推進されるという状況を意味している。学際科学という場合には、研究の方法論、アプローチは異にしながらも、研究の対象を共通にすることによってそこに一定のまとまりをもった研究領域が形成され、成立することが想定されている。国際関係学、公害学、女性学などがその好例である。これらの領域は、同一の研究対象にたいする複数の科学によるアプローチという学際科学的な研究の手法が有効性をもつ新たな科学の分野として、徐々に学術世界の承認を獲得する。社会福祉研究においても、遅蒔きながらこれと類似の状況が形成されていった。社会福祉研究も先行する諸科学の応用科学であることから次第に抜けだし、新たな段階を迎えることになる。

他方、この時期、一九五〇年代から六〇年代にかけて各地の大学に新設されていった社会福祉学系の学部や学科において社会福祉（学）教育をうけた世代が徐々に社会福祉学の研究者として頭角を現わしはじめ、新しい波を形成する。この世代にとって、社会福祉学は、彼ら自身がそこで学び、研究者としての薫陶をうけた所与の領域であり、かつての応用科学的、学際科学的な社会福祉研究とはその性格を異にしていた。彼らにとって、社会福祉学は一つの科学でなければならなかった。ソーシャルワークを専門領域（メジャー）とする人びとにとってはなおのことである。しかし、もとより、研究の対象領域か固有の研究方法論をもつ科学かという社会福祉学の性格に関する疑問が終息したというわけではない。むしろ、この疑問はこんにちにおいても問い続けられている課題であり、それを問うことが社会福祉学の研究を推進する重要なエネルギーの源泉の一つとなっている。

社会福祉学を固有の対象と研究方法をもつ科学の一つとして確立し、発展させるというのが、われわれの最終的な目標である。ただし、そのことは社会福祉学が学際科学としての性格をもつという側面を否定しようとするものではない。むしろ、多様な先行科学による学際的な研究の蓄積があってはじめて、社会福祉学は可能となるといわなければならない。

一般的に、先行諸科学の特性は、法則定立科学の発展を目標にするところに求められる。法則定立は、自然現象や社会現象の背後に存在して、それらをうみだし駆動している要因とその結果との因果的、法則的な関係を発見し、定式化することを意味する。自然科学でいえば物理学や化学、社会科学でいえば経済学や社会学の目標はそこにある。これにたいして、個性記述科学という学問分野が設定される。その個性記述科学の志向性は、法則定立科学とは逆の方向にある。個性記述科学においては、研究対象のもつ法則的な、したがって普遍的一般的な関係よりも、その個別性、特殊性、多様性に焦点化し、それがどのように形成されているかを解明することが重視される。社会福祉学の性格は、法則定立科学的というよりも、個性記述科学的である。

個性記述科学は、少し視点を変えれば、臨床科学（臨床の知）とよばれる領域と重なりあっている。社会福祉施策の実施過程、すなわち援助の提供過程に焦点化する分野においては、社会福祉学は臨床科学としての性格をあわせもつことになる。臨床科学の典型は医学や看護学であろう。医学や看護学においては、傷病、そして患者の個別性、特殊性、多様性が強調されている。医学や看護学の基礎は生物学であり、基本的には患者を人類という普遍性において理解しようとする科学である。しかし、近年においては、個々の患者のもつ個別性、特殊性、多様性やその背景にある歴史、経済、社会、文化などの諸要因にたいする関心が高まっている。

さらに、科学のありようについては、理論志向科学と課題志向科学という分類も可能である。理論志向科学と法則定立科学は相互に重なりあっている。これにたいして、課題志向科学は、法則を追求するというよりも、解決を迫られている問題状況や新たに設定した課題について、それを解決したり、達成したりすることを第一次的にめざす科学である。社会福祉学を含め、学際的なアプローチを基礎に発展してきた諸科学は、いずれも多かれ少なかれ課題志向的（タスクオリエンテッド）な科学である。われわれは、同様の意味を込めて、設計（デザイン）科学という表現をもちいてきた。

ここまでの議論を整理しておこう。社会福祉学の基本的な性格は、個性記述的、課題志向的な科学である。ただし、そのことは社会福祉学に法則定立科学としての側面が存在しないということではない。すでに明らかにしておいたように、社会福祉学には規範科学、分析科学、設計科学、実践科学という四通りの側面がある。なかでも社会福祉学の中心的、基軸的部分は、設計科学である。それは、社会福祉が、一定の生活問題の解決、軽減緩和を課題とする社会的、公共的な施策として発展してきたという基本的な事実にもとづいている。

この社会福祉学の設計科学としての側面は、課題の解決、軽減緩和の対象になる事象（政策対象としての生活問題）と過去の政策とその帰結、近接施策の動向、海外の類似施策についての分析科学（法則定立科学）を基礎としている。よりよい政策の設計（課題の解決、軽減緩和にかかる方策手段の選択と策定）が可能になるためには、分析科学の十全な成果を不可欠とする。さらに、社会福祉という施策実施の最終過程である援助の提供を実現するには、それを支える知識や技術についての実践科学がなければならない。そこにおいても、法則定立科学的な研究が必要とされる。社会福祉学は、それがよりよき設計科学でありまた実践科学であるためには、その前提、基盤としてよりよき分析科学＝法則定立科学がなければならない。

このような社会福祉学の発展には、社会福祉学それ自体に固有な視点と枠組による研究の推進とその成果の蓄積が必要とされるが、あわせて先行諸科学によって開発され、蓄積されてきた概念や理論、技術の援用が不可欠であり、それがなければ社会福祉学の大きな発展は期待しえない。そのような学際的研究の側面をもつ社会福祉研究においても、多様な科学による知識や技術を活用するにあたって、それらを取捨選択し、一定の方向性と秩序を与え、一つの全体としてまとめあげるための独自の視点と枠組が必要とされる。そのような視点と枠組を提供する役割をになうのが社会福祉学である。これまで、社会福祉学はそのような役割の追究とその成果を通じて発展してきたのであり、今後ともより一層の努力が期待される。

前述のように、社会福祉学はある時期まで学際科学（インターディシプリン）であるといわれてきた。学際科学は、相互排除的に固有な研究の対象と方法をもつ既成科学——個別科学（ディシプリン）——とは区別される科学の領域である。学際科学においては、一定の事象を共通の研究の対象として、複数の既成科学の方法、知識や技術を活用して研究を行い、その成果を一つの科学としてまとめあげるという方法がとられる。社会福祉学は、そのような学際科学として出発し、研究の蓄積がなされてきたのである。

しかし、そのような学際科学も徐々に成熟する。その成熟の過程が一定の段階に達したとき、既存の既成科学とは区別される側面をもちつつも、独立した一箇の科学としての体系が形成される。いまそのような成熟の過程にある科学を複合科学（マルティディシプリン）という名称でよぶことにしよう。このような複合科学の生成は、一定の学際研究の領域を既成の科学から一歩離れて自分自身の固有な研究領域として位置づけようとする研究者たちの出現と関わっている。けれども、学際科学段階における研究者たちの軸足は、それぞれが出自した既成科学の側にとどめられている。既成科学に依拠し、その知識技術を応用して共通の研究対象に接近するという姿勢である。

この限りでは、社会福祉学は個別既成科学の応用領域にとどまらざるをえない。すなわち、社会学、経済学、法律学、心理学などの応用領域としての社会福祉研究である。それが、複合科学の段階になると、学際科学の内部で教育をうけ、育成される研究者たちが一定の視点と枠組にもとづいて関連する諸科学による知識や技術を援用し、それを複合化するというかたちで、新たな科学のありようを構築する模索がはじまる。この新しい研究者たちの軸足は、すでに既成科学から切り離され、学際領域としてはじまった研究領域の内側に移されている。ただし、この段階においては、研究方法のなかに個別既成科学から援用された知識や技術の痕跡が濃厚に残っている。われわれは、比喩的にこの段階にある科学をサラダボール科学とよんできた。サラダボールの中身は野菜サラダという新しい料理であり、その素材はドレッシングという新しいリソースによって一体化されている。しかし、混ぜ合わされた野菜やハム、チーズなどの具材、すなわち既成科学の知識や技術の姿が明確に残っている。

われわれは、このような複合科学のつぎの段階を融合科学（トランスディシプリン）とよぶことにしている。比喩的にいえば、融合科学は坩堝科学である。いろいろな金属を壺のなかで溶解させて混合し、その素材になっている金属とは別の性質をもつ金属にするというのが坩堝である。すなわち、基礎となっている個別既成科学の知識や技術を援用しながらも、基礎となっている既成科学のいずれとも異なる科学の体系が構築されたとき、その科学は融合科学の段階に到達したといえるのではないか、われわれはそのように考えている。その段階に達したとき、社会福祉学は、既成の法則定立を主要な目標とする諸科学とは次元を異にするが、しかしそれに固有な視点と枠組をもつ新たな種類の個別科学として誕生することになる。社会福祉学の現状は、総体的にみると、学際科学としての状況を裾野に残しつつも、先端部分においては複合科学から融合科学にいたる道程の中間地点に達している。これが、わが国の社会福祉学についての、われわれの現時点における判断である。

ただ、社会福祉学の困難さは、学際科学から複合科学、そして融合科学へという道程を研究者個人の内部においてたどることを求められるという側面にある。学際科学研究は本来異なった科学に依拠する研究者たちによる協同研究として行われる。社会福祉学の場合、それを一人で、比喩的にいえば「一人学際」として、推進することが求められるということにある。

最後に、社会福祉学には、そのように発展することによって、逆に先行諸科学に貢献することが期待されている。かつて、一番ヶ瀬康子は、社会福祉学の特性について「問題提起の学」であると主張した。[24] 社会福祉学は、長い歴史のなかで、社会や政治にたいして新たな施策の必要性を提起し、その実現にむけて働きかけ、一定の成果を収めてきた。

例えば、社会福祉学は、先行する諸科学が法則定立科学として成立しようとする過程において、個別的ないし例外的な事象として捨象してきた、あるいは周辺や外縁に押し込めてきた事象に関与し、その存在に光りをあてるとともに、その生成の背景や過程を明らかにしてきた。貧困者、障害者、高齢者、排除され差別される人びとなど、社会的にバルネラブルな人びとの存在やその生活の実体は、伝統的に経済的、政治的、社会的な利害損得について自分自身の意思、責任にもとづいて判断し、行動する自己完結的な「市民」や「経済人」を前提にしてきた社会諸科学にたいして、その視点と枠組について基本的な見直しを迫る重要な契機となっている。

註

(1) たとえば、星野信也による指摘である。星野の言説については、星野信也「社会福祉学の失われた半世紀——国際標準化を求めて——」(鉄道弘済会『社会福祉研究』八三号、二〇〇二年)を参照されたい。

(2) 旧社会福祉事業法の規定や社会福祉の特性に依拠して社会福祉の範疇を論じた議論としては、拙著『社会福祉原論(第2版)』(誠信書房、二〇〇三年)一五六～一六九ページを参照されたい。

(3) この社会福祉の概念規定は、拙著『社会福祉の拡大と限定』(中央法規、二〇〇〇年)の七九～八〇ページに記載した概念規定の一部を抜粋し、加筆修正したものである。

(4) 真田是は社会福祉を構成する要素を対象としての社会問題、それに対応する政策、政策の策定や実施の過程に働きかける社会運動の三通りに整理し、そのような社会福祉のありようを「社会福祉の三元構造」とよんでいる。詳細については、真田是『現代の社会福祉政策』(労働旬報社、一九九四年)を参照されたい。

(5) 吉田久一『新・社会事業の歴史』勁草書房、二〇〇四年、六ページ。

(6) L字型構造の初出は一九九八年に公刊した拙稿「社会福祉理論のパラダイム転換」(拙編『社会福祉21世紀のパラダイム——理論と政策——』誠信書房、一九九八年、所収)であるが、その折りに取りあげている社会的生活支援施策は、保健医療保障、所得保障、雇用政策、教育保障、司法・更生保護、住宅政策、都市計画の七種類であり、施策の数、種類、名称、整理のしかたも図1-2とはかなり異なっている。その後も、さまざまな機会にL字型構造の図を作成してきたが、それぞれ施策の数、種類、名称、さらには序列も異なっている。その時々の思考を反映したものであることに違いはないが、どれが正しいかを決める、あるいは固定化すべき、という問題ではないと考えている。時代や社会によって施策は変化し、研究者の視点や枠組によって取りあげるべき施策の数や種類は異なったものとなろう。重要なのは、L字型構造という枠組を導入したことによって、社会福祉の基本的な性格をどこまで捉えることができているかということである。

(7) 国際社会事業会議・日本国内委員会報告、一九五〇年。ここで引用した概念規定は、一九五〇(昭和二五)年に開催された全国社会事業大会において事務局が準備した『社会福祉事業関係資料』(一九五〇［昭和二五］年一一月厚生大臣官房総務課弘報係作成、一ページ)に収録されているものである。日本国委員会による概念規定は至るところで紹介されているが、われわれ自身の引用紹介を含め、用語、句読点、挿入されている記号の有無など異なっている部分が多い。引用によって多少の違いがあるにしても文意が異なるというものでもないと考えられる。しかし、ここでは、用字用語など、『社会福祉事業関係資料』に収録されている文章をそのまま引用することにした。「又」、「或は」など、現在では仮名書きが一般的と思われる部分についても、原文のままの引用とした。

(8) 孝橋正一『全訂　社会事業の基本問題』ミネルヴァ書房、一九六二年、二四～二五ページ。

(9) 同右、一六～一八ページ。

(10) 同右、二六ページ。

(11) 同右、二五ページ。

(12) 同右、二七ページ。

(13) 同右、一六三～一六四ページ。

(14) 一番ヶ瀬康子『社会福祉とは何か』(一番ヶ瀬康子社会福祉著作集第1巻)、労働旬報社、一九九四年、二二七ページ。

(15) 一番ヶ瀬康子「社会福祉の視点」、一番ヶ瀬康子・真田是編『社会福祉論』(有斐閣、一九六八年)第1講、一ページ。

(16) 一番ヶ瀬康子『社会福祉事業概論』誠信書房、一九六四年、二四ページ。

(17) 岡村重夫『社会福祉原論』全国社会福祉協議会、一九八三年、三ページ。

(18) 岡村重夫「社会福祉の概念」仲村優一ほか編『現代社会福祉時点』全国社会福祉協議会、一九八二年、三ページ。

(19) 岡村重夫、前掲『社会福祉原論』、八五ページ。

(20) 岡村重夫、同右、一〇七～一一一ページ。

(21) 拙著『社会福祉原論』誠信書房、二〇〇三年、四八～五一ページ。

(22) 拙著『社会福祉学序説』有斐閣、一九九四年、五七～六五ページ。

(23) 一番ヶ瀬康子、前掲『社会福祉事業概論』、一一二～一一四ページ。

(24) 一番ヶ瀬康子、前掲『社会福祉とはなにか』、一七七ページ。

第2章

社会福祉の史的展開

社会福祉は、いつの頃から、どのようにして形成されてきたか。世界的にみると、どの時代にも、どの国にも、そしてどの地域にも、貧困、差別、排除、虐待、幼弱、高齢、障害など、社会福祉を必要とする状況があり、それに対応する特有の制度が存在している。その意味では、社会福祉は高度の普遍性をもつ施策である。人類に普遍的な制度や活動として、社会福祉を捉える考え方がある。たしかに、社会福祉の歴史には、古代社会以来、受け継がれてきたという側面がある。しかし、その一方、どの国の社会福祉をとっても、どの地域の社会福祉をとってみても、その姿かたちは時代によって異なり、同時に他の国にはみられないような特徴、特殊性をあわせもっている。そのような社会福祉の普遍性と特殊性は、どのような経緯のなかで形成されてきたのか。

大きな曲がり角の一つは、近代社会の形成期にある。しかし、こんにちの社会福祉の姿かたちは、近代社会初期の救貧施策や救済活動の直線的な発展形態ではない。こんにちの社会福祉の直接的な萌芽は、イギリスでいえば、一九世紀の後半、一八七〇年代にはじまる社会改良期に求められる。しかし、その成立は、ずっと歴史を下って、第二次世界大戦後の福祉国家政策とともにある。

ここでは、イギリス、アメリカ、そしてわが国の社会福祉の歴史を遡及しつつ、それぞれの国における社会福祉の前史、そして生成、展開の過程とその特徴について考察する。

第1節　社会福祉史理解の視点と枠組

社会福祉の歴史を学びはじめるまえに、歴史を振り返るということの意味についてふれておきたい。人文科学や社会科学の世界ではおしなべて歴史が重要視される。人文科学や社会科学は歴史研究からはじまるといって過言ではない。一体それはなぜか。

一　歴史は過去の実験室

それは、人文科学や社会科学の世界では、物理学や化学、あるいは工学、医学などの自然科学の世界で採用される実験という方法、手続きを採用することが難しいからである。社会、経済、政治、文化の世界に実験は不向きである。それらの世界は不可逆性をもっている。試しにやってみる、実験してみるというわけにはいかない。人間や社会に関わる領域では一度でも手を触れたら実験以前の状況に戻す、なかったことにするということができないからである。

そこに歴史が登場する。歴史を探るという方法、手続きが活用されることになる。過去のできごとのなかに類似した事件がなかったかどうか探してみる。それがあれば、その事件はどのような背景のなかで、どのようにして起こったのか、どのような結末を迎え、その後にいかなる影響を残したかを確かめる。そして、そこで得られた知識を現在のできごとにあてはめ、解決の方向を探る。「歴史は過去の実験室」いう言葉は、そのような歴史研究の効用を物語っている。

「歴史は繰り返す」という言葉がある。過去を振り返るという方法の有効性を裏づける言葉といってよい。たしかに、歴史を振り返ってみると、しばしば類似したできごとが起こっている。一九八〇年代から二〇〇〇年代の初頭にかけて新自由主義という言葉が強い影響力をもった。記憶に新しいことかと思われる。第二次世界大戦以後、国が、あるいは政府が力をもち過ぎたのではないか。一九世紀中葉の自由主義の時代、小さな政府が歓迎されていた時代に戻るべきではないか。そう主張された。それが新自由主義である。一九世紀の中葉が再現されたかにみえた。しかし、われわれは一九世紀中葉の自由主義そのままの状態に戻ることは不可能である。

たしかに「歴史は繰り返す」。しかし、その対極には「歴史の一回性」という特性がある。歴史のなかで、同じことは二度と起こらない。歴史に再現性は存在しない。実際、一九世紀に戻ることは不可能である。一九世紀の自由主義を再現することは不可能である。そこで「新」自由主義が提唱されることになる。しかし、一九世紀の自由主義をそのまま再現することは不可能であった。それでも、イギリス、アメリカ、そしてわが国でも、社会の条件や道具立ては一九世紀とは異なるのに、似たような施策が採用されるという状況がうまれてきた。

歴史について考えるときには、さらにもう一つ念頭に置いておかなければならないことがある。歴史はつねに発展する、発達するというわけではない。歴史は時に後退する。横道に逸れることもある。歴史は、いつでも量が増え、質が向上するという方向に変化するわけではない。しばしば後退や逸脱が起こる。しかし、それでも長いスパンでみれば、歴史は前進を意味している。歴史は、行きつ戻りつしながら、螺旋的に前進してきた。これからもそうであるに違いない。

そのような視点から、社会福祉の歴史を繙き、そこからこんにちの社会福祉を理解し、これからの社会福祉を展望する知恵を探求していこう。

二　歴史理解の基本的枠組

さて、われわれは第1章において、社会福祉を捉える基本的な視点と枠組として、社会福祉を、共同社会を基底に、資本主義社会（市場社会）、市民社会、文化社会という四通りの位相をもつ総体社会の所産として把握するという研究の方法、四相構造社会アプローチを提起してきた。この方法は、社会福祉の歴史分析においてもそのまま適用される。

長い歴史のなかで、総体社会の基底に位置する共同社会は、その発展の過程において、みずからがその維持存続の手段として形成してきた市場社会によって蚕食されてきた。人びとは、しばしば国籍、年齢、判断能力、性別などを理由に市民社会の一員としての資格を剥奪され、あるいは価値や規範、人種、生活習慣、言語の違いなどを理由に社会から排除され、差別されてきた。人類の属性としての人間的共生と共同、そして利他的心性を存立の契機とする共同社会は、そのような、社会、経済、政治、文化の織りなす、複雑に錯綜したコンテクストと因果律のもたらす生活の困難、障壁、支障に対抗する自己組織性、自己防衛性、自己復元性の発露として、自主的、先導的にさまざまの救済活動や社会運動を展開し、その社会制度化、法制化に努めてきた。こんにちの社会福祉は、そのような活動、社会運動、社会制度化、法制化の結果としていまにある。

社会福祉は、このような複雑に錯綜したコンテクストと因果律のもとに歴史的に形成されてきた。社会福祉の形成過程や基本的な性格を的確に捉えることは、容易なことではない。そのため、ここで社会福祉の歴史分析を理解しやすいものにするため、四相構造社会アプローチに加え、自己責任主義（原理）と社会責任主義（原理）の対立と拮抗という補助的な視点と枠組を導入しておきたい。

社会活動家（現法政大学教授）の湯浅誠の言説を紹介することからはじめよう。湯浅は、ホームレス状態に陥った人びとを支援する活動に携わり、二〇〇八（平成二〇）年の歳末、極寒のなかで年越し派遣村の村長を務めたことで知られている。湯浅は、失業者や貧困者についてしばしば自己責任が追及されるが、そこには大きな虚構があるという。湯浅は、そのことをイス取りゲームを利用して比喩的に説明している。(1) イス取りゲームでは、当初から参加者の人数よりも一つだけ少ない数のイスが準備されている。その周りを参加者が音楽にあわせて巡りつつ、合図とともにイスを奪いあう、というのがイス取りゲームのルールである。イスの数は初めから不足している。必ず座れない人がでる。イスが減れば座れない人数はさらに増える。イスの数は雇用（就職口）の数である。そのイスに座れない人びとが失業者や貧困者である。

失業者や貧困者はなぜイスを確保できないのか。イスを取得しようという熱意や意気込みが足りないのではないか。状況判断が悪いのではないか。能力がないのではないか。怠けているのではないか。もしそうなら、失業者や貧困者になるのは自業自得というべきである。こんにちの社会においてもかなりの人びとがそのように考えている。逆に、イスが足りないことが問題だと主張する人びとも多数にのぼる。イスが潤沢にあれば座れない人びとはでてこないだろう。そういう人びとがでてきたとしても、いまよりはずっと少数で済むはずだ。まずはイスを増やそう。湯浅が提起しているのはそのような課題の捉え方、考え方である。

考え方に違いがあるということも重要であるが、それ以上に重大なことは、どちらの考え方に賛同するかによって、失業や貧困にたいする対応の仕方が相違するということである。イスを確保できない人の側に原因を求めようとする人びとは、失業者や貧困者の行動や性格の欠陥に着目し、それを指導し、あるいは矯正しようとする。イスの数に原因を求める人びとは、社会制度の改良や社会改革に取り組もうとする。雇用の拡大や就労能力の向上を図る施策の導入を求める。

このように湯浅の言説は、こんにちにおける失業や貧困をどのような視点で捉え、どのような方向に解決策を求めるかということに関わっている。しかし、湯浅がイス取りゲームになぞらえて設定してみせた失業や貧困についての二つの考え方とその対立は、いまにはじまるというものではない。実際、イギリスを例にしていえば、近代社会の萌芽期以来かれこれ五〇〇年にも及ぼうという社会福祉の歴史は、失業者や貧困者の行動のしかたや性格に働きかけるか、それともイスの数（環境）を増やすこと（社会を改善すること）に努力するかという二つの考え方のあいだで大きく揺れ動いてきた。

そうしたなかで、大枠、大きな流れとしていえば、社会福祉の歴史は失業者や貧困者の自己責任を重視し、彼らを処罰し、あるいは矯正しようとする働きかけにはじまり、しだいに社会環境の側に着目し、その改善、改革を求めるという方向に発展してきたといってよい。ただ、その過程において、自由放任（レッセフェール）主義のように、しばしばこれとは逆の方向を求める動きも登場してきた。自己責任を追及する側に大きく振れたことも一度や二度ではなかった。現に二〇世紀から二一世紀へという大きな世紀転換期このかた、社会の針は大幅に自己責任と自助努力を追及する方向に振れている。それはわが国のみならず、世界的な趨勢である。

こうして、近代以降の社会福祉の歴史は、大局的にみれば、失業者や貧困者の側に責任を求める方向（自己責任主義原理）と労働市場や労働条件など市場社会のありように責任を求め人間的存在の本源的属性としての共生性、共同性、利他性を確保し、維持発展させようとする方向（社会責任主義原理）とのあいだを行きつ戻りつしながら、螺旋的に発展してきたのである。

ただし、念を押しておきたい。ここで湯浅の言説を援用して設定した視点、枠組は、社会福祉の歴史を理解しやすいものにするための補助線である。社会福祉は、原理的には、先に言及したように、総体社会を構成する各位相の織りなす複雑かつ錯綜したコンテクストと因果律のもとに形成される。しかも、より実際的には、失業者や貧困者の出現のしかたやその特質は、時代、国や地域、またそのもとで独自に形成され、発展してきた社会のありようによって多様である。それに対応する施策についても、その形成の過程にはさまざまの価値、理念、思想、あるいは意図や思惑をもって行動する多様な利害関係者（アクター）が関与しており、決して一様ではない。以下、そのことを前提にしながら、社会福祉の歴史に分け入ることにしよう。

第2節　社会福祉の原風景

まずは、スタートラインとして社会福祉の原風景を探ってみたい。社会福祉の原風景はどこにあるのか。

社会福祉の起点は、まず共同社会（地域共同体）の内側に求められる。共同社会においては日常的に相互扶助や相互支持の営みが行われ、そこに社会福祉の萌芽が求められてきた。たしかに、時代的な制約を超えていえば、社会福祉の原点は相互扶助や相互支持に求めることができる。それをもって、社会福祉の原風景といえそうである。しかし、相互扶助や相互支持の活動は、共同社会の一つの側面である。他方において、共同社会は同質性をよりどころとし、乞食や浮浪者などの外来者を異質なものとして排除しようとしてきた。そこに、社会福祉のもう一つの原風景が形成される。

一　助けあう共同社会

岡村重夫は、独自の理論を展開し、わが国の社会福祉研究の発展に大きな貢献を成し遂げた研究者の一人である。その岡村重夫は、社会福祉の基本的な枠組が国の法制度にもとづいて定められている現代においても、社会福祉の原風景は、家族、親類、近隣の人びとなど、血縁と地縁で結びついている親族や地域の共同体にみられる結《ゆい》や手伝いなどの相互扶助の営みにあると考えた。岡村は、そのことを裏打ちするために、相互扶助の意義とその重要性を主張したロシアの思想家クロポトキンの言説を紹介している。ここでも、クロポトキンの相互扶助論から関連する部分を引用しておこう。

> 人類の間の相互扶助の傾向は、（略）人類の過去の前進の中にも深く織込まれていて、歴史のあらゆる変化を通じて今日までも保存されている。この傾向はことに平和と繁栄との時代の間にもっとも発達した。しかし、人類が非常な災難に悩まされている時にでも（略）その存在を続けていた。人間と人間を結合させていた。（しかるに）国家は、（近代社会になると）大陸においてもまたイギリス諸島においても、かつて相互扶助的傾向がその表現の場所を見出したあらゆる制度を組織的に破壊することに務めた。（略）かくのごとく国家があらゆる社会的機能を吸収してしまったことは、必然に、放縦なそして偏狭な個人主義の発達を助けた。人民は、国家に対する義務の数が増していくに従って、明らかに人民同士の間の義務を免れた。（略）されば、近代社会に相互扶助の制度や風習を求めるのは、望みのないことのように思われる。（略）しかし、幾百万の人類がどうして生活しているかと調べて見るに、そしてまた日々の彼等の間の関係を調べて見るに、相互扶助と相互支持との原則が今日なお人類の生活の大部分を占めているのに驚かされる。（括弧内引用者）[2]

この文章は、一九世紀の末、帝政ロシアの社会運動家クロポトキンが、国家というものの存在が否応なしに大きな意味をもとうとしていた時期に著したものである。クロポトキンは、国家や政府という組織には批判的であった。人間は、その誕生以来つねに相互扶助・相互支持のなかで生きてきた、それがあれば国家や政府などの人為的な組織は必要ないと考えていたのである。このようなクロポトキンの相互扶助論は、国家や政府にたいする否定的な部分を別にすれば、こんにちにおいても一定の説得力をもっているといえそうである。否、むしろ、益々説得力をもつようになってきているといえるかもしれない。

地域社会のなかで生活する高齢者にとって、地域社会による助けあいは大きな頼りである。共同社会ならではの相互扶助・相互支持のシステムが地域社会の生活を支える基盤になってきたことは事実である。すなわち、われわれは、そこに共同社会の基層にある自己組織的、自己防衛的、自己復元的な傾向性、力動性を見出すことができる。

しかし、現在の時点でいえば、共同社会の相互扶助・相互支持にたいする期待に難点があることも事実である。まず、第一に、ここ二、三〇年の間に、相互扶助・相互支持の基盤となる家族や親族のネットワークも、また近隣づきあいという地域社会のネットワークも、随分と弱体化してきている。かつてそれが存在し、機能していた、いまもあるはずだという期待は、昨今の地域社会の状況をみるかぎり必ずしも現実的ではない。第二に、相互扶助・相互支持の基盤となる共同社会は、助けあいを通じて共同社会を統合組織し、維持発展させようとする内向きの強い求心力と同時に、異質なるものの侵入を拒み、排除しようとする根強い排他的な傾向性をあわせもっている。

たしかに、人類はその歴史を通じてお互いに助けあい、支えあって困難を乗り越えてきた。共同社会の基層にある自己組織力、自己防衛力、自己復元力の発露である。われわれは、現代の少子高齢社会、人口減少社会のなかで改めてそのことの大切さに気づかされ、学び直させられている。しかし、そのような相互扶助・相互支持は、自分たちと違った特徴をもつ人びとや違うムラやマチからきた人びとには及びえない。そのことからいえば、社会福祉の歴史は、相互扶助・相互支持の歴史であると同時に、自分たちとは異なる、異質な特徴をもった人びとの存在や生活をどのように受けとめ、対応するかということの歴史であったといってもよいであろう。

二　排除する共同社会

イギリスを例にとれば、公的な救貧制度（救貧法）の歴史は一五三一年の乞食と浮浪者の処罰に関する法律にまで遡ることができる。この法律にはじまる一連の救貧法制、すなわち初期救貧法の救済対象となってきた乞食や浮浪者は、地域共同体（共同社会）の内部に生まれた人びとではない。むしろ、何らかの理由でそれまで住んでいた地域共同体から追放された人びと、そこから逸脱した人びと、相次ぐ内乱で領地を喪失し、浮浪する武人やその従者、行商の途中で病気になった商人、難破船の船乗りなど、地域共同体と地域共同体とのあいだに乞食、浮浪する人びとであった。彼らとて生きていこうとすれば、どこかで自給自足経済の基盤である地域共同体と関わらなければならない。しかし、その地域共同体の側からいえば、彼らの存在は異邦人、越境者としてのそれであり、地域共同体の「法と秩序」を脅かす存在である。共同体的な相互扶助・相互支持システムの埒外にいる人びとである。

そのような乞食や浮浪者の救済は、地域共同体の境界を越えて行動することのできる宗教家、教会や修道院、それに地域共同体内部の篤志家たちが頼りであった。しかし、それだけでは、封建社会から近代市民社会に移行する過渡期に特有の社会変動からうまれ続ける多数の乞食や浮浪者に対応することは不可能であった。とてものこと、地域共同体の力だけで越境する多数の乞食や浮浪者のもたらす脅威に対処できるものではない。そのような状況のなかで、地域共同体は、国王（国）の政府にたいして乞食や浮浪者を処罰し、生まれ故郷やかつて合法的に居住していた地域共同体に追放する権限をみずからに付与することを求めたのである。その成果が、さきの一五三一年救貧法であった。

しかし、その乞食や浮浪者を厳罰に処して追放するという対処方法は、期待された成果をもたらさなかった。乞食や浮浪者たちは、生まれ故郷に追い返されても、そこに仕事があるわけではなかった。そのため、三一年法以降においても救貧法の改正や新たな救貧法の制定が続き、そのたびに処罰が強化された。ついには、浮浪者の身体に浮浪者を意味する焼き印（スティグマ）を押しつけたり、奴隷身分にするなどの罰則が設けられ、実際には適用されなかったといわれているにせよ、後年「血の立法」「惨虐立法」と称されるような法令が出現する状況に立ち至った。しかし、いかに処罰を強化しても、過渡期の社会変動に起因する乞食や浮浪はとまらない。そうした経過のなかで、救貧法制は、旧来の処罰と追放という方法を徐々に放棄し、就労を強制しつつ乞食や浮浪者の地域共同体内部への定住をはかる方向に転換する。

一六〇一年には、一五三一年以来の初期救貧法を集大成するかたちで貧民の救済に関する法律が制定された。この、法制定時の女王の名前を冠してエリザベス救貧法とよばれる法律は、貧民対策をイギリス社会の基本的な単位である教区（地域共同体）の責任として明確に位置づけるものであった。各教区には地域社会の有力者のなかから数名の貧民監督委員が任命され、教区の住民に課した救貧税を財源に、労働能力のある貧民（有能貧民）については労働の道具や材料を与えて就労による定住を求め、労働能力のない貧民（無能貧民）には金品を与えて救済し、あるいは慈善施設に収容するというシステムが構築された。親の扶養をえられない子ども（貧窮児童）については、その当時一般的であった徒弟制度を活用して商人や職人の親方のもとに委託した。このような救済措置が講じられてもなお乞食、浮浪を繰り返す労働可能貧民については、懲治監に収容し、強制労働に服させるという対処方法が導入された。

こうして、イギリスの社会は、絶対王政の権力を背景に、救貧法という法的強制力をともなう枠組を構築する一方において、実質的には、地域共同体の周辺にいる逸脱者や外来者、その内部に形成される寡婦、孤児、貧児などの困窮者の救済を教区（共同社会）による相互扶助・相互支持という伝統的な営みのなかに埋め込むというかたちで、徐々に公的な貧民救済システムを発展させることになる。

総体社会の基底にある共同社会は、その基層に人間的存在の本源にかかる共生性、共同性、利他性をもつとはいえ、封建的な統治システムや身分関係による支配から自由ではない。共同社会がその自己組織性・自己防衛性・自己復元性を具現化するためには、個人の財産権、自由権、平等権の確保と行使を原理とする市民社会を確立し、封建的な統治システムや身分関係による支配体制を破壊し、排除することが必要であった。

第3節　資本主義社会の救済原理

しかしながら、市民革命を経験した後においても、貧困救済システムの発展は順風というわけにはいかなかった。市民革命によって発展の道が開かれた社会、資本主義とよばれる経済システムを基盤にする市場社会、すなわち資本主義社会を前提とする貧困救済システムは、本来的に残余的、二次的なものとして位置づけられる。資本主義社会における生活原理は、一貫して自己責任主義である。個人（市民）そして家族の生活は、市場社会システムのもと、自己責任、すなわち個人や家族の自助努力（セルフヘルプ）によって維持されるべきものとする観念である。資本主義社会における貧困救済システムは、そのような自己責任主義的な救済原理のうえに構築されることになる。

資本主義社会における社会福祉の基本的な性格を理解するためには、こんにちにおいても、このことを十分に踏まえておかなければならない。

一　自己責任主義の一般化

さて、一七世紀は近代市民社会の生成期にあたる。地主、自営農、商人、家内制手工業者などからなる中産階級を構成する人びとは、市民革命の過程を通じて、旧来の家父長主義的な支配と保護のシステムを解体し、平等権、自由権、財産権などの市民権的基本権を手中にすることになった。しかし、それは形式的、抽象的なレベルにおいてのことであった。新しい権利が逆に多数を占める農民や職人など下層社会の人びとの生活を規制し、圧迫することになる。市民権的基本権も一般の庶民にとっては、ほとんど無縁、画餅であり、苦しい生活が継続する。一八世紀の後半から一九世紀の初頭にかけて、産業革命を通じて資本主義経済システムが確立し、自由放任主義、経済的自由主義が謳歌される時代になると、庶民の困窮はなお一層拡大し、深刻化する。しかも、困窮する庶民にたいしても、市民権的基本権、なかでも契約における自由の確保と裏腹の関係において、生活にたいする自己責任主義が一般的、普遍的に適用されるようになり、やがてそれが資本主義社会に普遍的、一般的な生活原理として定着することになる。

こうして、発展期の資本主義社会において、下層庶民階級における生活の困窮、貧困を個人や家族の生活維持にたいする自助努力の欠如、自己責任の放棄として捉える自由主義的な観念が形成され、定着する。ロバート・マルサスは一七九八年に『人口の原理』を著し、貧困は不可避的、自然法則的な現象であり、自分の生活を賄いえない貧困者はただ辱めておけばよいと主張したことによって、資本主義発展期の自己責任主義、自由放任（レッセフェール）主義を象徴する存在となった。マルサスの主張はこうである。

イギリスの救貧法が貧民の一般的地位を圧迫する傾向は二つある。その第一の著しい傾向は、それを支えうるに足るだけの食物を増やさないで人口を増加させることである。貧乏人は、一家の独立を支えうる望が、ほとんど、または全くないのに、結婚する。そのため、この法律は、ある意味では、貧民を製造してそれを生かしておく法律だといえる。（略）第二に、あまり価値がありそうには思われない社会、救貧院の中で消費される食料は、それだけ、ヨリ勤勉でヨリ大切な人びとの分前を減らせることになる、そしてこのためにまた、独立のできない人をふやすことになる。

――（略）――

個々の人々に対して一々そうしむけることはむずかしいことではあるが、独立のできない貧民というものは、辱かしめておくのがいい。人類全体の幸福を増進するためには、こういう刺激は絶対に必要である。それでまた、この刺激を弱めるような企図は、その明白な意図が一見いかに慈善的なものであっても、結局、みな、かならず目的に反する結果を生ずる。(3)

こんにちからみると随分と思い切った議論である。マルサスは議論の端緒の部分でこうもいっている。「人口は、制限せられなければ、幾何級数的に増加する。生活資料は算術級数的にしか増加しない」[(4)]、両者の開きは時間とともに大きくなり、その結果として、不可避的に、必要なだけの生活資料（食料）を入手することのできない人びと（貧困者）が生みだされる、それは万物の自然法である。幾何級数は、たとえば、一、二、四、八、一六……と変化する数列（数字間の比率が一定の数列、等比数列）である。算術級数は、一、二、三、四……と変化する数列（数字間の差が一定の数列、等差数列）である。ある期間均衡していた人口と生活資料（食料）との差は時間が経過するにしたがい拡大する。食料に手の届かない人びとが増加する。先にみた湯浅のイス取りゲームでいえば、イス（食料）も増えるがそれ以上のスピードで参加者（人口）が増えることになる。イスを確保することのできない人びとが増大するのはもはや不可避的、必然的である。これが貧困を自然法則的産物であると主張したマルサスの論理であった。

マルサスが登場する背景には伏線があった。一七八〇年代から九〇年代にかけて、イギリスの南部を中心にスピーナムランド制度とよばれる救貧施策が導入された。パンの値段や貧困者の年齢、性別などを基準（スピーナムランドのパン率）にあらかじめ最低生活の基準を設定しておき、収入のない者はもとより、賃金稼得者（農業労働者）であっても賃金の額が最低生活基準を下まわるときには賃金と基準の差額を救済費として教区が支給するという施策である。この、賃金稼得者も救貧制度の対象にするという施策は救済の対象を無業の貧困者に限定してきた従来の施策に比べればたしかに画期的なものであり、後日には「救貧法の人道主義化」をもたらした施策として評価されることにもなった。

しかしながら、その実、スピーナムランド制度は、産業革命に先行した農業革命（農業の資本主義化）のもたらした農業労働者の低賃金を合理化し、地主や農業資本家の負担すべき賃金を救貧税に転嫁する装置であり、かえって農業労働者の労働力の再生産を損ない、労働意欲の減退、労働や生活の習慣や倫理を破壊するという深刻な結果を招いた。スピーナムランド制度は市場社会（利益社会）による共同社会の蚕食、破壊を象徴する施策となった。

一九世紀を迎え、産業革命の進行にともない、市場システム、市場社会による共同社会の破壊は一層深刻の度合いを増し、マルサス的な貧困観、そして救済思想は工場経営者、販売業者、金融業者などの新興中産階級のあいだに熱狂的に受け入れられていった。

こうして、一八三四年には救貧制度の大幅な改革が断行され、マルサスの貧困観、救貧思想そのままに「院内救済原則」、「劣等処遇原則」、「均一処遇原則」をもって構成される新救貧法が制定される。この「救貧否定の救貧法」という異名をもつ救貧法を特徴づけたのは、もし救貧施設（労役場）における生活が独立自活をしている最底辺の労働者のそれよりも好適なものであれば、人びとは自分の労働よりも他人の労働に依存することを選択するに違いない、という功利主義的な救貧思想であった。新救貧法は、求援抑制のための救貧法であった。このような新興中産階級主導の救貧政策を通じて、生活のために額に汗して働かなければならない人びと（働く貧民）は、しだいに救済をうける貧民（被救恤的窮民）と近代的賃金労働者に両極分解されることになる。

一九世紀の最初の四半世紀は産業革命を通じて市場システムを基盤とする資本主義社会が確立した時期であり、時代の覇者となった新興中産階級主導のもとに制定された新救貧法は抑制的な性格の強いものとなった。しかし、同時に、この時期には、幾分か性格を異にする法令が制定された。一八三三年には児童労働の制限をめざす工場法が成立した。また、四八年には公衆衛生法が成立している。産業革命による都市人口の増加、大気汚染、水質汚染などによる健康破壊に対応することを目的としていた。さらに、五一年には労働者の劣悪な居住環境の改善を意図して労働者階級下宿屋法が制定されている。

総じていえば、これらの法令は相互に関連し補完し合いつつ、新興中産階級の意図する自己増殖的な資本主義的経済システムの確立と発展に寄与するものであった。しかし、同時に、これらの法令は、すでに資本主義が確立し、発展しようとする時期において、救貧施策とは異なる側面をもつ政策的な対応が芽生えつつあったことを物語っている。工場法は、不十分であるとはいえ、児童労働を規制することを通じて、次世代労働力の源泉となる子どもたちを含む共同社会の維持再生産に貢献するという側面をもち、公衆衛生法や下宿屋法もまた、労働者の健康破壊の防止や居住不安の除去を通じて共同社会の存続に寄与するものであった。共同社会が市場社会（資本主義社会）による支配と破壊に抵抗し、そのような施策を要求したのである。新救貧法にしても、それによって共同社会の構成員としての貧窮者の生存が確保されたことも事実なのである。

個々の施策についてみれば、その形成過程には、宗教家、慈善家、医者、知識人、家父長主義的な地主層、さらにはいわゆる開明的資本家などの多様な人びとによる活動や運動が関与しており、その利害が反映されている。資本主義社会の基底にあって総体社会の根幹を構成する共同社会は、そのような多様な人びとによる活動や運動を通じて自己組織力、自己防衛力、自己復元力を具現化し、施策の形成過程に影響力を及ぼすことによって、みずからの存在を維持し、保全しようとしてきたのである。

二　友愛組合と慈善事業の展開

社会福祉の歴史という視点でみると、一九世紀は大変興味深い世紀である。これまで言及してきたように、この時代、公的救済としての救貧法はいかにも過酷なものであった。救済を求めようとすれば、貧困者は労役場に入所することを求められ、そこにはそれ以下にはなりようもない生活と労働が待っていた。他方、一九世紀、なかでもその後半期は、友愛組合、労働組合、生活協同組合などによる共済事業、そして慈善事業が発展したことによって特徴づけられる。いずれも、広い意味では、人間存在の共生性、共同性、利他性、そして、共同社会の基層にある自己組織性、自己防衛性、自己復元性に依拠する活動や制度である。ただし、事業主体の性格、事業の組織原理や行動原理には大きな違いがみられる。そうしたなかで、友愛組合による共済事業と慈善事業については、政府もこれを積極的に奨励し、かつ管理した。

まず、一七九三年、産業革命が急速に進むなかで、友愛組合の奨励と救済に関する法律が制定された。友愛組合は、あらかじめ組合員が互いに一定の金額を拠出して基金を創出し、組合員の老齢による引退、疾病、死亡などに応じて本人や遺族に一定額の手当を支給するというシステムに依拠した共済事業である。政府は、他方において、団結禁止法を制定し、一般人の集会への参加や団体活動を禁止するという状況のなかで、友愛組合を公認し、その結成を奨励するとともに、政府機関への登録を求め、運営に規整を加えた。そこには、友愛組合という民間組織による貧困の予防や救済を奨励することによって、公的な救貧法による救済に必要な財政支出を抑制しようという意図が込められていた。

友愛組合の最盛期は一九世紀の後半である。友愛組合には、職業団体を基礎にする全国的な組織として運営されたものから地方の家父長主義的な地方地主が農民のために設立したものまで、多様な組織形態が認められる。友愛組合は、産業革命を通じて膨大な労働者がうみだされるなかで、老齢による引退、疾病、死亡などの生活事故に対応する救済システムとして大きな成果をあげた。しかし、その恩恵を被ることができたのは、組合に加入し、一定の拠出金を負担することのできた比較的余裕のある労働者たちに限定された。手から口への生活をしている労働者たちにとって友愛組合は高嶺の花に過ぎなかった。

一八四四年には、ロッチデール先駆生活協同組合が誕生する。世界最初の生活協同組合である。生活協同組合は日用品や衣類の協同による仕入れ、販売を行うことを中心的な活動としたが、失業者や低賃金労働者のために住宅を確保したり、みずから日用品などの生産を行うこともあった。

他方、一八八〇年代の初頭、八三年には、構造的な大不況が深刻化するなかで、労働組合法が制定され、労働者たちが組合を結成し、団体交渉を行うことが公認されることになった。二〇世紀のはじめには、ストライキを行うことも認められた。いわゆる労働三権の承認である。労働三権の承認は、労働者の直接的な救済を意味するものではない。労働者の対資本家交渉力を補強し、より対等に近い状況のなかで労使交渉（労働力の売買にかかる交渉）が行われるようにするという意味をもっている。労働市場という状況に限定されていたとしても、契約の自由という市民権的基本権の基軸になる領域において、団体による交渉やストライキを認めるというかたちで一定の修正措置が施されたことは、その後の社会権的基本権の発展に門戸を開いた画期的なできごとであった。

こうしてうまれた自主的、自発的な活動や制度のうち、生活協同組合や労働組合は、そのままこんにちまで受け継がれてきている。友愛組合については、社会保険が成立するなかで共済機能を縮小し、一部では社交クラブにかたちを変えて継承されてきた。しかし、いずれの組織をとっても、産業革命期を通じて厳しい労働と生活を強いられてきた労働者たちが、お互いに肩を寄せ合い、自分たちのおかれた境遇を少しでも改善しようとする自発的、主体的な試みであった。

こうした試みは、われわれが第1章において設定した枠組に依拠していえば、市場原理にもとづいて行動する資本主義社会と、それがもたらした労働や生活に関わる被害や弊害にたいする、共生原理を基盤とする共同社会の再生、産業革命にともなう工場制度によって大量に農村から都市に移住してきた労働者たちを中心とする新たな共同社会による抵抗、自己防衛、自己復元の試みであり、社会状況の改善、新制度の創設を求める活動や運動として結実していった。もとより、友愛組合、生活協同組合、労働組合によって、それを推進した人びとは、それぞれに異なっていた。友愛組合は職人、商人、農民、地方地主、生活協同組合は労働者、職人や商人、農民などの一般市民や社会改良家、労働組合の場合は労働者たちが、それぞれ主要な担い手であった。それらの活動や制度に対応した政府、その背後にいる利害関係者たちの意図もそれぞれ異なっていた。そのような多様な人びとの意図や利害が交錯するなかで、共同社会の基層にある共生原理が一定の成果を収め、われわれのいう生活支援システムの主要な構成要素の萌芽が形成されていったのである。

三　世俗的慈善事業

こうして、一九世紀は、公的救済（救貧法）を抑制する一方において、友愛組合、生活協同組合、労働組合などによる共済事業の発展をもたらした。しかし、労働者や農民などが横のいわば水平の互助関係を紐帯とする共済事業に参加するには、わずかであっても拠出を可能にするだけのゆとりがなければならない。生活に追われる低所得者や貧困者にはその余裕はない。そのような失業者や貧困者にとっては、家父長主義的な救済活動である慈善事業が頼みの綱であった。こうして、産業革命後の一九世紀の中葉から世紀転換期にかけての時期は、慈善事業が発展した時期として後世に知られることになる。

慈善事業は、一般的には宗教的な動機や心情にもとづいて宗教家や篤信家によって行われる救済活動を意味している。しかし、この時期の慈善事業は新興中産階級を担い手とするものであって、後に世俗的慈善事業とよばれることになる。産業革命を通じて経済的、政治的な権力を手中に収めることになった新興中産階級は、❶階級としての罪の意識を贖うために、❷優越者の義務として、❸社会的名声を求めて、さらには❹日常の楽しみごととして、慈善事業に加わり、あるいはそれに資金を提供した。

慈善事業家たちはときに独善的になりがちである。自己の信念や善意を行うことに熱意をもつあまり、救済をうける人びとがそのことによってどのような影響をうけることになるのか、そのことについての配慮に欠けることもしばしばであった。新興中産階級による自己中心的な慈善事業のありようは、濫救《らんきゅう》、漏救《ろうきゅう》、職業的乞食化（メンデシティ）などの弊害をもたらした。濫救は水が溢れかえるような救済、施し物が与えられる状態を意味している。漏救は、これとは逆に、救済を必要とする人びとが救済から漏れてしまうという状態のことである。職業的乞食は、救済に依存し、施し物に頼って生活している人びとのことである。

こうした状況にたいして、一八六九年、ロンドンに『首都における貧民救済に関する覚書』（ゴウシェン覚書）が通達される。この覚書は、救貧法と慈善事業に役割を分担することを求めるとともに、救貧法による救済をうけている貧困者に慈善事業による救済を与えないように通達している。そして、同年、この覚書に呼応するかたちでロンドンに慈善を組織化し乞食生活を抑制するための協会（翌年にロンドン慈善組織協会に改称）が設立される。この略称でＣＯＳ（charity organization society）とよばれる協会は、濫救や漏救、職業的乞食化の弊害を回避するため、協会に加盟する慈善団体がそれぞれの加入団体から救済をうけている貧困者の名簿を作成し、相互に閲覧することを可能にするシステムを設定した。貧困者が複数の慈善団体から救済をうけることを避けるためのシステムであり、こうした試みを通じて、ロンドン慈善組織協会はやがて活動方針の決定や組織の運営管理を行う中央本部、被救済者ごとに救済記録（ケース記録）を保管し、救済の重複をチェックする地区本部、救済の供与、友愛訪問員による友愛訪問と記録の作成を担当する末端の救済団体という三通りの層からなる慈善事業のシステムを発展させる。

このような慈善事業の世俗化と組織化は、慈善事業の近代化を意味するものであった。しかし、ロンドン慈善組織協会は、その反面において、救済を求める貧困者のうち「価値のある（救済に値する）貧民」の救済のみをみずからの課題とし、「価値のない（救済に値しない）貧民」の救済を救貧法に委ねるというかたちで、救貧法との役割分担を実施した。このようなロンドン慈善組織協会の活動は、一九世紀後半のイギリスにおける慈善事業を特徴あるものにしたが、後にみるように、大西洋を隔てたアメリカにおける慈善事業の発展に大きな影響を及ぼすことになる。

四　わが国の救済事業

さて、周知のように、わが国の明治維新については、それが近代を画期する市民革命としての意味をもっていたかどうか、さまざまに議論がなされている。しかし、それらの議論は議論として、明治維新を画期としてわが国社会の近代化がはじまった、あるいは一挙に加速されたことは確かである。他方、その明治維新の頃には、イギリス、フランスなどのヨーロッパ諸国、アメリカにおいてはすでに産業革命が終焉をつげ、そこで確立した市場システムを基盤とする独占的金融資本主義が社会全体を席巻し、帝国主義的な国民国家の時代が訪れるという状況にあった。わが国は、そのような時期に、先進諸国の圧力の下に、漸く江戸期の幕藩封建制度から離脱し、近代国家としての自立と発展をめざしはじめたのである。

そうしたなかで、わが国は明治維新後の比較的早い時期に、政府による貧民救済施策を導入した。一八七一（明治四）年の棄児養育米給与方、七三（明治六）年の三子出産ノ貧困者へ養育料給与方、七四（明治七）年の恤救規則がそうである。また、七二（明治五）年には養育院（後の東京都養育院）が設立されている。

わが国にもそれ以前に救貧施策が存在しなかったわけではない。幕末には幾つかの藩において慈恵的な貧民救済施策が行われていた。しかし、明治政府による施策はそれらを直接的に継承するものではない。恤救規則に修練される施策はいずれも、明治維新というわが国社会の根底を揺るがした政治的変革とその後の社会経済システムの大変動の過程でうみだされてきた孤児、乞食、浮浪者、高齢、傷病による貧窮者などの生活困窮者に対応するための施策である。しかし、これら施策の制定の時期や内容には、イギリスによる救貧制度を基準にすれば、かなりのタイムラグがあり、偏倚《へんい》が存在する。こうしたタイムラグや偏差は、一〇〇年後の一九七〇年代に至るまで、いろいろなかたちで受け継がれてきた。

わが国における産業革命は、日清戦争と日露戦争のあいだに起こったといわれる。この時期、わが国においても苦汗的な労働と低賃金に追い込まれる多数の労働者が登場し、貧窮層が形成され、スラムが出現する。これにたいして、一八九七（明治三〇）年の救貧税法案をはじめとして幾度か本格的な救貧制度の創設を求める法律案が議会に上程される。しかし、そのいずれも不成立に終わる。

わが国においても貧困にたいする自己責任が追及され、救貧制度は惰民養成に堕するとしてその危険性が強調された。この時期に成立した救貧関連の法令は、唯一、一九〇〇（明治三三）年の感化法だけである。産業革命期に増化した素行不良の子どもを大人の犯罪者と区別して収容し、感化教育による社会復帰をめざす施策であった。

こうした状況において、孤児、乞食、浮浪者など貧窮生活者の救済を担ったのは、わが国においてもキリスト教、仏教などの宗教団体や宗教的な背景、動機をもつ民間の慈善団体やそれをバックアップした渋沢栄一などの博愛的篤志家であった。このような人びとによって社会福祉施設の萌芽が形成された。明治期に成立した施設のなかでは、石井十次による岡山孤児院、留岡幸助の家庭学校、岩田民次郎の大阪養老院などが知られている。

さらに、日露戦争後には不況が深刻化し、労働組合運動や社会主義運動の発展拡大、そしてそれにたいする政府の弾圧により一挙に社会的な緊張が高まった。これに対処すべく、政府は一九〇八（明治四一）年に「隣保相扶ノ情誼」を強調し、「国費救助ノ濫救」の矯正を求める内務省地方局長通牒を公布した。その一方、同年、内務省の主導により、中央慈善協会が設立され、慈善事業の管理と助成が行われはじめる。中央慈善協会は、イギリスやアメリカの慈善組織協会にあたるが、官主導であることにおいて顕著に異なっている。

イギリスの一九世紀、一八七〇年代までの貧困政策を特徴づけた公的救済の抑制と慈善事業の奨励という施策は、時代と性格に違いはあれ、資本主義生成期から発展期のわが国においても同様に実施されたのである。冬の時代といわれる明治期末の特徴的なできごとであった。

第4節　社会政策と社会事業

およそ一八八〇年代から一九七〇年代にいたる一〇〇年間は、貧困や生活の困難や支障の救済にたいして国家（中央政府）が主要な責任を引き受けた時代として捉えることが可能である。国家がある種の熱意をもって国民の生活に直接的に責任をもとうとした時代である。その意味において、一八八〇年代にはじまる一〇〇年間は、国民国家の成立を背景にした、いわば国家福祉の時代であった。

そのような国家福祉の到達点が、ほかならぬ福祉国家であった。福祉国家は、第二次世界大戦後のイギリスで成立し、一九七〇年代なかばに頂点に達した特徴的な政策体系のありようである。まず、その福祉国家成立の前夜、一九世紀から二〇世紀への世紀転換期において新たに成立し、その後の福祉（生活支援）システム発展の基軸となった労働者保護施策と社会事業について考察することにしたい。

一　個人貧から社会貧へ

これまでみてきたように、一九世紀は貧困の責任を個人に問うた時代である。政府の奨励のもとに友愛組合が発展し、他方において民間における慈善事業の隆盛がみられた一九世紀の中葉になっても、そのような社会の風潮には根強いものがあり、それを反映した政策が展開された。しかし、一九世紀も最後の四半世紀頃になると、世の関心が徐々に湯浅のいうイス取りゲームのイスの側に向かいはじめる。産業革命以後の経済変動のなかでしだいに勢いを増してきた労働組合運動の活動家や社会主義者たちが、貧困の原因は雇用の機会の欠如、低賃金、劣悪な労働環境などの労働に関わる諸条件（つまり湯浅の比喩でいえばイスの数や質）の側にあると主張しはじめたのである。

しかしながら、慈善事業や救貧法の関係者たちは、簡単にはこのような貧困の社会起源説やその論理を受け入れることはできなかった。そうした人びとの一人であった海運業者のチャールズ・ブースは、労働組合や社会主義者たちの言説が事実に反していることを証明しようとした。ブースは多額の私財を投じ、ロンドン市中の庶民階級の生活についてほとんど悉皆的な貧困調査を実施した。

調査の結果はブースの期待、予測を覆すものであった。ロンドン市中の庶民階級の三一%が貧困状態にあり、救貧法の受給者、刑務所にいる受刑者、慈善施設収容者などを加えるとその数はおよそ三二%に達した。貧困の原因について分析すると、浮浪や飲酒など本人の生活習慣によると思われるものが一四%ほど含まれていたものの、八〇%は低賃金や失業、疾病、賃金にたいして家族が過大という社会経済的、環境的な要因によるものであった(5)。

このようなブースの貧困調査に刺激をうけたシーボーム・ラウントリーは、ヨークという地方都市で貧困の実態調査を実施した。ラウントリーは製菓業者で栄養学の知識があり、調査の方法は、一日の最低必要カロリー数から貧困線（最低生活水準）を割り出すという科学的な手続きによるものであった。調査の結果は、ヨークという比較的安定した地方都市においても、貧困者が市民の二八％に達することを示していた。さらに、ラウントリーは労働者のライフサイクルについて分析している。それによって労働者の生涯をみると、通例、幼少期、子育て期、老齢期は貧困線以下の生活状態にあり、多少とも余裕のある時期は青年期と壮年期だけだということを明らかにした。(6)

このように、ブースやラウントリーによる貧困調査の結果は、一九世紀末から世紀転換期の貧困が個人の性格上の欠陥、能力の低さ、悪しき生活習慣などに起因する「個人貧」ではないこと、個人の自助努力の限界を超える社会経済的な、あるいは環境的な要因による「社会貧」であることを裏付けるものであった。しかも、貧困が労働者であれば誰しもが、生涯のうちに一度ならず経験する生活状態であるという事実が、客観的な数字によって明らかにされたのである。

社会調査による貧困の客観的な把握は、イギリス社会に深刻な衝撃を与えるものであった。それまでの個人責任主義的、道徳主義的な貧困観が社会責任主義的な貧困観へ、すなわち個人貧から社会貧へ、徐々に、しかし大幅に転換しはじめる。実際、社会貧を主張する労働組合や社会主義運動に対抗するために貧困調査を試みたはずのブース自身も、その後は一転して老齢年金制度の創設を求める社会運動の熱心な推進者になった。

二　労働者保護施策の発展

世界史的にみると、一九世紀の後半は世界的に国民国家の形成期にあたる。なかでもヨーロッパ大陸においては、国境を明確化し、その内側に居住する人びとを国民として統合し、規整し、国家としての利害得失を追求するという機運が高まっていった。国民国家は帝国主義と結びついていた。

特に、イギリスやフランスに比べ、近代化に後れを取ったドイツでは、その機運が顕著なかたちをとって出現した。鉄の宰相ビスマルクの強力な政治的指揮のもとに、国家主導の資本主義化を促進するため、社会主義運動や労働組合運動の大弾圧と労働者の社会的不満を解消し、かつ効率的な国民の維持育成を目的とする融和的な労働政策とが同時的に推進されていった。一方において一八七八年に社会主義者弾圧法が制定され、他方において八三年に疾病保険法、八四年に災害保険法が、八九年には老齢疾病保険法が制定された。ビスマルクによるいわゆる「飴と鞭」の政策である。

産業化の先進国であるイギリスにおいても、労働者宥和政策が導入される。ただし、その内容はドイツとはかなり異なっていた。イギリスでは、一九世紀末から二〇世紀初頭にかけて、労働者の政治的同権化と経済的同権化が顕著に進行した。まず、一八六七年の選挙法の第二次改正によって都市労働者の上層に投票権が与えられた。この改革が、イギリスの労働組合運動や社会主義運動のありようをドイツとは異なったものにした。イギリスでは、この改革によって多数の労働者に選挙権が付与されたことが契機となって、議会活動を通じて社会主義の理念を実現することをめざす、いわゆる議会的社会主義が発展しはじめたのである。

こうして、イギリスでは、一八七一年には労働組合法、一九〇六年には労働争議法が成立し、団結権、団体交渉権、罷業権などの労働三権が整備されていった。さらに、一九〇九年には最低賃金法が制定され、企業レベルにおいても徐々に整備されてきていた労働基準制度と相俟って、ここに労働者保護政策が確立することになる。

こうして、この時期、イギリスにおいては、労働者の政治的同権化と経済的同権化の進行を基盤として、社会保険、妊産婦・乳幼児・学童にたいする保健サービス、児童青少年保護など、一連の社会的な施策の改革や導入が続き、後述するように、旧来の救貧法についても改革のための議論が進展しはじめる。

加えて、一八七五年には、それまでに制定された公衆衛生関連法令を集大成した公衆衛生法が制定されている。また、住宅関連では、この年、地方自治体に不良住宅地区を除去するスラムクリアランスの権限が与えられる。一八九〇年になると、自治体が公営住宅を建設しはじめた。自治体による公営住宅の建設が本格化したのは、政府による補助金制度が組み込まれた一九一九年の住宅・都市計画法の制定以後のことである。二〇世紀の初頭にはイギリスにおける住宅政策の萌芽が形成されたのである。

これら一連の社会的施策は、世紀転換期の帝国主義の興隆を背景にするものであり、すぐれた体位と能力をもつ効率的な国民の育成を求める政権党＝自由党の関心と、賃金や労働条件、さらには健康と生活にナショナルミニマム（国民的最低限）を確立することを求める労働党の関心が結合したところに形成された。自由党と労働党による同舟異夢的な所産であった。その意味において、この時期の社会改良は自由＝社会改良と称される。帝国主義と社会改良は表裏一体であった。

総じていえば、この時期に形成された社会的施策のねらいは、労働者たちの対資本家競争力を補強し賃金や労働条件に最低限を設定するとともに、老齢、疾病、失業などのリスクによる生活水準の低下、さらには最低生活水準以下への転落を未然に防止し、効率的な国民を育成することにあった。貧困救済の振り子は、貧困者の自己責任を強調する側からイスの数や質を重視する側に明らかに移動したのである。

かつて一八五五年生まれのドイツの社会学者として著名なF・テンニエスは、人間社会の形態を共同社会（ゲマインシャフト）と利益社会（ゲゼルシャフト）の二つの類型に分け、歴史的には共同社会から利益社会への移行というかたちで定式化したことで知られている。ここまでの議論でいえば、産業革命期以前の共同社会は産業革命にともなう市場社会が形成される過程において蚕食され、個人の意志、合理的判断、自己責任を行動原理とする利益社会に移行していった。しかし、それで終わるわけではない。テンニエスは利益社会につぐ社会、それを乗り越える社会として協同社会（ゲノッセンシャフト）という社会形態を想定していた。[7] ただし、テンニエスは協同社会について十分に論じているわけではない。それを示唆する組織として労働組合や生活協同組合をあげているのみである。テンニエスはまさに、利益社会のもたらした負の所産である悲惨な貧窮、無職、怠惰、浮浪、ギャンブル、犯罪をはじめとする共同社会破壊の惨状とそれにたいして共済組合、労働組合運動、生活協同組合活動、社会主義運動、労働関係諸立法をはじめとする社会立法が労働者を中心とする新たな共同社会による抵抗、対抗、自己防衛と自己復元として登場してきた時代を生き、観察していたのである。テンニエスのいう協同社会は、利益社会によって蚕食された共同社会の新たなかたちにおける再生を意味していた。

三　社会保険と救貧法

一九世紀から二〇世紀への転換期、ブースやラウントリーの貧困調査が明らかにしたように、イギリスの一般庶民の生活は貧困のなかにあった。最初の帝国主義戦争といわれるボーア戦争の時期、その影響は労働力や兵力の源泉である庶民階級の体位の顕著な低下として現れてきた。危機に際して徴兵制度が導入されたものの、徴兵された若者のうちおよそ半数が兵員としての適格性に欠けるという状態にあった。こうした状況に危機感を覚えた政府は、社会保険の整備を準備するかたわら、一九〇六年に救貧法を中心に貧困救済策のありようについて検討する政府委員会として王立救貧法委員会を設置した。

王立委員会は、その後四年を超える時間を費やして議論を重ねたものの、統一した結論に達することができず、一九〇九年に救貧法や慈善事業に関わってきた委員たちによる多数派報告と旧来の救貧法や慈善事業に代わるべき新たな救済制度の導入を求める委員たちによる少数派報告という複数の報告書を提出して終了する。多数派報告、少数派報告そのいずれもが、旧来の救貧法のありようが改革を必要とする状態にあるという認識ではほぼ一致していた。しかしながら、改革の方向については際立って異なっていた。多数派報告が救貧法の部分的、弥縫的な改革を主張したのにたいして、少数派報告は救貧法の全面的解体とそれに代わるべき方策として社会保険システムを導入することを主張した。

最終的には、政府は多数派報告、少数派報告のいずれをも採用せず、一方において社会保険を導入しつつ、他方において救貧法を温存するという方向を選択した。この決着は救貧法の処理という観点からみれば、中途半端なものであった。しかし、総じていえば、社会保険の登場は、イギリスにおける貧困救済政策の基調が、明らかに事後の救済を意味する「救貧」から事前の救済を意味する「防貧」に転換したことを意味していた。

こうした状況展開のなかで、一九〇八年には無拠出老齢年金法が成立し、一九一一年には健康保険と失業保険を内容とする国民保険法が制定された。老齢年金は、保険方式による給付の開始には準備に長期間を要するため、当初は租税を財源とする無拠出制で出発した。無拠出老齢年金は、租税を財源とするという意味では救貧法と変わるところがない。しかし、救貧法が資力調査（ミーンズテスト）を受給要件とするのにたいして、無拠出老齢年金制度はそれを受給の要件としなかった。このため、受給資格を一定期間以上国内に居住する七〇歳以上のイギリス人に限定し、所得制限を課すなど、受給資格要件はかなり厳しいものとなった。しかし、資力調査を受給の必須要件としなかったことによって新制度は「権利としての年金」とよばれて歓迎された。

健康保険と失業保険はいずれも、被用者、使用者、国庫の三者が一定の割合で保険料を拠出する強制保険として制度化された。健康保険は、筋肉労働者と一定の所得以下の事務労働者を対象に、傷病にともなう医療費の負担を肩代わりする医療給付（現物給付）と受診にともなう所得の中断や低下に対応する疾病給付を行うことによって、傷病にともなう従前生活水準の低下を予防（防止）することを意図した制度であった。失業保険は、七種類の産業に従事する労働者を対象に、失業以前の従前生活水準の維持を目的として、一定の期間、失業手当を支給するという制度である。いずれも防貧、貧困の予防（防止）を目的とした制度であり、以後これらの社会保険が貧困救済の中心的なシステムになる。

つぎに、このような社会保険の成立は、従前の救貧法の位置づけを変化させることになる。救貧法は社会保険を前提に、それによっても最低限度の生活を維持しえない人びとにたいして、最低限度の生活を供与する制度として位置づけられることになった。逆に、社会保険は救貧法の存在を前提とすることによって、普遍的、一般的な制度として設計し、運用することが可能になる。ここに社会保険と救貧法は相補的、補完的な位置関係を構成することとなった。

こうして、救貧法は新しい位置づけを獲得したことになる。しかし、この時期の救貧法の改革は、部分的、弥縫的なレベルにとどまることになった。そのなかでは、新たな救貧施策が新救貧法以来の院内救済主義を放棄し、居宅扶助（ホームアシスタンス）というかたちで居宅における救済（院外救済）を導入したことは、貧困救済の近代化をもたらす重要な変化であったといわなければならない。そして、その結果として、従来の労役場は、居宅による保護になじまない高齢者や障害者のための入所保護施設にその機能を転換していった。貧窮児童については、救貧法学園（バラックホーム）の小規模化（コッテージホーム化）、地域施設化（分散ホーム化）が進み、さらには里親制度が活用されるようになる。

また、この時期には、妊産婦・乳幼児にたいする訪問保健婦派遣制度、牛乳の無料配給制度が実現し、学童については一九〇六年に学校教育（給食）法、一九〇七年に学校教育（保健）法が制定される。いずれも、貧困層の乳幼児・学童に顕著にみられた体位の低下に対応する措置であった。さらに、一九〇八年には、一八七〇年頃から導入されてきた児童虐待防止制度の整備、少年審判や少年専用の矯正施設の導入を内容とする児童保護法が制定された。

四　民間における救済活動の展開

このように、一方において社会保険や保健サービスが成立し、他方において救貧法が部分的にであれ改善されるということになれば、一九世紀の資本主義社会を背景に発展した友愛組合や慈善事業もまた、変化せざるをえない。

まず、友愛組合は、その共済的機能を社会保険制度に譲り渡していった。一部の友愛組合は、健康保険という新たな仕組みのもとで認可団体（保険者）に転身し、旧来の事業を継続したが、他の一部は社交団体化していった。一八世紀末以来、比較的生活にゆとりのある労働者や農民の互助的な共済組織として発展してきた友愛組合は、ここでその歴史的な役割を終えることになった。

一九世紀のなかば以後、新興中産階級を基盤に世俗化しつつ発展してきた慈善事業は、防貧施策としての社会保険が登場し、それに関連して救貧法の改革が進捗したことに対応するかたちで、金銭による貧困救済（所得保障）機関としての役割を終了し、慈善組織協会は、貧困者の生活相談や家族関係の調整や援助にあたる専門的な相談援助の機関として新たな役割を見出すことになった。慈善事業がそのような機能をもつにいたる契機は、ロンドン慈善組織協会によって推進された慈善事業の組織化、科学化、専門職化の試みであった。

すでにふれておいたように、慈善組織協会は濫救や漏救をさけるため、慈善団体を組織化し、被救済者名簿を作成し相互に閲覧するシステムを構築するとともに、友愛訪問事業を実施してきた。そして、この友愛訪問事業こそがやがて公私にわたる救済事業の科学化を推進する契機になった。

慈善組織協会の友愛訪問員たちは、救済を受けている貧困者たちの居宅を訪問し、生活の実態にふれ、生活の維持や家族関係について相談に応じるとともに、市民にふさわしい生活の意識や習慣を身につけるように指導した。その過程において、救済を受ける者について個別にケース記録を作成してこれを保管し、生活指導の参考にするという方法が定着していった。このような慈善組織協会によるユニークな活動は、後にアメリカにおいてケースワークとよばれる社会的技術を発展させ、専門職化の苗床となった。

ところで、やや時期を前後することになるが、一八八〇年代には友愛組合とも慈善事業とも性格を異にする民間の貧困救済活動が登場していた。その嚆矢は、一八八四年にサミュエル・バーネットによって設立されたトインビーホールを拠点に展開されたセツルメント運動である。この運動は、大学拡張運動（ユニバーシティ・エクステンション）としての側面をもち、教師や学生などの大学人、知識人、教会関係者などがスラム街に住み込み、貧困な労働者たちの生活に直接的にふれながら、貧困調査を実施し、レクリエーションその他の文化活動に取り組み、さらには労働者たちの生活環境の改善を求めて社会運動を展開したところにその特徴がみられる。

伝統的な慈善事業は、本来的に家父長主義的な性格をもち、施与者と被施与者という垂直の人間関係を軸に救済活動を展開した。それにたいして、セツルメント運動は、活動家が貧困地域に住み込むという横の、水平の関係を軸に貧困者の生活意識や生活様式を理解し、貧困者とともに生活改善の方策を探求しようと努めたところにその特徴がある。そうしたセツルメント運動は、イギリス社会の貧困観を個人貧から社会貧の側に移行させることにも大きな影響力をもった。

このように、世紀転換期のイギリスにおいては、社会保険の導入を基軸に多様な社会運動が展開され、多数の社会的施策が形成された。そして、それに対応するかたちで旧来の福祉（生活支援）システムである救貧法、友愛組合、慈善事業もその姿を変容させつつ、独自の展開をみせることになった。後に、このような、一九世紀から二〇世紀への転換期において部分的に手直しされた救貧法、事業内容を変化させた慈善事業、新たに成立した保健サービスと児童保護事業、そしてセツルメント運動は、総じて社会事業とよばれ、一九世紀の抑制的な救貧法、友愛組合、慈善事業による救貧事業と区別されることになる。

五　アメリカの革新主義と公的救済

さて、こうしたイギリスにおける福祉システムの変化は、大西洋を隔てたアメリカ合衆国にも影響を及ぼすことになる。アメリカにおいても一九世紀から二〇世紀にかけての世紀転換期には社会の改善をめざす社会運動が発展する。しかし、その運動は、社会改良（ソーシャルリフォーム）を志向したイギリスとは異なり、社会制度の変革よりも個人の社会制度への適応を重視する漸進主義的社会改良であり、革新主義運動（プログレッシビズム）とよばれるものとなった。そこには、新世界としてのアメリカ社会のもつ特徴が濃厚に関わっている。

一六二〇年のメイフラワー号による新大陸移住の故事に象徴されるように、アメリカ社会は、ヨーロッパ、なかでもイギリス社会のもつ閉塞性や抑制、圧迫に耐えかね、アメリカ大陸に個人の自由と平等を基盤とする新天地を建設することをめざすピューリタンを中心とする人びとによって開拓された。このため、アメリカ社会は、個人に自由と平等、そして成功（富）を約束する社会として理想化されていった。そこでは鞏固《きょうこ》な個人主義（ラグド・インディビデュアリズム）が至上の行動原理となり、必然的に生活にたいする自己責任主義が一般化し、普遍化することになった。アメリカ社会は、自由と平等を理想とする社会であり、そこで成功しえないとすればそれはひとえに個人の責任であるとみなす特有な社会として発展した。アメリカ社会は、こんにちにおいても、その根底において、個人貧の世界であり、自己責任主義的、道徳主義的貧困観の支配する社会である。

このため、すでにドイツやイギリスで成立していた社会保険がアメリカにおいて連邦レベルの施策として誕生するには、大恐慌下一九三五年の社会保障法の成立を待たなければならなかった。救貧法についても、ニューヨーク州など州法のかたちをとる若干の例外を除き、植民地時代以来の、タウン、シティ、カウンティなどの地方政府（ローカルガバメント）レベルの抑制的な施策にとどまっていた。

二〇世紀初頭に成立した福祉（生活支援）システムとしてアメリカの社会を特徴づけるのは、州レベルに成立した範疇扶助（カテゴリカルエイド）の存在である。範疇扶助は、家族を救済の単位とせず、視覚障害者、困窮母子、単身老年者など家族構成、障害、老齢などの特定の属性をもつ集団（範疇）を救済の単位とする施策である。最初の範疇扶助は、一八九八年に成立したオハイオ州の視覚障害者扶助法である。一九一一年にはイリノイ州で母子扶助（要扶養児童扶助）法が成立した。続いて一九一五年には、アラスカ準州に老齢扶助制度が導入された。以後、一九二〇年代にかけて、範疇扶助は徐々に東海岸、五大湖周辺、中西部の各州に拡大していった。

これらの範疇扶助は、特定の属性をもつ集団にたいする救済施策であることのほか、所得の制限をともないつつも、資力調査（ミーンズテスト）を支給要件としないということでも救貧法とは異なっていた。範疇扶助は、資力調査のスティグマをともなわないことから受給者にとって抵抗の少ない施策であった。また、範疇扶助は、貧困の理由が母子、視覚障害、単身老齢など自己責任主義の例外としてその適用を免れやすいこと、救済対象の範囲も一定の範囲に限定されることから、制度化にあたって州レベルの救貧法の制定や拡大よりも抵抗が少なかった。

公的な福祉システムということでいえば、アメリカではこの世紀転換期の時期から障害者を対象とする州立の病院や施設も多数設置されはじめる。この時期における障害者施設の設置には、世紀転換期の北欧やドイツに芽生えた優生思想やそのアメリカにおける独自の展開である社会ダーウイン主義の強い影響が認められる。州立の障害者施設は、被収容者数が数千人に及ぶ大規模施設であり、知的障害者を入所させた施設（病院として設置された）では障害の軽い障害者に障害の重い障害者の世話をさせるなど、第二次世界大戦後の脱施設化運動によって鋭い批判の対象とされるような過酷で悲惨な状況がうみだされていった。

六　慈善事業の組織化・科学化・専門職化

アメリカ合衆国は、公的救済制度の発達という点ではイギリスに大きく後れをとることになった。しかし、逆に、民間における救済活動、なかでも慈善事業やセツルメント運動においては、母国であるイギリスよりも、より豊かな成果をうみだすことになった。

アメリカにおいても、イギリスと同様に、一八六〇年頃から慈善事業の組織化がみられた。その組織化は、まず州慈善委員会というかたちで実施されていった。特に一八七〇年代には、多数の州において慈善委員会の設置が進んだ。他方、民間では、一八七七年、バッファロー市において、イギリスの慈善組織協会をモデルにしたバッファロー慈善組織協会が設立された。これがアメリカ最初の慈善組織協会である。

一八六〇年代の後半、ロンドンで誕生した慈善組織協会活動は大西洋を越えてアメリカに移入される。慈善組織協会はまず東海岸の大都市部を中心に根を下ろした。こうしてはじまったアメリカの慈善組織協会運動は、慈善組織協会の歴史に新たな発展を付け加えることになる。アメリカの慈善組織協会は、その活発な活動のなかから徐々に貧困者援助の知識や技術を熟成させていき、やがてそこからケースワークやコミュニティオーガニゼーションとよばれるようになる社会的援助技術の体系（ソーシャルワーク）をうみだすことになったのである。

アメリカの慈善組織協会の出入り口には「救済よりも友情を」というモットーが掲げられていた。慈善組織協会は、貧困者の困窮にたいする金銭的救済よりも、道徳的、倫理的な救済を重視し、そのことの重要性を強調した。友愛訪問員（フレンドリー・ビジター）による友情にもとづいた助言や指導、そしてそこに込められた人格的な影響力を通じて、貧困者の生活に関わる意識や習慣を改善させ、自立した人間として立ち直らせようと考えていた。実際、その時期の慈善組織協会活動に携わっていた人びとの執筆した著書をみると、そこには救済（リリーフ）という言葉のかわりにエレベーション（高尚にする）、リフトアップ（境遇を高める）という言葉が多数使われている。通常、エレベーションもリフトアップも下にあるものを上に引き上げるという意味でもちいられる。むしろ、それが一般的である。

このように、アメリカにおける慈善組織協会の活動は、アメリカ社会成立の経過を反映して、イギリスのそれ以上に道徳主義的、自己責任主義的な雰囲気を帯びていた。そこには、アメリカ社会をヨーロッパの旧弊を脱却した理想的な新世界としてとらえようとする意識が横たわっていた。自由と自助を理念とする鞏固な個人主義が追求される社会のなかでは、慈善事業家たちの関心は、貧困者をいかにして新世界としてのアメリカ社会に適応させるかという方向にむかうことになる。

しかし、そのようなアメリカにおいても、世紀転換期にさしかかると労働問題をはじめとして貧困、犯罪、売春、スラムなど多様な社会問題が形成される。さしもの道徳主義的、自己責任主義的な貧困観もしだいに後退し、影響力を低下させざるをえない。逆に革新主義の潮流が勢いを強め、徐々に社会責任主義的な貧困観が形成される。そうしたなかで、慈善事業にも新たな発展がもたらされることになった。

アメリカの慈善事業は、勃興期の素朴な経験主義を克服し、専門的、体系的な知識や技術をもった職員を求めるようになる。慈善事業が発展するなかで科学化と専門職化が求められるようになる。一八九八年には、慈善事業の関係者たちによって、ニューヨークに慈善事業に携わる専門職業的従事者の養成を目的とする応用博愛事業学校が設立された。こんにちのコロンビア大学ソーシャルワーク大学院のはじまりである。

こうして、イギリスの慈善組織協会の活動に胚胎した友愛訪問活動は、大西洋を渡ったアメリカの慈善組織協会の活動のなかでケースワークという名称のもとに発展を続け、一九一〇年代から二〇年代の初頭にかけて貧困者のみならず、生活上に多様な問題や課題をかかえる個人や家族にたいする社会的援助の知識や技術として体系化されていった。

そうした過程を象徴するのがケースワークを体系化したことで知られるメアリ・リッチモンドの活動である。リッチモンドは、一八八九年にボルチモア慈善組織協会に書記として採用された。なお道徳主義的、自己責任主義的な貧困観の色濃い時代のことである。しかし、リッチモンドは、訪問活動や相談活動の豊富な経験、そして後には母子扶助制度などの公的施策を推進する社会改良家たちとの論争を通じて、道徳主義、自己責任主義を脱却し、人間とその生活環境である社会との相互的な関係に焦点をあてる独自のケースワークの理論を体系化する。なかでも、リッチモンドが社会改良家たちとの論争のなかで、社会改良を「卸売的方法」として位置づけ、みずからのケースワークを「小売り的方法」として関連づけたことは重要な意味をもつことになった。リッチモンドによる一九一七年の『社会診断』や二二年の『ソーシャルケースワークとは何か』は、そのような体系化の過程と到達点を物語る古典であり、その後のケースワークの発展を方向づけるものとなった。

ただ、そのようなリッチモンドのケースワークにおいても、援助の目的は個人のパーソナリティの発展にむけられていた。ケースワークは、一方において社会改良の意義を認めるとはいえ、重視したのは、個人のアメリカ社会にたいする適応をめざす小売り的な方法であった。冒頭の湯浅の枠組に戻っていえば、リッチモンドは、イスの量や質の問題に関わるよりも、貧困者たちがイス取り競争に遅れをとらず、競合していけるパーソナリティを獲得するように援助しようとしたのである。

この時期、アメリカ社会福祉史に大きな足跡を残したもう一つの潮流がある。アメリカ東海岸や中西部のシカゴなどの都市部の移民スラムを中心に発展したセツルメント運動である。セツルメント運動も、慈善組織協会運動と同様に、イギリスで発展したセツルメントをモデルにした貧困救済活動である。アメリカ最初のセツルメントは、一八八九年に設立されたハルハウスである。ジェーン・アダムスは、そのハルハウスを拠点に、国際的な活動を含め、リッチモンドに勝るとも退けをとるところのない活動を展開した。

アメリカは植民地の創設以来多数の移民を受け入れてきた国である。植民地以来のアメリカを支えてきたのは、イギリスを中心とする西ヨーロッパからの移民たちであった。しかし、一九世紀を迎える頃になると、南ヨーロッパや東ヨーロッパからの移民が多数をしめるようになる。そうした移民は、上陸時には英語も解さず、仕事のあても資金の準備もないというのがほとんどであった。彼らは出身国別や民族別に構成されていた支援団体や救済団体の支援を受けたが、その大多数は仕事もないままに寄り集まって貧民街に居住することになった。セツルメント運動は、そうした移民たちにたいする英語教育、居住権取得の支援、仕事や住居の斡旋、保育施設の運営などを展開した。

このように、セツルメント運動は、移民のアメリカ社会にたいする適応を支援し、促進することを目的としていた。しかしながら、慈善組織協会の活動に対比させていえば、セツルメント運動は、率先して英語教育、仕事や住宅の斡旋を行うとともに、保育施設の運営や青少年の指導に関わってシティやカウンティに働きかけ、移民、失業者、貧困者の生活条件や環境条件を改善することに努力を惜しまなかった。セツルメント運動は、先のリッチモンドの表現でいえば、卸売り的な方法を通じて、世紀転換期の貧困や失業の問題に果敢に挑戦したのである。そうしたセツルメントの活動のなかから、グループワーク、ソーシャルリサーチ、ソーシャルアクションなど、ケースワークとともに社会福祉における社会的援助技術を構成する一連の知識と技術がうみだされていった。

さて、これまで見てきたように、アメリカにおいても、一九世紀末から二〇世紀初頭にかけて、範疇扶助にみられるように時代のうみだす社会問題に対応し、それを解決し、軽減緩和する施策が導入された。また、慈善事業やセツルメントなどの民間における救済活動やそれを推進する運動が活発に展開された。しかしながら、イギリスにおける対応が国による社会的施策を中心とするものであったのにたいして、アメリカのそれはむしろ民間における救済活動や運動が中心であった。公的な対応がなされる場合でも、一、二の例外を除き、州政府のレベルにとどまるものであった。アメリカでは、この時期の州政府による範疇扶助、カウンティやシティなどの地方政府による救貧施策、慈善組織協会を中心にする社会的援助技術の発展、セツルメント運動などを総称して社会事業（ソーシャルワーク）とよぶのが一般的である。

七　わが国における社会事業

わが国では、第一次世界大戦後の大正期の後半、大正デモクラシーとよばれる時代に社会事業が成立したといわれている。社会事業はアメリカでいうソーシャルワークの訳語という性格をもっている。ただし、その当時、ソーシャルワークがもつ社会的援助の知識や技術という側面は、ほとんどといってよいほど含まれていない。その意味では、わが国における社会事業は、もっぱら政策や制度として成立したといってあながち過言ではない。さらに、わが国の社会事業のなかには、当初、失業対策、経済保護事業などの後に社会政策という名称でよばれることになる事業が濃厚に含まれていた。

わが国における社会事業成立の背景には、中国の辛亥革命、ドイツ革命、ロシア革命などに触発された労働組合運動、社会主義運動、水平社運動、廃娼運動などの顕著な影響があった。しかし、社会事業成立の直接的な契機としてもっとも重要な意味をもつのは、一九一八（大正七）年に富山県の小さな港町（魚津町）で起こり、一瞬にして全国に波及して社会不安を引き起こした米騒動である。ロシア革命とわが国軍部のソ満国境出兵を契機とする米の投機的買い占めに端を発する米騒動は、第一次世界大戦後の不況のもとで全国に拡大しつつあった貧困者、失業者、労働者たちの政府や一部商人にたいする社会的、政治的な不満と反発を一挙に表面化させた。

これにたいして、わが国政府は、一九一八（大正七）年に内務省に救済事業調査会を設けるとともに、翌一九（大正八）年には内務省地方局に社会課を設置し、失業対策や貧困対策にあたる。さらに二〇（大正九）年にはこの社会課が社会局に発展し、内務省の外局として位置づけられることになる。このような政府内務省の慌ただしいともいえる対応は、米騒動や経済不況に起因する失業や貧困の規模や内容が社会にたいしていかに大きなインパクトをもったかを物語っている。

社会事業は、法制度的には、米騒動に対処して急遽発足した社会局によって管轄される事業の総称として登場する。ちなみに、翌二一（大正一〇）年には一九〇八（明治四一）年に設立されていた中央慈善協会が社会事業協会に改称され、機関誌の名称も『社会と慈善』から『社会事業』に改められた。わが国においても、貧困観の振り子が明治初期以来の自己責任を強調する惰民観的な個人貧の側からイスの数や質を問題とする社会貧、すなわち貧困の原因を社会経済的な諸要因に求める側にむかって、少なからず振れはじめたのである。

そうしたなかで、一九二一（大正一〇）年には職業紹介法、二二（大正一一）年には健康保険法、二三（大正一二）年には工場労働者最低年齢法が制定されるなど、労働者保護を目的とする社会立法が続いた。また、二二（大正一一）年には犯罪非行など不行跡な青少年の保護的措置を目的とする少年法と矯正院法が成立する。

こうしてみると、大正期の後半は、わが国にとっては、イギリスの二〇世紀初頭、第一次世界大戦期前の自由＝社会改良の時代にも照応するような改革の時代であったといえそうである。実際、この時期、すでにみたように、イギリスの社会改良策に相応するような施策が次つぎと実施されている。また、この時期には、そうした時代的な雰囲気と施策の展開を背景に、欧米における社会的諸施策や社会事業の紹介を超えるようなわが国独自の社会事業の研究も進み、有機的社会連帯論やマルクス主義など当時の社会科学に依拠する社会事業研究書の刊行もはじまっている。その限りにおいて、わが国の社会福祉史においても、まさに大正デモクラシーの名称に値する時代であった。

しかし、この進歩的な時代も決して長続きはしなかった。大正期末の一九二三（大正一二）年には関東大震災が起こり、二七（昭和二）年から二九（昭和四）年にかけての金融恐慌がこれに追い打ちをかけた。国民大衆の失業や貧困は一層厳しさを増すことになる。さらに、二九（昭和四）年には世界恐慌が起こり、生糸の暴落を契機にわが国の産業は大打撃を被ることになった。そこに農業恐慌による農村の疲弊が加わり、昭和初期の一〇年間、わが国の社会不安はその極に達した。

そのような社会不安、失業、貧困、それらに誘発された児童虐待、青少年非行の増大に対処するため、一九二九（昭和四）年に救護法、三三（昭和八年）には児童虐待防止法、少年教護法が制定された。さらに、三七（昭和一二）年には母子保護法が制定され、翌三八（昭和一三）年には社会事業法の成立をみる。この年、三八（昭和一三）年には、内務省の社会局を発展させるかたちで厚生省が設置される。これによって、わが国の社会事業を規整する法制度は一応の体系化が完成する。以後、わが国の社会事業、そして第二次世界大戦後の社会福祉は、二〇〇一（平成一三）年の中央省庁再編により厚生労働省が設置されるまでの期間、厚生省を基軸に管理運営されることになった。

さて、一九二九（昭和四）年に成定された救護法は、一般国民の貧困救済を目的とする法的措置としては、明治初年混乱期の一八七四（明治七）年に公布された恤救規則以来の施策であった。救護法は国民の保護請求権こそ認めていないものの、国による公的扶助義務の承認を前提とするものであり、その限りにおいて画期的なものであった。しかし、政府は関東大震災、金融恐慌以来の財政難のため、救護法を制定はしたものの、その実施は先送りされた。折角の救護法も絵に描いた餅であった。そのような事態にたいして、方面委員による全国的な救護法実施促進運動が展開される。報酬をともなわない名誉職という位置づけであったとはいえ、内務大臣の委嘱にかかる方面委員による社会運動は、わが国の社会福祉史において希有なできごとであった。そのような方面委員による促進運動の後押しもあって、救護法は、競馬法を改正して財源を確保することになり、法制定三年後の一九三二（昭和七）年一月から実施される。財源難のなかでの苦渋の選択とはいえ、救護法による困窮者の救護は公営ギャンブルの益金によって実現したのである。

母子保護法は、長期に渡る経済的社会的な混乱のなかで続発した母子心中事件を契機に制定された母子世帯の貧困に対応する措置であり、救護法の特別立法としての性格をもっていた。社会事業法は、公的施策の限界を民間に補足させることを目的にするものであり、民間の社会事業団体を規整し、それと引き換えに補助金の交付を実現させた。

このように、わが国における歴史的概念としての社会事業は、米騒動を契機に大正デモクラシーのなかで成立し、昭和初頭の経済的不況と社会的混乱のなかで発展するという経過をたどることになった。しかし、その後、なかでも昭和一〇年代中葉以降のわが国社会事業は、大東亜共栄圏の建設をめざす軍国主義の大波に翻弄されることになる。一九三八（昭和一三）年には、厚生省に健民健兵策を推進する部局が加えられるとともに、（旧）国民保険法が制定された。続いて四

○（昭和一五）年には国民体力法と国民優生法が制定され、四一（昭和一六）年には医療保護法と労働者年金保険法が、ついで四二年（昭和一七）年には国民医療法、四四（昭和一九）年には厚生年金保険法が制定された。

こうして、わが国では、大正時代の後半から昭和一〇年代の第二次世界大戦にいたる戦時下において、労働者保護政策、健康保険、年金保険、救護法、母子保護法、児童虐待保護法、少年教護法など、戦後の社会保険、公的扶助、福祉サービスにつながる諸施策が策定された。形式、法制度のかたちということだけでいえば、わが国は戦時下において、イギリスにも引けを取らない社会的施策の体系、福祉システムを擁するにいたったのである。しかし、それは、社会責任主義的な貧困観に裏打ちされた施策の発展というよりも、むしろ大東亜共栄圏の建設を支える健民健兵の育成を基軸とする戦時挙国一致体制の推進、確立という軍国主義のねらいと不可分に結びついた発展にほかならなかった。

第5節　福祉国家と福祉社会

第二次世界大戦後における社会福祉の展開は、福祉国家の発展と縮減に深く結びついている。戦後一九五〇年代、六〇年代を通じて先進資本主義諸国は挙《こぞ》って福祉国家の建設に邁進した。しかしながら、その福祉国家は一九七〇年代なかばを頂点に、逆に批判の対象に転化する。それ以後、わが国においては、行財政改革、少子高齢化、分権化、規制緩和、グローバリゼーション、準市場主義化などのもたらす社会経済的、政治的変動のなかで福祉国家は徐々に縮減し、社会福祉はその新たなありようを模索することになる。

こんにちにおける、そしてこれからの社会福祉を考えるためには、一時期先進資本主義諸国において国を挙げて推進された福祉国家の成立、発展、そして縮減と転型の過程をみておかなければならない。

一　福祉国家成立の契機

第一次世界大戦と第二次世界大戦とのあいだを戦間期というが、この時期に、第二次世界大戦後のイギリスで世界最初に成立することになる福祉国家を準備し、促進した三つの重要なできごとが起こっている。第一は、一九一九年に成立したドイツのワイマール基本法（憲法）のなかに社会権的生存権が明記されたことである。第二に、一九三〇年代の世界恐慌に対応したアメリカのニューディール政策と社会保障法の成立である。そして、第三に、一九四二年に提出されたイギリスのベバリッジ委員会報告である。

まず、社会権的生存権の意義について考えることからはじめよう。

すでにみてきたところであるが、イギリスにおいては、一九世紀の後半、なかでも一八七〇年代以降、労働者にたいする選挙権の承認、さらに団結権、団体交渉権、ストライキ権などのいわゆる労働三権の承認というかたちで労働者の政治的、経済的な同権化、すなわち労働者の権利状態を使用者（資本家）側の権利状態に近づける努力が行われてきた。その背景、前提には、賃金や労働条件は基本的には労働者と資本家の両者の平等で自由な意志による交渉と契約によって決定されるべきものとする考え方がある。労働三権の承認は、労働者の交渉力を高め、資本家のそれに近づけるということにおいて効用をもたらした。しかしながら、団体交渉のよりどころになる労働組合すらもつことのできない零細な職種の労働者にとっては、労働三権は画餅にすぎず、効用をもちえない。

そこで、そのような労働者たちのために、労使関係に政府が直接的に介入する最低賃金制度や労働基準制度が導入された。徐々に労働市場におけるナショナルミニマムが形成される。しかし、それによっても、労働市場から退去した高齢者、労働市場に参入できない傷病者、児童、女性や母子家族、障害者などには、労働者保護施策の直接的な効用は及ばない。そうした人びとのためには、国家が直接的に生活に介入し、保障する法の思想とシステムが求められる。いわゆる、社会権的生存権という考え方である。

それを裏付ける法の規定を世界で最初に実現させたのがほかならぬ一九一九年に制定されたドイツのワイマール基本法（憲法）であった。第一次世界大戦後、敗戦国ドイツは帝政を放棄し、共和制を採用する。その新生ドイツを象徴するものがワイマール基本法であった。そのような意義をもつワイマール基本法の第一五一条は、ドイツ国民の享受すべき社会権的生存権についてつぎのように規定している。

経済生活の秩序は、すべての人に、人たるに値する生存を保障することを目ざす、正義の諸原則に適合するものでなければならない。各人の経済的自由は、この限界内においてこれを確保するものとする。(8)

この規定には社会権的生存権という言葉こそ使われていない。しかし、自由経済の秩序は、それが人の人たるに値する生活を脅かそうとするとき、そこに一定の制約が課されてしかるべきだとする考え方が示されている。ワイマール基本法は、資本主義的な自由経済の秩序に一定の規制を加え、それを法制化しようとする世界で最初の試みであった。こうした考え方は、憲法体系のなかに社会権的生存権に関する文言、規定を組み込んでいるかどうかは別にして、第二次世界大戦後の先進資本主義諸国における社会的施策の発展、福祉国家の成立に大きな影響力をもたらした。ちなみに、わが国の社会福祉や社会保障の法的な根拠規定として位置づけられている日本国憲法第二五条の生存権の規定は、戦後改革のなかで、このようなワイマール基本法の規定をモデルとして導入されたものである。

つぎに、大恐慌後のアメリカで実施されたニューディール政策、なかでも一九三五年に成立した社会保障法である。すでにみてきたことであるが、アメリカは伝統的に個人の自由と責任という意識の強い国である。政治的には、植民地時代以来の地方主義、州権主義の国である。このため、革新主義の時代においても一部の州で採択された範疇扶助を超えるような国（連邦）の制度は成立しなかった。例外を探すとすれば、一九〇九年に要養護児童に関する白亜館会議が開催されたことと第一次世界大戦の経験を反映して成立した二一年の乳幼児母子保健（シェパード・ターナー）法がみられる程度である。

だが、一九二九年のウォール街の株の暴落に端を発した世界恐慌による産業と農業の崩壊、失業と貧困の前例をみない拡大によって、アメリカ社会にも大きな変化がうまれる。アメリカに新しい時代をもたらしたのは、黄金のアメリカとよばれた一九二〇年代末期に大統領に就任し、失業と貧困の象徴としてその任期を終えたフーバー大統領の後をうけ、一九三三年に大統領に就任したルーズベルト大統領であった。ルーズベルト大統領は「炉辺談話」とよばれるラジオ放送を通じて国民に語りかけ、連邦政府が直接的に経済市場、労働市場、国民生活に介入し、農民、労働者、失業者、貧困者の救済にシフトした新たな政策を展開していった。ニューディール政策、すなわち新規蒔き直し政策の名称で知られる一連の政策である。

ルーズベルトは、大統領就任直後の一九三三年六月に金融機関を救済し、崩壊した産業の復興を図る全国産業復興法を制定した。全国産業復興法はニューディール政策の基幹となる政策であるが、それに先立つ三三年五月には失業者や貧困者の救済をめざす臨時連邦救済法を成立させている。連邦が失業者や貧困者の救済に直接的に関与した最初の法令である。その後、ルーズベルトは公共事業局や民間事業局などによって就労可能失業者の就業（雇用）による救済を進めつつ、一九三五年八月に一時的な失業者や就労困難な高齢者、困窮母子、障害者などの救済を目的として、社会保障法を制定することに成功した。

アメリカの社会保障法は社会保障という名称をもつ世界最初の法律であるが、その内容は必ずしも十分なものではなかった。この法律によって成立したアメリカの社会保障は、社会保険、公的扶助、保健福祉サービスの三部門から構成されていた。社会保険は失業保険と年金保険の二つである。ドイツやイギリスで成立した健康保険はそこに含まれていない。議会に提出した法案には含まれていたが、アメリカ医師会の強力な反対に遭い、ルーズベルト大統領は、健康保険に固執することを避け、社会保障という構想とシステムの基本的な部分を実現させることを優先させた。アメリカ医師会は、健康保険は診療の自由を侵害するとして反対し、一部の国民は医療保険はそのモデルが第一次世界大戦で敵対したドイツ、ビスマルクの疾病保険にあるという理由でこれに反対した。

公的扶助については、すでに一九二〇年代までに一部成立していた州レベルの範疇扶助、つまり視覚障害者扶助、要扶養児童扶助、老齢扶助を一般化し、連邦全体（全州）に制度創設を求め、その運用にたいして連邦政府が一部補助金を支出することとした。保健福祉サービスについては、これも州政府の事業にたいする連邦補助金の交付というかたちをとり、乳幼児母子保健サービスと児童福祉サービスから構成されていた。

このように、アメリカの社会保障法は世界で最初の社会保障法としての栄誉をもつことになったこととは裏腹に、内容的には必ずしも十分なものではなかった。社会保障の重要な柱であるべき健康保険制度が含まれていなかったことに加えて、植民地救貧法以来の救貧制度は従前通り地方政府の責任とされ、連邦による補助金の埒外に置かれていた。しかし、それでも、ヨーロッパ以上に個人主義、自己責任主義の伝統の強いアメリカにおける社会保障法の成立は、他のニューディール政策とともに、失業や貧困が自己責任の範囲を超え、国家（政府）による対応を不可欠とする状況であるという社会の認識を世界的に拡大し、一般化することに貢献した。

ちなみに、アメリカにおいても、社会保障法の成立に前後して、労働者保護施策が進展している。一九三五年七月の全国労働関係法、三八年の公正労働基準法がそうである。資本家や保守派の反対を押し切って成立した二つの法令は、労働市場にたいする国家の介入が是認されたことを意味していた。

実際、未曽有の世界的な経済恐慌に対処するためにルーズベルト大統領が展開したニューディール政策は、金融、産業、労働などの経済システム、さらにはその根底にある社会（共同社会）システムの維持存続にたいする国家の役割がいかに重要であるかをアメリカ社会の全体に、そして世界に認識させる重要な契機になった。鞏固《きょうこ》な個人主義、自己責任主義を基礎とするさしものアメリカ社会も、大恐慌を契機とする大量の失業と貧困の拡大に直面し、国（連邦政府）の直接的な介入による雇用の創出や社会保障の制度化を通じて、イス取りゲームのイスの側を規整する方向に踏み切らざるをえなかったのである。
第二次世界大戦以後になると、国家独占資本主義という呼称に象徴されるように、先進資本主義諸国では国家が大きな役割を演ずることになる。その際、先例、政策モデルとみなされたのは、これまでみてきたアメリカのニューディール政策であった。

福祉国家の成立に直接的につながった三つめの契機は、一九四二年に成立したイギリスのベバリッジ委員会報告であった。この報告書は、その当時政権の座にあった保守党のチャーチル首相によって一九四一年に設置された「社会保険と関連制度に関する委員会」によって提出された報告書である。この報告書は、委員長を務めたベバリッジの名前を冠してベバリッジ委員会報告ないしベバリッジ報告とよばれ、世界に先駆けて第二次世界大戦直後に成立するイギリス福祉国家の青写真（ブループリント）、設計図となったことが知られている。

第二次世界大戦がはじまったのは一九三九年のことである。第一次世界大戦以来、戦争は職業軍人どうしの戦いから、国民あげての戦い、総力戦の性格をもつようになっていた。チャーチルは、ドイツやイタリアと戦うには労働者階級を含め、イギリスの総力を結集し、挙国一致体制を構築する必要があると考えた。そのために、チャーチルは、ベバリッジを委員長とする特別の委員会を設置し、労働者たちにたいして、第一次世界大戦とその後の不況のなかで混乱の極みに達していた救済制度の再構築を審議し、戦争終結後の生活の安定を図ることを約束したのである。イギリスは世界で最初に民主主義的な政治を実現した国であるといわれる。しかし、イギリス社会の実態は、支配階級の国と労働者階級の国という二つの国から成り立っていた。ベバリッジ報告は、そのような二つの国のあいだに橋を架け、挙国一致体制を構築しようとする試みであった。

ベバリッジ報告は、まず、三つの指導原理をもとに、戦後に実現されるべき社会保障の姿を構想している。第一の指導原理は、過去の経験や経緯にとらわれずに、社会保険と公的扶助の抜本的改革を行うということである。第二の指導原理は、新しい制度は、人びとの生活を阻害する窮乏（ウオント）、疾病（デジーズ）、無知（イグノランス）、陋隘《ろうあい》（スクァラー）、無為（アイドルネス）という五つの巨人悪（生活を脅かす害悪）のうち、所得の中断や喪失に起因する窮乏の克服をめざす所得保障を機軸にするということである。ベバリッジ報告は、窮乏以外の、窮乏の原因となり、またその結果でもある疾病、無知、陋隘、無為の四つについては、所得保障とは別に、それぞれの害悪に対応する個別の施策、すなわち保健医療、教育、住宅、雇用に関する社会的支援施策を発展させる必要があると指摘した。第三の指導原理は、国が保障するのは生活におけるナショナルミニマムであり、それ以上の生活は個人の責任に委ねるという考え方であった。

ベバリッジ報告は、このような考え方にもとづき、社会保障の前提となるべき三つの施策を設定する。第一には、賃金と家族の大きさ（ニーズ）との関係を調整し、均衡化させることをめざす家族手当制度である。第二は、疾病の治療から予防までを含む包括的な医療を、すべての国民に無料で提供する普遍的な国民保健サービスである。第三は、失業対策としての完全雇用政策である。(9)

このような、ベバリッジ報告が提起した三つの指導原理と三つの前提（となる施策）は、いずれも一九世紀後半以来のイギリスにおける社会的施策の形成過程を総括するとともに、その新たな展開をめざす画期的な計画であった。それは、労働者階級の要求に応え、かつ総力戦体制を構築するというベバリッジ委員会の設置目的にかなうものであった。

二　福祉国家の光と影

第二次世界大戦の終了後、イギリスにおいては、このような社会保障の青写真にもとづき、一九四五年に家族手当法、四六年に国民保険法と国民保健サービス法、四八年には国民扶助法と児童福祉法が矢継ぎ早に制定されていった。このような一連の施策展開を前に、イギリスのカンタベリー大主教は、ナチスドイツは戦争国家（War State）であったがイギリスは国民の福祉を考える福祉国家（Welfare State）であると指摘した。これが福祉国家という名称のはじまりであるとされる。

こうして形成された福祉国家の概念をどのように規定するのか、それほど簡単なことではない。いろいろな議論があるが、およそつぎのような福祉国家理解が一般的なものとなっている。すなわち、福祉国家とは、市場経済、民主主義、完全雇用、義務教育、住宅政策などを基盤に、所得保障、社会福祉、保健、医療など人びとの生活に直接的に関わる施策が国の政策体系の機軸に位置づけられるような特有の政策体系をもつ国家のありようを意味している。このような福祉国家は、イギリスにはじまり、やがてイギリス連邦諸国、西ヨーロッパ大陸諸国、ノルディック諸国、さらにはアメリカ合衆国に波及し、わが国もまた一九七〇年代の初頭にその末尾に加わることになる。

ただ、その後の福祉国家の発展の過程は、必ずしも順風満帆とばかりとはいえなかった。イギリスでは、一九五〇年代を迎え国際的な緊張が高まるなかで、国家予算のありようをめぐり「大砲かバターか」をめぐり厳しい論争が展開された。軍事費の増大を認めるのか、それとも従来通り福祉国家政策の充実をはかるのか、というわけである。世論は大砲の側に傾き、福祉国家の建設は、財政的な困難のために一時期頓挫することになる。

それでも、世界的に高い経済成長がみられた一九六〇年代になると、福祉国家は再び勢いを盛り返した。その契機になったのは、一九六五年のエイベルスミスとタウンゼントによる『貧困者と極貧者』の刊行であった。[10]この調査報告書は、一九六〇年という時点において、全人口の一四・二%、全世帯の一七・八%が貧困状態にあることを指摘した。福祉国家は、その成立後一五年を経過しながら、貧困問題の解決に成功していなかったという事実が明らかになり、「貧困の再発見」とよばれた。

なかでも、高齢者の貧困は深刻な状態にあった。しかし、およそ四〇〇年に及んだ救貧法の厳しい資力調査の伝統がうみだすスティグマのため、多数の高齢者が救済を必要とする状態にありながら救済を受けることを忌避していた。このような状態を解消するため、イギリスは、従前の独立した制度としての公的扶助の位置づけを改め、年金を補足する補足給付制度を導入するとともに、預金の保有を認め、賃金条項を廃止するなどの改革を試みた。

また、他方において、児童の貧困を解消するため家族手当制度の改革が試みられた。その過程においては、手当の支給を貧困者層に限定しようとする選別主義と所得の制限を廃止し第一子からの支給を求める普遍主義とのあいだで激しい論争が展開された。最終的には、選別主義が論争を制し、家族手当は第二子から支給するという改正にとどまり、福祉国家政策の重要な転機になった。

一九六〇年代の後半には、福祉サービスに画期的な発展がみられた。イギリスでは、先にみたように、四八年には児童福祉法が制定され、また六三年の児童青少年法を通じて児童にたいする福祉サービスが独自の領域として発展してきていた。その一方において、高齢者や障害者についての福祉サービスは国民扶助の一領域として展開されてきた。しかし、戦後以来の人口構造、社会構造の変化、それにともなう家族構造の変化などのため、居宅で福祉サービスを必要とする人びとが増大してきた。

このような状況に対応し、かつ社会サービスを実施する地方自治体の部局相互間の対立や混乱を除去し、従前の福祉国家政策がもたらした中央集権主義化と官僚主義化の弊害を除去することを目的に、一九六五年にシーボームを委員長とする地方自治体と個別的社会サービスに関する委員会が設置された。同委員会は、六八年にシーボーム報告を提出し、そのなかで従来地方自治体の福祉局、児童局、保健局、住宅局、教育局などによって個別に実施されてきた社会サービスを、地方自治体に設立する地方自治体社会サービス局という単一の部局によって一元的、包括的に実施・管理することを提案した。この提案は、翌六九年の地方自治体社会サービス法の制定にもとづいて七一年に実現された。それ以後、この地方自治体社会サービス局によって実施される社会サービスは個別的社会サービス（パーソナルソーシャルサービス）とよばれるようになり、新たな発展が模索されることになる。

このように、イギリスの福祉国家政策は一九六〇年代を通じて顕著な発展をなしとげることになった。しかし、その発展は七〇年代のなかばの第一子から手当を支給する児童給付法の成立によってその頂点に達する。それ以後、それまでとは逆に、福祉国家政策は強い批判の対象に転化する。福祉国家を批判する人びとは、福祉国家は国民に多大な税金と保険料（両者の合計を国民負担という）を課すのみならず、国民の国家にたいする依存を助長し、経済の発展を妨げていると主張した。また、福祉国家は行政国家であり、巨大な官僚組織による中央集権主義、官僚主義の弊害を招いたと批判した。このような福祉国家批判の強まりを追い風に、一九七九年には福祉国家の縮減を公約するサッチャーがイギリス最初の女性首相として就任する。

他方、福祉国家体制にたいする批判には、このようなサッチャーに代表される批判とは別に、福祉国家は国家と個人を直結させる体制であり、それまで長い歴史のなかで人びとの生活を支えてきた民間の互助団体や救済団体などの中間組織、さらには地域社会そのものの空洞化をもたらしたとする批判が含まれていた。この観点に立つ福祉国家批判は、福祉国家による社会の空洞化を埋めるには、福祉社会の再構築が必要であり、福祉国家と福祉社会を車の両輪として位置づけ、その均衡のある発展をはかる必要があるとする議論を展開したのである。

このようなイギリスにおける福祉国家の発展と縮減は、施策の水準や質の違いを別にすれば、アメリカにおいても同様の経過をたどった。すでにみてきたように、アメリカは世界で最初に社会保障法という名称をもつ法律を制定した。しかし、イギリスに比べれば、その内容は決して十分なものではなかった。そうしたなかで、黄金の六〇年代とよばれた高度成長の時代には、アメリカにおいてもハリントンによる『もう一つのアメリカ』が出版されたことを契機に「貧困の再発見」が進み、ベトナム反戦運動、公民権運動などの盛り上がりを背景に、「貧困戦争（貧困撲滅運動）」が展開されることになった。たとえば、一九六五年には社会保障法に高齢者医療保険と貧困者医療扶助が追加され、一九七四年には同法第XX部によって福祉サービスの拡充が図られた。

こうして、アメリカにおいても一九六〇年代には福祉国家が成立した。それは、アメリカ人自身が自嘲気味に「半分福祉国家（セミウェルフェアステイト）」、「躊躇する福祉国家（リラクタントウェルフェアステイト）」とよぶように、内容的には甚だ不十分なものであった。それでも、個人主義、自己責任主義の強いアメリカ社会の伝統からみれば画期的な発展であったといって過言ではない。

しかし、そのアメリカにおいても、やがて福祉国家批判の時代が到来する。一九七九年のサッチャーのイギリス首相就任についで、一九八一年にアメリカ大統領に就任したレーガンは、スプートニクショックを克服するために軍事費を大幅に拡大し、その一方において福祉予算の削減（ウェルフェアカット）を断行した。

三　戦後社会福祉の展開

わが国の社会福祉は、第二次世界大戦に敗戦したのち、一九四五（昭和二〇）年の初冬から五一（昭和二六）年にいたる時期にかけて、かつてない大幅かつ深刻な制度改革を経験することになった。この制度改革には、明治初期の恤救規則以来わが国が築きあげてきた救済制度の伝統を継承しつつ改革が行われた内在的改革という側面と、アメリカを中心とする連合国軍総司令部（ＧＨＱ）の命令にもとづいて実施されていった外在的改革という二つの側面が含まれていた。それら二つの側面のうち、より決定的な意味をもったのは、周知のように、後者の側面であった。

ＧＨＱはわが国に駐留して以来、公衆衛生、年金（恩給）制度、困窮者救済制度の実態把握を行うとともに、それら諸制度の改革について多数の指令を出している。そのうち、その後のわが国の社会福祉のありようにもっとも大きな影響を与えたのは、一九四六年二月発行の「社会救済」とよばれる指令書であった。そのなかで、ＧＨＱは、わが国社会福祉の再構築を推進するにあたって遵守され、実現されるべき事項を列挙している。ＧＨＱ三原則ないし四原則とよばれるものである。三原則を構成するのは、「無差別平等の原則」、「公的責任の原則」、「必要十分（救済費非制限）の原則」である。「公的責任の原則」が「公私分離の原則」、「国家責任の原則」に分割される場合には、ＧＨＱ四原則と称される。

第二次世界大戦後の改革は、社会福祉の領域においてのみ推進されたわけではない。改革は、日本の「非軍事化」と「民主化」を求めるＧＨＱの基本的占領政策のもとにおいて、社会、政治、司法、経済、文化、教育など日本社会のあらゆる領域に及んで遂行された。このような占領政策を背景に推進された日本社会の全体に及ぶ改革は一般に「戦後改革」とよばれる。この文脈でいえば、敗戦直後に実施されたわが国社会福祉の改革、再編成は、社会福祉の領域において実施された戦後改革であり、その意味において「戦後福祉改革」と称することができる。

戦後福祉改革は、一九四六（昭和二一）年の生活保護法、四七（昭和二二）年の児童福祉法、四九（昭和二四）年の身体障害者福祉法、五〇（昭和二五）年の（新）生活保護法、五一（昭和二六）年の社会福祉事業法などの一連の施策の策定を通じて実施された。これらの法律は、直接的には戦後社会の大衆的窮乏に対応する生活支援施策として制定されていったものであるが、その過程を通じて、国家責任主義、無差別平等主義、機関委任事務と団体委任事務制度、措置（委託費）制度、社会福祉法人制度などを基軸とする戦後社会福祉の基礎構造が形成されていった。

その過程において特に重要な意味をもったのは、一九四八（昭和二三）年五月に日本国憲法が公布され、その第二五条第一項に生存権の規定が盛り込まれ、第二項には国はそのような生存権を保障するため社会福祉、社会保障、公衆衛生にかかる施策を実施する努力義務をもつことが明確に規定されたことである。第一項の生存権の規定は、すでにみたドイツのワイマール基本法の生存権の思想を直接的に継承するものであり、国民にたいする社会権的生存権の保障を意味していた。この規定により、すべての国民が社会福祉による公的扶助やサービスを、その基本的権利の一つとして受給し、利用することができるようになった。一九五〇（昭和二五）年に、四六（昭和二一）年に制定されていた生活保護法を大幅に改正して成立した（新）生活保護法は、その第一条において、生活保護の制度が日本国憲法第二五条第一項にいう生存権の承認と第二項にいう国の保障義務を具体化する施策であることを明確に規定していた。

一九五〇年代後半から六〇年代にかけての時期は、わが国にとっても高度経済成長の時代である。日本の経済が戦後の荒廃から復興、そして高度成長に転じたことを背景に、医療保険制度や年金制度の整備が進み、一九六一（昭和三六）年には国民皆保険皆年金体制が成立した。その一方において、社会福祉の領域においても、六〇（昭和三五）年には精神薄弱者福祉法、六三（昭和三八）年には老人福祉法、翌六四（昭和三九）年には母子福祉法が制定され、それまで社会福祉の主軸を構成してきた生活保護から福祉サービスが徐々に分離され、相対的に独自の領域を構成するようになる。

こうして、第二次世界大戦後の混乱期に生活保護を基軸に再発足したわが国の社会的生活支援施策は、一九六〇年代の前半には、一般所得階層に対応する社会保険、低所得階層に対応する福祉サービス、貧困階層に対応する生活保護という三層の構造をもつ施策体系に発展した。社会保険は稼得者の失業、疾病、高齢、死亡などの保険事故に起因する生活危険に対応し、従前生活水準を保障する所得保障制度である。生活保護は、最低生活の維持が困難な生活不能状態に対応して最低生活水準を保障する制度である。これにたいして、福祉サービスは、保護者の不在や困窮による要保護児童、そして障害者、高齢者の抱える生活困難に対応して生活資料や生活サービスを現物（リアル）の状態において提供する施策である。六〇年代以後、所得保障制度が整備されるにつれ、居宅による最低生活の維持が困難な要保護児童、障害者、高齢者などにたいして入所形態による生活支援を提供してきた福祉サービスは、次第に幼弱、障害、高齢などのもたらす生活困難に防貧的、予防的に対応する施策として発展することになる。

さらに、これらの施策の拡充に加え、一九七一（昭和四六）年には、それまでのわが国の社会保障に欠落しており、最後の施策ともよばれた児童手当制度が成立した。これによって、わが国の社会保障も、社会保険、児童手当（家族手当）、公的扶助（生活保護）、福祉サービスという四通りの施策をもって構成されることになり、先進西欧諸国における社会保障に肩を並べることになる。そして、その二年後、庶民宰相とよばれて登場した田中角栄は、七三（昭和四八）年をもって福祉元年と称すると宣言し、従前の経済成長至上主義から国民の生活、福祉の向上を政策課題の中心に据える方向に転換することを表明した。ここにおいて、わが国も待望の福祉国家の仲間入りを果たしたと喧伝された。

しかし、福祉元年を継承すべき福祉二年は、ついに到来しなかった。一九七三年の秋には中東諸国による石油管理政策の転換に端を発した第一次オイルショックが襲来し、わが国の高度経済成長は終焉の時期を迎えることになる。それまで五五年前後以来の高度経済成長の果実をもとに拡大されてきた社会福祉関連の施策、なかでも太平洋ベルト地帯に成立した革新自治体によって発展させられてきた老人医療費を中心とする各種医療費の無料化や在宅福祉サービスを中心とする各種の自治体独自の施策（単独事業）は、一転して明確な理念と目的に欠けるバラマキ福祉として経済界を中心とする保守勢力による強い批判を浴び、「福祉見直し」の対象にされていった。

七〇年代後半、わが国の政策基調は、高度経済成長から行財政改革へ大幅に転換する。この政策転換は、社会的生活支援施策のコンテクストにおいては、福祉国家から福祉社会への転換、というかたちで提起された。一九七九（昭和五四）年に策定された新経済社会7カ年計画は、イギリスやドイツは高負担高福祉の福祉国家政策に偏りすぎ、そのためイギリス病や西ドイツ病とよばれるような経済の停滞、不況を招いたとしてこれを批判するとともに、わが国は「福祉の含み資産」ともいえる家族や地域共同体による親族協救活動や相互扶助活動を活用する「日本型福祉社会」のもとに、中負担中福祉の国家をめざすべきであるとして、国政には基本的な方針転換が必要であると指摘した。

四　社会福祉基礎構造改革

わが国における福祉国家政策の見直しと改革は、このような日本型福祉社会論を継承するとともに、一九八二（昭和五七）年に成立し、民間活力の活用、市場原理導入の必要性を強調した中曽根康弘内閣による行財政改革のなかで一挙に加速された。

財政逼迫が年々拡大するという状況のなかで、まず一九八二（昭和五七）年に社会的入院を続ける高齢者を医療保険から分離し、医療費の公費負担増を回避するため、老人保健法が制定され、早期退院を促進する中間施設として老人保健施設が設立された。続いて、八五（昭和六〇）年には財政逼迫を克服する本格的、恒久的な方策として国の地方自治体にたいする補助金を削減する施策が導入される。従来、社会福祉については国が補助金として一〇分の八を負担し、残りの一〇分の二を施策によって都道府県単独で負担するか都道府県と市町村が一〇分の一ずつを負担してきた。これを改め、生活保護についてはそれまで国が一〇分の八を負担してきていたものを一〇分の七・五に削減し、福祉サービスについては国が一〇分の五、都道府県や市町村が一〇分の五ないし一〇分の二・五ずつを負担することとした。福祉サービスの場合、都道府県や市町村は一挙に従来の二・五倍の負担を求められたことになる。

翌年の一九八六（昭和六一）年には、それまで国の機関委任事務として実施されてきた社会福祉にかかる事務が、都道府県や市町村の団体（委任）事務に移管されることになった。こうして、戦後福祉改革のなかで公認され、確立された社会福祉における国家責任主義が揺らぎはじめ、社会福祉の地方分権化、社会福祉にかかる権限の地方委譲、民間活力活用の時代がはじまったのである。

他方において、福祉サービスの提供を社会福祉法人以外の民間機関や団体に委託することを可能にする施策、さらには民間企業の事業者としての参入を可能にする施策が導入されていった。社会福祉の枠外にある有料老人ホームについても、事業運営の一部に公的な規制を課すことと引き換えに、その設置を誘導し、促進する施策が導入された。また、一九八七（昭和六二）年には、そのような民間化、民営化の施策と関連させるかたちで福祉サービスの品質確保を目的に社会福祉士及び介護福祉士法が制定された。社会福祉専門職の国家資格化が実現したのである。社会福祉専門職の法制化、国家資格の制度化は、社会福祉の関係者にとって長いあいだの念願であった。社会福祉の民間化、民営化の促進を直接的な契機としていたとはいえ、それがやっと実現したのである。

そうしたなかで、八〇年代後半、わが国社会の高齢化は一層進行し、一九七九（昭和五四）年の新経済社会7カ年計画において「福祉の含み資産」として期待された家族も地域社会もその弱体化が際立ってきた。しかも、必要とされる対応策を支えるべき財政もまた逼迫の度を強め、新たな対応策を必要とする状況に立ち至った。八八（昭和六三）年、政府は、窮迫の度を深める国家財政の立直しを図る突破口として一般消費税の導入に踏み切った。

翌一九八九（平成元）年、その一般消費税の導入と引き換えるかたちで「高齢者保健福祉推進十か年戦略（ゴールドプラン）」が策定される。ついで、九〇（平成二）年には、老人福祉法等の一部を改正する法律が制定（社会福祉関係八法改正）され、市町村と都道府県に老人保健福祉計画の策定が求められることになった。老人保健福祉計画の策定は、高齢者保健福祉の領域に関わらず、社会福祉の全領域において、従来の事後対応的、後始末的な社会福祉行政を、中長期的に将来を展望しつつ施策を策定し、実施する計画行政に転換させる重要な契機となった。以後、九四（平成六）年には、保育をはじめとする児童福祉サービスの計画化を意味する「エンゼルプラン」が、翌九五（平成七）年には同様に障害者福祉サービスの計画化を意味する「障害者プラン」が、それぞれ策定される。

他方、社会福祉関係八法改正によって、高齢者福祉や障害者福祉に関する事務、児童福祉の在宅サービスに関する事務など、社会福祉に関する権限と事務の一部が地方自治体なかでも市町村に委譲されることになった。これらの施策の導入は、社会福祉施策の計画化とともに、国の財政負担を削減し、同時に一部権限を市町村に委譲することによる国家財政や国レベル行政のスリム化を促進する改革を意味していた。

こうした状況のなかで、一九九七（平成九）年には厚生省に設置された社会福祉事業等の在り方に関する検討会が「社会福祉の基礎構造改革について（主要な論点）」を提出し、翌九八（平成一〇）年にはそれを受けるかたちで中央社会福祉審議会社会福祉構造改革分科会が「社会福祉基礎構造改革について（中間まとめ）」を公にした。これらの報告書にいう社会福祉の基礎構造というのは、先に言及しておいたように、第二次世界大戦後の戦後福祉改革のなかで形成された社会福祉の基本構造（スケルトン）のことである。報告書提出の背景には、そのような基礎構造が、戦後五〇年を経過するなかで出現した人口構造、家族構造、産業構造の変化や地域社会（共同体）の変容、そしてそれにともなう福祉ニーズの多様化、複雑化、高度化を含む著しい拡大について、旧来の方式によっては適切に対応しきれない状況にあるという深刻な認識が存在していた。

二〇〇〇（平成一二）年には、このような認識をもとに、社会福祉法の改正（社会福祉事業法の改正改称）が実施された。ただし、それに先行して、すでに九七（平成九）年には児童福祉法の改正と介護保険法の制定が行われていたことに留意しなければならない。社会福祉基礎構造改革の内容については、児童福祉法と介護保険法、なかでも介護保険法の制定を含めて考える必要がある。

介護保険法、社会福祉法の成立は、サービスや提供事業者の利用者による選択と自己決定を含む契約制度、財務諸表をはじめとする経営情報の公開、サービスの第三者評価、苦情対応制度、地域生活自立支援（権利擁護）事業、地域福祉計画の策定などを実現させた。なかでも、契約制度の導入は、従来の措置制度に代わる制度を採用したものであり、基礎構造改革を象徴する施策となった。

このような内容をもって推進された社会福祉基礎構造改革は、一面において利用者による選択や契約を認め、利用者民主主義を促進する施策として歓迎された。しかし、並行して進められた改革のうち、介護サービスにおける社会保険方式の採用、介護サービスと後の障害者サービスにおける定額の応益負担主義の導入、サービス提供事業にたいする会社法人や個人事業者の参入の容認に関連して、利用者の負担増を前提にし、かつ社会福祉に市場原理を導入する措置として強い批判を受けることになった。

第6節　社会福祉の二一世紀

これまでみてきたように、二〇世紀は、大勢としていえば、国家福祉の時代であった。しかし、この趨勢も一九七〇年代を頂点にして下降線をたどる。八〇年代以降になると、資本主義経済が低迷し、新自由主義が急速に勢力を拡大するという状況のなかで、福祉国家はその母国イギリスをはじめとして、ヨーロッパ、アメリカ、そしてわが国においても批判の対象に転化していった。

他方、八〇年代になると東ヨーロッパ社会主義体制の崩壊がはじまり、ついに一九九一年にはソビエトロシア連邦が崩壊し、一九一七年以来の社会主義国家が消滅することになった。資本主義諸国においては、対外的には東欧における社会主義諸国の存在、対内的には強力な社会主義の理念や思想、労働組合運動や社会運動というかつての対抗軸、批判勢力の顕著な弱体化が進み、新たな時代の幕開けとなった。

これら二つの要因、資本主義体制内部における新自由主義の勃興と社会主義の後退という歴史的な背景のなかで、二〇世紀から二一世紀への世紀転換期は、将来において社会福祉における歴史的な転換の時代として位置づけられることになろう。社会福祉における新しい時代がはじまったのである。

こんにち、そのような世紀転換の時期からすでに二〇年に近い年月が経過している。以下、この間の社会福祉の展開について概略を整理しておきたい。

一 社会福祉における第三の道

われわれは、この間の社会福祉の展開を、基本的には、社会福祉における第三の道として把握することにしたい。「第三の道」という用語は、もともと相互に対立する自由主義と社会主義にたいする社会民主主義の追求という意味をもって提起された言葉である。それが二〇世紀から二一世紀への世紀転換期において脚光をあびることになったのは、イギリスにおいて、サッチャー以来の二〇年に近い保守党政権の時代を経て一九九七年に成立したブレア労働党政権が、みずからの政策構想をアピールするため標語としてこの言葉を使ったことによる。

ブレアの政策構想は、産業界との調和、労働組合主義からの離脱、機会の平等を基本的な理念とし、七〇年代までの労働党の政策（旧い社会民主主義）や八〇年代のサッチャー政権の福祉国家批判を基軸にする新自由主義政策とは区別される第三の道として、近代化された社会民主主義の確立を標榜した。ブレアの第三の道は、「平等」「万人にたいする機会」「責任」「コミュニティ」を基本的な価値ないし理念とし、政府の責務を介入を排して条件整備にとどめ、権利と義務、契約を尊重する市民社会の建設、公民のパートナーシップと分権化による地方自治体、地域社会を重視する政策にもとづいた「新たな福祉国家」の建設をめざすものとして受けとめられた。このようなブレアの政策は、当初は社会民主主義の新たな方向としてドイツやフランス、アメリカにおける中道左派政権の成立にも影響を及ぼしたが、しかし徐々に結果の平等よりも機会の公平や公正、公平を重視する第三の道は、リベラルや社会民主主義というよりも新自由主義寄りの政策として批判を浴びることになる。

先にみた、一九九〇年代以来のわが国における社会福祉基礎構造改革は、世界史的にいえば、このようなブレアの第三の道政策とほとんど重なりあっている。むしろ、基礎構造改革は第三の道に範をとった改革というべきものであった。実際、八〇年代の中葉以来、わが国においても、地方自治体にたいする補助金の削減と権限の委譲、措置方式から選択と自己決定による契約方式への転換、応益負担主義の導入、福祉サービス提供事業の民間セクターや民営セクターへの移管、福祉サービスの第三者評価、苦情対応制度、地域生活自立支援（権利擁護）事業、地域福祉計画の導入などが推進されてきた。従来の国家の責任と直接介入による社会福祉の運営管理システムがレボリューション、分権化、民間化、民営化による新しいシステムに全面的に移管されていった。基礎構造改革を通じて、利用者の利用権、選択権を擁護しつつ、同時にその自己責任を強調し、費用負担を拡大するという二つの側面をもつ改革が推進されてきたのである。

もとより、第二次世界大戦以後の福祉国家的政策に功罪二つの側面があったことは否定しがたいことであろう。社会責任主義の到達点ともいえる福祉国家政策が、一方において福祉集権主義、福祉官僚主義を醸成し、国による補助金行政が民間セクターをスポイルするような側面をもったことは事実である。また、ある種の国家依存主義の風潮をうみだしてきたことも事実である。そこには改革が必要とされる。

しかしながら、一九九〇年代から二〇〇〇年代の改革のすべてが適切なものであったかどうかは別の問題である。適切な改革もあれば、そうでない改革もある。一つの改革にも適切な側面と弊害をうむ側面がある。契約方式の導入などはその典型であろう。契約方式を導入した介護保険は、一方において介護サービスの種別や事業者を増加させ、利用の機会を拡大することによって高齢者の生活の安心、安全を増進することに貢献した。その反面、選択と契約による利用機会の拡大は介護保険財政を圧迫することになり、介護保険料と利用者負担の額は年々引きあげられるという状況がうみだされた。

このような状況は、戦後以来の社会福祉発展の延長線上において捉えれば、大きな後退として映ることになろう。しかし、さりとて、旧来の社会責任主義路線を維持するというだけでは、政策としての説得力をもちえず、成果を期待することも不可能である。そこに登場してきたのが、第三の道にもなぞらえられる構想であった。社会福祉における第三の道は、自己責任主義の復活を強調する新自由主義と国や社会の責任の堅持を求める社会責任主義とのせめぎあいのなかからうみだされた妥協の産物である。しかし、同時に、それは新自由主義に対抗しつつ、新しい社会責任主義のありようを模索する試みとしてうみだされてきたという側面をもっている。そのことを踏まえつつ、二一世紀社会福祉の基本的な動向について整理しておきたい。

二　ウェルフェアからワークフェアへ

第三の道的な改革は多様な側面をもっているが、まず社会福祉のみならず多様な社会的施策の基軸となる政策理念の転換についてとりあげる。一九九〇年代なかばにはじまるウェルフェア（社会福祉）からワークフェア（就労福祉）への移行である。社会福祉史における就労の位置づけについていえば、一方には救済と懲罰的、強制的な就労を結びつけてきた救貧法的な施策があり、他方には就労と救済を分離し、居宅において一定水準の生活を保障すべきとする自立生活支援的な施策がある。前者が自己責任主義的な施策であるとすれば、後者は社会責任主義的な施策である。ウェルフェアからワークフェアへの移行は、社会責任主義から自己責任主義への回帰という側面をもっている。

ウェルフェアからワークフェアへの移行を象徴する最初の施策は、アメリカの貧困母子政策の転換である。一九九〇年代の中葉のアメリカにおいて、貧困母子家庭にたいする経済的保護と就労支援施策とを結合する改革が実施された。社会保障法に規定する母子扶助を受給する母親が五年を経過してなお就労していない場合、扶助の給付を廃止するという措置が導入されることになった。ウェルフェアとしての扶助を就労の強要を梃子とするワークフェアをもって置き換えるという措置である。

このような就労支援施策の導入は、一九九〇年代なかば以降、わが国の母子福祉、高齢者福祉、障害者福祉の領域においても積極的に推進されることになった。障害者福祉の領域を例にとろう。障害者の雇用を促進する施策の初出は一九六〇（昭和三五）年にはじまる。二〇〇六（平成一八）年以降は、身体障害、知的障害、精神障害（発達障害を含む）を対象に、事業の経営者に一定の比率において障害者の雇用を義務づける障害者雇用率制度とその比率を達成することができない事業者に一定の納付金を課す障害者雇用納付金制度によって、障害者の雇用を促進する施策が展開されている。通常の雇用契約を基本に、雇用者に賃金稼得による自助的生活の維持を求める施策である。こうした施策は雇用施策の一部分として実施されているものであるが、雇用契約による就労が困難な障害者については、社会福祉の一環として就労を支援する施策が実施されている。就労移行支援事業、就労継続支援A型事業、就労継続支援B型事業を内容とする障害者総合支援法による福祉サービスとしての就労支援施策がそれである。

就労支援による生活の安定という構想はホームレス状態にある人びとや生活困窮者施策にもみられる。むしろ、これらの人びとにたいする対応は就労支援による自立の助長が基本になっているというべきであろう。わが国においてホームレス状態にある人びとの存在が話題になりはじめたのは一九八〇年代末のバブル崩壊以後とされているが、不況が長引いた九〇年代を通じて増加し続け、二〇〇二（平成一四）年にホームレスの自立の支援等に関する特別措置法が制定された。さらに、二〇〇八（平成二〇）年のリーマンショック（二〇〇八年金融危機）による非正規雇用等に関わるワーキングプアの増大に対処するため、より包括的な施策を展開することをめざして二〇一三（平成二五）年に生活困窮者自立支援法が制定された。これによって、緊急一時宿泊施設の提供、自立相談支援事業、住居確保給付金、一時的生活支援事業などの福祉的サービスとともに、トライアル雇用事業、ホームレス等就業支援事業、日雇労働者等技能講習事業からなる雇用推進施策が実施されることになった。

また、二〇〇〇年代以降、少子化傾向が顕著になり、人口の絶対的減少が現実化するという状況のなかで、二〇〇三（平成一五）年の少子化社会対策基本法と次世代育成支援対策推進法をはじめ、〇九（平成二一）年の子ども・若者育成支援推進法、一二（平成二四）年の子ども・子育て支援法、一七（平成二九）年の育児休業、介護休業等育児又は家族介護を行う労働者の福祉に関する法律（一九九一（平成三）年の旧育児休業等に関する法律）の改正など、子ども支援、子育て支援を内容とする施策が矢継ぎ早に策定された。いずれも、視点は子どもの生活とその支援に向けられているようにみえるが、その実、あるいはそれ以上に、施策の課題には将来労働力の源泉としての子ども人口の確保、子育てや介護に従事する女性労働力の確保、労働市場への復帰など就労を支援するという側面が含まれている。

このような障害者、高齢者、女性労働者などの個別的な課題の背景には、一九九〇年代以来の経済のグローバル化にともなう企業の海外展開、派遣労働等による非正規雇用の一般化、賃金格差の拡大、人口構造や家族構造の変化によって、六〇年代以降に生活支援施策の前提とされてきた終身雇用、年功序列型賃金体系、成人男子勤労者（父親）による家族の扶養などの雇用や賃金の形態、生活構造の崩壊や弱体化という要因がある。個別的な課題を解決するためには、まず雇用形態の規制、賃金の水準や形態の改革など雇用問題の根幹にかかわる基幹的な施策の展開が必要とされる。それがあって個別領域の施策も成果をあげることが可能となる。

加えて、就労支援施策に関わって、この時期、二〇一〇年代前後からベーシックインカム（基礎所得保障）についての議論が展開されることになった(11)。政府が国民のすべてに最低生活に必要とされる金額を現金給付として支給するという施策のことであるが、心身の状況その他に多様な特性をもつ人びとに一律に労働市場による就労とそれによる自立を求めるよりも、一定の生活費を支給し独自の生活維持の形態を可能にすることが望ましいうえに、行政経費も安上がりであるとされる。他方、ベーシックインカムは労働意欲を削ぎ、怠惰を助長するという批判も強い。資本主義経済システムを前提にする社会のなかで労働によらずとも必要に応じて所得を確保する（能力に応じて働き、必要に応じて取る）ことを可能にする生活システムが容認されうるかどうか、議論すべきことは多い。しかし、ウェルフェアからワークフェアへの移行を求める政策志向が一般化するなかで、ベーシックインカム論が労働の意義、就労による生活維持の適否などについて改めて考える一石となったことはたしかである。

三　社会福祉のデボリューション

ブレアの第三の道構想には、福祉国家政策を推進する過程で肥大化してきた国（中央政府）の権限を地方自治体に移管することや、国に集中してきた権限の一部を民間（私）に移管し、民間の活力を導入することで行政の活性化、効率化を図る新たな公民関係（パブリック・プライベート・パートナーシップ）を構築することが含まれていた。ここではそのような改革、すなわち権限の下方委譲（分権化）と民間委譲（民間・民営化）を社会福祉のデボリューションと捉え、その意義について考察する。

さて、そのようなブレアの構想のうち、地方分権化については、わが国においては、第三の道の提起に先立って、しかも社会福祉の領域において先導的に実施されてきた経緯がある。わが国の社会福祉においては、すでに言及したように、八〇年代の中葉、中曽根政権下の行財政改革（増税なき行財政改革）の一環として、八五（昭和六〇）年には社会福祉の費用の一〇分の八を負担してきた国の負担を、生活保護を除いて、一〇分の五に引き下げるという措置が講じられ、翌八六（昭和六一）年には従来の機関委任事務として実施されてきた社会福祉関係の事務を生活保護にかかる事務を除き、団体事務に改める措置が導入された。

八六年の改革によって導入された団体事務化については、制度改革当初はその性格に明確性に欠けるところがあった。しかし、一九九九（平成一一）年に制定された地方分権一括法によって従来の委任事務そのものが廃止され、地方自治体による事務は自治体固有の事務である自治事務と特定の法律に基づいて自治体が引受ける法定受託事務に改められることになった。社会福祉に関していえば、生活保護は法定受託事務になり、それ以外の福祉サービスはすべて自治事務として位置づけられることになった。

こうした一連の福祉行政改革については、当初は社会福祉の費用負担について国の責任を回避し、地方自治体に負担を押し付けるための方便ではないかという根強い批判がみられた。実際、国と自治体の費用負担の割合の見直しが先行し、すでに前年度の八五年に実施されていたこともあり、国の押し付けという批判も必ずしもいわれのないものとはいえなかった。また、福祉サービスの団体事務化については、地域間格差を容認するものであり、国の責任による社会福祉のナショナルミニマムの確立という理念に逆行するものという批判があった。

しかし、地方分権一括法にもとづき、生活保護についてはそれが法定受託事務として位置づけられたことにより、ナショナルミニマムを維持するという国の責任がそれなりに担保されることが明確になった。他方、福祉サービスについては、自治体が独自に担うべき自治事務として位置づけられたことにより、地域住民の生活に近い施策実施主体によるコミュニティオプティマム（地域社会最適水準）の確保が求められることになった。さらにいえば、後にみるように、社会福祉、なかでも福祉サービスの領域における地方分権は、基礎自治体である市町村のみならず住民組織としての地域社会をも巻き込むような、新たな段階、状況になっている。

イギリスを先例とする新しい公民関係であるＰＰＰ（パブリック―プライベート・パートナーシップ）に関しては、二〇〇三（平成一五）年の地方自治法改正によって指定管理者制度が導入された。この制度は行政処分の一つである「指定」という手続きによって公の施設の管理権限を指定管理者の指定を受けた者に委任するという制度であり、公の施設について指定管理者が行政による管理を代行することになる。このため、指定管理者は業務委託と異なり、定められた枠組のなかで地方公共団体の承認をえてみずから料金を設定し、個々の使用許可を行うことができる。業務委託に比べれば、指定管理者の権限はかなり拡大している。こんにちでは多数の社会福祉施設が指定管理者制度によって運営管理されるというかつてない民営化の状況がうみだされている。

ただし、ＰＰＰによる指定管理者制度だけが、新しい行政システムではない。わが国においては、中曽根政権下での日本国有鉄道をはじめとする国の事業が規制緩和という名目で民営化されてきており、小泉政権による郵政の民営化もその一例である。このような規制緩和は、二〇〇〇年以降においても、積極的に推進されてきた。その結果として、かつて公設（国、都道府県、市町村立）か社会福祉法人によって運営されてきた社会福祉施設はいまでは多様な公私の設置主体ないし運営主体によって運営管理されるようになっている。例えば、二〇一六（平成二八）年の厚労省の調査によれば、保育所は公立、社会福祉法人、一般社団法人等、一般財団法人等、学校法人、宗教法人、ＮＰＯ、株式・有限会社、個人、その他の一〇種類の設置主体によって運営されている。同じ年の厚労省の調査によれば、社会福祉施設の経営主体は、公営、社会福祉法人、医療法人、公益法人（含日本赤十字社）、営利法人（会社法人）、その他の法人、その他からなり、比率の多いものからいえば社会福祉法人が三八・五パーセント、公営が二四・四パーセント、営利法人が二三・七パーセントとなっている。営利法人の比率については、社会福祉施設のなかに会社組織の有料老人ホームが多数含まれていることによるものと推測される。しかしながら、事業種別として入居型（生活型）施設経営への参入が認められていないとはいえ、近年における営利法人による社会福祉参入の増加は疑いを入れず、瞠目に値する。

さらに、重要な意味をもったできごとは、規制緩和の拡大、社会福祉事業の営利的市場への開放が求められる状況のなかで、戦後の社会福祉において都道府県・市町村とともに社会福祉施設の運営を担ってきた社会福祉法人が批判の対象に転化したことである。かつては第二行政とも揶揄されてきた社会福祉法人制度であるが、それが規制緩和、市場（民営）化を求めるステイクホルダーによって社会福祉事業への参入規制、参入障壁をもたらす制度として批判に曝されることになったのである。

二〇一四（平成二六）年に厚労省に設置された社会福祉法人の在り方等に関する検討会は、社会福祉法人制度の問題点として「地域ニーズへの不十分な対応」「他の経営主体との公平性」「ガバナンスの欠如」「財政状況の不透明性」「巨額な内部留保」をあげている。二〇一六（平成二八）年には、この指摘をうけて社会福祉法の改正が行われ、社会福祉法人は改めて「地域における公益的なサービスを非営利事業として行う主体」であることが確認されることになった。もとより、一部の社会福祉法人の運営に瑕疵や欠陥がなかったわけではない。しかし、社会福祉への参入を求める市場化圧力に対抗するため、社会福祉法人は認可の対象になっている社会福祉事業以外に公益的なサービスを実施することになったのである。

以上みてきたような規制緩和、市場化の要請による社会福祉供給体制の多元化、多様化が社会福祉供給体制のルーティン化、あるいは硬直化を改善する大きな刺激となったことはたしかである。しかし、社会福祉供給体制の多元化、多様化が急激に拡大するなかで、社会福祉が本来もつべき公共性、定量的、定性的な品質、利用者の人権保障等の要件がどこまで確保されているのか、慎重なチェック、評価が必要な状況がうみだされている。

四　社会福祉援助提供システムの新たな展開

二〇〇〇年以降の社会福祉を通じて、社会福祉援助の方法に大きな変化がみられた。そのうち、ここでは政策的な動向と関わる部分について取りあげておこう。

取りあげる事象は、トピックス的にいえば、ワンストップサービス、分野横断的サービス、地域包括ケア、地域包括支援体制（全世代対応型地域包括支援センター）、そして政策手段としての地域福祉である。

社会福祉領域におけるワンストップサービスは、非正規雇用労働者（派遣労働者）を中心とする簡易宿泊所生活者、路上生活者にたいする支援のなかからはじまったといってよい。最初のワンストップサービスは、二〇〇九（平成二一）年一二月にハローワークを窓口に実施された。簡易宿泊所や路上で生活する状態にある人びとは、求職、生活費、生活保護、住居、傷病、孤立などさまざまなニーズを抱えており、関連するサービス提供機関は複数にわたり、個別のサービス機関とコンタクトをとるだけで相当の時間と労力を必要とする。また、いわゆるサービス機関の窓口によるたらい回しに直面するという状況も起こりやすい。それらを避けるために、一つのサービス機関で複数のサービスにかかる相談や手続きを行うという手法がワンストップサービスである。さらに、このワンストップサービスは必然的に、職業紹介、生活費貸与、生活保護、住宅、保健医療、日常生活相談などの多様な分野を横断して行う分野横断的（われわれの用語では多分野横断的）な支援となる。

これらワンストップサービスや多分野横断的サービスというサービス提供の方法は、従来の対象別の個別分野ごとの施策（プログラム）として行われてきたサービス提供方法のもつ欠陥、いわゆるたらい回しや制度の谷間問題に対処する方法として、障害者、高齢者など他の領域においても新しいサービス提供のありかたとして導入されることになった。たとえば、介護の領域では、ワンストップサービスや多分野横断的サービスのかたちをさらに発展させたともいえる地域包括ケアシステムが導入された。この介護領域でいう地域包括ケアシステムは、地域社会を基盤に、住まい、医療、介護、予防、生活支援を一体的に提供するシステムを意味し、二〇一〇（平成二二）年頃から徐々に導入されてきた。

さらに、二〇一五（平成二七）年に公にされた厚生労働省の「新たな福祉サービスのシステム等のあり方検討プロジェクトチーム」による報告書「誰もが支え合う地域の構築に向けた福祉サービスの実現――新たな時代に対応した福祉の提供ビジョン――」は、地域で生活する高齢者、障害者、子ども、生活困窮者などすべての人びとを対象とする新しい地域包括支援体制（全世代・全対象型地域包括支援体制）を実現する必要があるとした。報告書は、この新しい支援体制について、先にみた路上生活者などの生活困窮者にたいする自立支援制度、高齢者にたいする地域包括ケアシステムなどの包括的な支援システムを、「制度ごとではなく地域というフィールド上」に展開し、かつ生活困窮者や高齢者以外に広げるシステムとして特色づけている。新たな支援体制は、地域に住むすべての人びとの多様で複雑なニーズに対応するとともに、わが国の社会福祉に最後に残された「制度の狭間」問題に対処するシステムとして位置づけられている。

二〇一七（平成二九）年九月には、「地域における住民主体の課題解決力強化・相談支援体制の在り方に関する検討会（地域力強化検討会）」の報告書「地域力強化検討会最終とりまとめ～地域共生社会の実現に向けた新しいステージ～」が、提出された。この報告書は、われわれがこれまで取りあげてきた二〇〇〇年以降の社会福祉の展開、なかでも社会福祉援助提供システムの展開を踏まえ、より地域福祉さらには「地域共生社会」の実現という包括的な観点から、地域社会をベースにしたこれからの社会福祉のありようをとりまとめたものとして理解することができる。しかし、そこで提起されている個々のテーマについて考察することはここでの課題ではない。ただ、社会福祉史の分析という観点からみたとき、報告書が地域共生社会の実現を達成すべき課題としているにもかかわらず、提言の前提となる地域社会そのものについての議論が十分に展開されていないという事実には留意しておかなければならない。

ところで、少し遡及することになるが二〇〇七（平成一九）年には、厚労省の「これからの地域福祉のあり方に関する研究会」による報告書「地域における『新たな支え合い』を求めて――住民と行政の協働による新しい福祉――」が提出されている。地域福祉という文脈でいえば、地域力強化検討会の報告書は、このあり方に関する研究会の報告書（以下、あり方研究会報告書）を発展的に継承するものと理解して差し支えないであろう。

あり方研究会報告書は、地域福祉の議論をはじめるにあたり、わが国が農業社会であった時代においては、人びとの暮らしは「相身互い」、「お互いさま」といった相互扶助によって支えられていたが、工業化、都市化が進むなかで、地域社会に代わって行政による福祉サービスが高齢者や、障害者、子ども、子育て世帯の支援を行うようになった、という歴史認識から出発している。同報告書によれば、その後公的な福祉サービスは飛躍的に発展した。しかし、分野ごとに発展した福祉サービスでは地域住民のすべてのニーズに対応することはできず、またそれが適切ともいえない状況や制度の谷間的な問題も残されている。他方、地域社会のなかには主体的に福祉に参加し、住み慣れた地域のなかで生きがいや社会的役割をみいだすことで自己実現を図ろうとする住民が登場してきており、そのような人びとの援助を受ける者も住み慣れた地域に住み、そこで自己を実現し、尊厳ある生活を行うことが可能になっている。これらのことを踏まえて、新しい地域での支え合いを進めるための地域福祉のあり方についての検討が必要になっている。

以上は、あり方研究会報告書の出発点となっている課題意識の要約である。個別的な事項についていえば、あり方研究会の課題認識が誤っているというわけではない。しかし、同報告書が地域福祉、地域での支え合いの基盤に置いている地域社会は、かつての農業を中心とする時代の地域社会とどのような関係にあるのか、かつての農業社会をそのまま継承しているのか、それとも何か新しい地域社会を想定しているのか、説明されているわけではない。福祉に参加し、そこに生きがいや社会的役割の手掛かりを求め、地域社会のなかで自己実現をめざそうとする人びと、という文言がみられるが、現代において、地域福祉を支えるべき地域社会のありように関する議論として十分であるとはいえないであろう。

翻って、地域力強化検討会の報告書においては、さすがに農業時代の地域社会やそこにおける相互扶助についての言及はなされていない。しかし、こんにちの地域社会をどのように捉えるかということへの言及もみられない。地域創生の時代において、各地で地域づくりの取組みが進められているという指摘のなかに、地域力強化検討会の地域社会認識が含まれていると理解するべきであろうか。ただ、最終取りまとめの副題には、地域共生社会の実現が謳われている。実体としての地域共生社会というよりも理念、目標としての地域共生社会ということであろうが、地域社会そのものについての十分な議論が必要であった。それがあることによってはじめて、地域をベースにした社会福祉のありようはより現実性を帯びたものとなり、地域共生社会にもリアリティを獲得する道が開かれたと思われる。

第7節　社会福祉の歴史分析——回顧と展望

長かった社会福祉史分析の旅路も漸く最終コーナーに差しかかった。最後に、これまでの考察を踏まえながら、社会福祉史分析の方法、すなわち視点や枠組の問題を中心におきながら、回顧と展望を試みておきたい。

一　視点と枠組の再考

われわれは、社会福祉の歴史研究をはじめるにあたって、基本的にはつぎのような視点と枠組に依拠してきた。まず、社会福祉は、近代以降の、共同社会を中心に、資本主義社会、市民社会、文化社会という四通りの位相から構成されている総体社会の歴史的、社会的な所産として成立し、展開してきた施策（政策、制度、援助）の体系としてこれを捉えることが可能である。すなわち四相構造社会アプローチである。

そのことを踏まえつつ、歴史的な経過と経緯に即していえば、そのような社会福祉は、❶共同社会を基盤とする相互扶助、慈善活動、救貧的施策という家父長主義的な救済事業の時代、❷資本主義システムの興隆、確立の過程における共同社会の蚕食、破壊を前提とする自由主義的、自己責任主義的救貧事業と慈善事業の時代、❸協同社会（労働者という存在形態を組み入れた新たな共同社会）の復権とそれによる資本主義システムの部分的修正の所産としての社会事業の時代、そして❹福祉国家的施策の一環としての社会福祉の時代という四通りに区分することができる。

テンニエスの歴史社会の類型論を援用していえば、社会福祉は共同社会（ゲマインシャフト）を基盤とする家父長主義的な慈善事業と救済事業、資本主義システムを骨格とする利益社会（ゲゼルシャフト）を基盤とする自由主義的救貧事業、共同社会の復権と資本主義システムの部分的修正によって形成される協同社会（ゲノッセンシャフト）を基盤とする社会事業、そしてその普遍主義化として展開してきた社会福祉としてこれを把握することができる。(12)

われわれは、このように基本的な視点と枠組を設定するとともに、課題状況についての理解をよりしやすいものにするため、湯浅誠のイス取りゲームに仮託した言説を援用してきた。われわれなりの解釈でいえば、イス取りゲームにおいてイスを確保することができなかった参加者（生活の維持に困難や障壁のある人びと）について、その責任をイスを取れなかった参加者個人の能力や資質、行動様式などに求めるのか、それともイスの数を設定する側、つまり人びとの生活に責任をもつべき社会や国家の側に求めるのか、という比喩である。ややシンプルな枠組ともいえるが、自己責任主義と社会責任主義の相剋として社会福祉の歴史を捉えるための補助線として援用してきたところである。

さて、それでは、このような、われわれが社会福祉史分析をスタートさせるにあたって設定した視点と枠組は、どこまで有効性をもちえたであろうか。現代社会福祉史の分析枠組としてはどうか、将来を展望する枠組としてはどうであろうか。われわれは、前六節において、われわれが経験してきた二〇世紀から二一世紀へという世紀転換期は、わが国の社会福祉のみならず、イギリスやアメリカ、ヨーロッパを含むグローバル社会の社会福祉にとって、社会福祉の基軸、基本的な方向性にかかわるような大きな転換の起こった時代として記録されることになろう、と指摘した。このような転換期とそれ以後の社会福祉の展開を直視し、その歴史的な意義を理解するためには、われわれが当初において設定した視点と枠組には、それなりの修正が求められることになろう。

たしかに、われわれが設定した社会福祉把握の視点と枠組は、近代市民社会の萌芽期から一九八〇年代頃までの社会福祉の歴史的な展開を把握することにおいては、一定の有効性をもちえていた。近代以降の社会福祉は、産業革命以前における共同体的、家父長主義的な慈善事業と救済事業、産業革命を契機とする市場社会（利益社会）発展期における自己責任主義的な救貧事業、一八八〇年代から一九四〇年代にかけての社会責任主義に依拠した社会事業、そしてその発展形態としての社会福祉という展開の段階を踏んできたといってよい。なかでも、第二次世界大戦以後一九七〇年代までの三〇年間は、国民の生活にたいする国家（政府）の責任が強調され、先進資本主義諸国が挙って福祉国家政策を推進した時代であった。

しかしながら、その国家責任主義も七〇年代中葉がピークであった。黄金の六〇年代を通じて世界的に福祉国家政策を支えてきた資本主義経済は、七〇年代になると一転してスタグフレーションによる長期的不況に陥った。出口の見えない不況のなかで一九世紀中葉の経済的自由主義への回帰を求める新自由主義が拡大滲透し、福祉国家は逆に批判の対象に転落する。福祉国家政策は七〇年代中葉をピークに後退しはじめ、イギリス、アメリカ、そしてわが国においても、自己責任主義の方向に大きな揺り戻しがはじまることになった。そして、この傾向を決定的にしたのは、八〇年代後半から九〇年代初頭にかけての東欧社会主義体制、なかでもソビエトロシアの崩壊であった。社会主義体制の崩壊は、資本主義経済の健全性、無謬性を示すものとみなされる契機となった。社会福祉はその重要な推進力の一角を喪失することになったのである。

社会福祉史分析をはじめるにあたって、われわれが設定し、適用してきた分析の視点と枠組は、社会福祉のいわば右肩上がりの展開、発展を想定したものであった。しかし、これまでみてきたように、一九八〇年代以降、社会福祉をめぐる状況は顕著に変化する。社会責任主義、国家責任主義は明らかに後退しはじめ、それに代わって再び自己責任主義が強調される時代になった。経済や政治における新自由主義という一九世紀の自由放任主義、経済的自由主義への先祖返りの必要性が喧伝され、社会福祉の領域においては自己責任主義による抑制的、自立助長的施策の復活を思わせる展開がみられるようになったのである。

もとより、歴史において全く同じ事態が再現されるということはありえない。実際、イギリスにおいても、アメリカやわが国においても、一九世紀末以来の社会事業、そして社会福祉の発展を帳消しにするような事態が起こったわけではない。しかし、それにしても、二〇世紀末、一九九〇年代以降、「第三の道」への展開が社会福祉政策の基調になってきたことに象徴されるように、もはや従来の一九七〇年代までの福祉国家政策の延長線上においてこれからの社会福祉の発展を想定することはできることではない。

社会福祉の歴史を分析し、理解する視点と枠組は、こんにちそのことを前提にして再構築されなければならない。われわれは、いまやそのような状況に直面させられている。もとより、われわれの設定した視点と枠組は、基本的にはその妥当性と有効性を維持し続けている。控えめにいっても、一九七〇年代までの社会福祉の分析においてはそうである。しかし、一九八〇年代以降については、それが社会福祉にとっての新しい時代のはじまりを意味しているのか、七〇年代までの枠のなかでの一時的な揺り戻しに終わるのか、そのことを見極めるためには、それなりの時間の経過が必要とされよう。

二　螺旋的な展開

新自由主義的な政策転換が一時的なものであるとして、揺り戻した振り子をもう一度逆の方向に振り向けるような政策の再転換が起こるであろうか。わが国でいえば、かつての保革伯仲時代にみたような社会福祉の運動と政策の展開を再現させることは、客観的にみれば、まず至難のわざであろう。わが国を含めて、第二次世界大戦後のグローバル社会を福祉国家政策に方向づけていた社会主義による外圧や内圧は明らかに減退し、社会福祉にかかる政策の動向に影響を及ぼしてきた、かつての力量をもちえていない。他方、社会福祉の課題はより大きなものとなり、それに対応する施策の規模も構造も、多様性、複雑性を増し、高度化してきている。

結論的にいえば、われわれが社会福祉史分析をはじめるにあたって準備した視点と枠組は、近代の起点から一九七〇年代までの社会福祉を分析するうえでは、一定の有効性をもちえたように思われる。しかし、八〇年代以降、なかでも二一世紀における社会福祉の展開を分析する方法として限界をもつことは明らかである。さりとて、端的にいえば、枠組として、こんにちの時代が資本主義社会の最後の段階の延長線上にあるのか、資本主義社会の新たな段階にあるのか、それとも資本主義とは別のシステムのはじまりの時代であるのか、いまこの時点においてそれを判断することなどできることではない。いまいえることは、これからも明確な対向軸をもたないままに、資本主義システムに依拠する社会が続き、社会責任主義と自己責任主義のあいだを行き来する振り子運動的な状況が繰り返されるなかで、螺旋運動的、上向的に新たな社会福祉のありようが形成されることになろう、ということである。

われわれにとって、いま必要なこと、求められていることは、社会福祉を捉える視点と枠組を状況に応じて適宜修正し、あるいは新たに構築して、社会福祉とそれをめぐる多様で、捉えがたい複雑な状況をリアリティをもって冷徹に分析し、理解することに努めること、そしてその成果にもとづいて、われわれ自身の社会福祉にたいするスタンスと研究活動のありようを絶えず問い続けることであろう。

註

(1) 湯浅誠『どんとこい、貧困』イースト・プレス、二〇一一年、八～二四ページ。最初の序にあたる部分であるが、貧困は自己責任か社会的責任かという貧困理解の基本的な方法論が小学校の上級年次であれば十分理解できるように漫画仕立てのイントロダクションとして描かれている。
(2) クロポトキン、大杉栄選『相互扶助論』現代思潮社、一九七一年、二三二、二三四、二三六、二三七ページ。
(3) R・マルサス、高野岩三郎・大内兵衛訳『初版人口の原理』岩波文庫、一九六二年、六六、六七ページ。
(4) R・マルサス、同右、三〇ページ。
(5) チャールズ・ブースの貧困調査については阿部實教授による的確なレビューがある。阿部實『チャールズ・ブース研究――貧困の科学的解明と公的扶助制度』(中央法規出版、一九九〇年)の第1部第3章「チャールズ・ブースの『貧困調査』」(三五～七二ページ)を参照されたい。
(6) B・S・ラウントリー、長沼弘毅訳『貧乏研究』千城、一九七五年、一三二ページ。
(7) F・テンニエス、杉之原寿一訳『ゲマインシャフトとゲゼルシャフト』岩波文庫、一九五七年、一三五～一三六ページ。
(8) 樋口陽一・吉田善明編『解説　世界憲法集』三省堂、一九九八年、二〇九ページ。
(9) W・ベヴァリッジ、一圓光彌監訳『ベヴァリッジ報告：社会保険および関連サービス』法律文化社、四～一六ページ。
(10) Abel-Smith, B. & Townsend, P., *The Poor and the Poorest*, G. Bell & Sons, 1965.
(11) ベイシックインカムについては、議論を喚起する契機となった小澤修司『福祉社会と社会保障改革――ベーシック・インカム構想の新地平』(高菅出版、二〇〇二年)を参照されたい。
(12) 改めて、F・テンニエスの前掲書、一三五～一三七ページにおけるゲノッセンシャフトについての記述を参照されたい。もとより、テンニエス自身が社会福祉について論じているわけではない。しかし、社会福祉の舞台としての社会を論じるうえで、ゲマインシャフト、ゲゼルシャフト、そしてゲノッセンシャフトというテンニエスの社会類型論は極めて有益であると考えられる。その意味で、テンニエスを援用している。

第3章

社会福祉学の争点

これまで、第1章において社会福祉の研究方法について論じ、第2章において社会福祉の歴史的な展開の過程に言及してきた。もとより、第2章における歴史の分析と記述は第1章における研究方法論を前提にしたものである。同時に、第2章における社会福祉史分析は、第1章において提起した研究方法論についての考察を一層深化させるという関係にある。それがどの程度成功しているかを別にすれば、第1章と第2章とのあいだにはそのような論理の構成と循環が想定されている。社会福祉学の争点と題するこの章、第3章のねらいは、第1章において論じた研究方法論、第2章において行った社会福祉史の分析を踏まえ、基本的な社会福祉学の視点や枠組について、われわれがそれを提起するに至った背景や契機、あるいは経緯や意図について遡及することを含め、さらに議論を深めることにある。

われわれは、第1章においては、わが国の戦後にみられた社会福祉研究の史的展開、なかでも理論史を批判的に吟味しつつ、その成果を継承し、発展させるというスタンスを基本に議論を展開してきた。戦後の社会福祉研究史・理論史のなかで形成されてきたコンテクストを継承し、それを発展させるというスタンスのもとに、われわれ自身の研究方法論を提起してきた。しかし第3章においては、幾分かその制約から離れて第1章の議論を敷衍しつつも、そこで十分に論じることのできなかった論点についても言及してみたい。

あらかじめ示しておけば、まず第1節においては公共政策学の方法に対照させつつ改めて社会福祉学の「性格」について論じる。続いて第2節においては、先行研究において社会福祉における「政策と援助」あるいは「ソーシャルポリシー」と「ソーシャルワーク」問題がどのように論じられてきたかを改めて整理しつつ、論点を抽出する。第3節においては、これまで社会福祉の「存立根拠」問題がどのように論じられてきたかを考察し、議論の経緯や成果、残された課題の確認を行う。

第1節　社会福祉学の「性格」問題

一　社会福祉学の対象と目的

社会福祉学の基本的な性格について、すでに第1章において言及したことを再確認することから、この章の議論をはじめることにしよう。

ここで社会福祉学というのは、社会福祉とよばれる社会的な事象を研究の対象とする科学、学問の一分野である。社会福祉学をこのように規定することについては、あまり異論はないであろう。しかし、すでに第1章において言及したように、社会福祉学が研究の対象とする社会福祉的事象の範域や内容を確定しようとすること、そのこと自体が簡単なことではない。その辺りの事情についての議論は、第1章を参照されたい。

ここでは、以下のことを再確認し、そのうえで議論を先に進めることとしたい。まず第一に、社会福祉は、現代社会に特有な人びとの生活にかかる不安、緊張、困難、不具合、支障などの諸問題（生活問題）に対処し、市民生活の安全、安心、安寧を確保するとともに、社会の維持、統合、発展を推進することを目的とする社会的、公共的な施策として位置づけられる。第二に、そのような社会福祉は近代以降の社会において社会的公共的な施策として徐々に形成されこんにちに至っている。第三に、社会福祉は、政策の企画・立案・決定から制度の設置・運営・管理、援助の提供・展開、そして評価にいたる循環的な施策過程としてみずからを実現するところに、その特質が認められる。

つぎに、それではそのような社会福祉を研究の対象とする社会福祉学の目的である。社会福祉学は何を、いかなることを目的として研究を進めるのであろうか。この疑問にたいする解答も簡単明瞭、いかにも自明のことのように思える。しかし、改めて考えてみると、ここにおいても解答は決してたやすいことではない。事柄は、社会福祉とはなにかという問題のみならず、科学とはなにか、社会科学とはなにか、という科学の本質にもかかわるからである。ただ、いまは議論の端緒である。とりあえず、以下のように規定しておきたい。

すなわち、社会福祉学の目的は、学際的、多元的な知識をもとに、人びとの生活にかかる生活問題（政策課題として設定され、切取られた問題）の社会的公共的な解決をめざす施策の策定から実施、評価にいたる過程を解明し、そこでえられた知見にもとづき、施策過程の促進、改善に資することを通じて、市民生活を支援し、社会の維持統合発展に寄与することにある。つまり、社会福祉学の課題は、社会福祉という事象のもつ、あるいはそのなかに伏在している法則的な構造を解明することで尽きるわけではない。社会福祉学は、社会福祉のもつ法則的な構造についての知見を基軸に、社会福祉の現在のみならずその将来を含めたそのありよう、方向性を見定め、実現することを課題とする科学である。その限りにおいて、社会福祉学は設計科学、実践科学としての性格をもち、その関心を専ら研究対象のもつ法則的な性質、関係、構造などの解明に焦点化する諸科学、たとえば経済学、法律学、社会学、心理学などとは、その趣を異にしている。

二　対照としての公共政策学

さて、われわれはかねて、社会福祉の固有性を抽出し、際立たせるために「社会福祉のL字型構造」なる分析枠組を提起してきた。そのねらいは、社会福祉とその周辺において、あるいは隣接して、展開されている諸施策（関連諸施策）との位置関係を明確にすることを通じて、社会福祉の固有性を問うことにあった。社会福祉のL字型というのは、第1章の**図1–2**（20ページ）にみるように、社会福祉が人権施策、司法施策、消費者施策、健康施策、教育施策、文化施策、雇用施策、所得施策、居住施策、保健施策、医療施策、被災者施策、まちづくり施策などの隣接する諸施策にたいして並立している部分（L字の縦棒の部分）と重なりあう部分（L字の横棒の部分）を有しているということである。われわれが重視し、強調してきたことは、社会福祉は関連する諸施策にたいして並立する部分と重なりあう部分とを併せもつことにおいて、関連施策と区別され、そこに社会福祉の固有性、独自性を見出すことができるということであった。

たしかに、社会福祉は関連施策にたいしてL字型とよびうるような特徴を有している。他方、われわれのいう人権施策、司法施策、消費者施策、健康施策、教育施策、文化施策、雇用施策、所得施策、居住施策、保健施策、医療施策、被災者施策、まちづくり施策などの関連諸施策を公共政策として取りあげ、そこに共通にみられる要素に着眼し、その特質を抽出しようとする社会科学の一分野に公共政策学がある。この視点からすれば、社会福祉は、しばしば福祉政策という呼称のもとに公共政策の一つとして位置づけられることになる。その限りでいえば、つまり公共政策学のサイドからみれば、社会福祉学は公共政策学の一分科という位置づけになりそうである。

社会福祉学の領域からは、このように社会福祉を公共政策の一つとして位置づけ、社会福祉学を公共政策学の一分科とみなす議論については、異論が多いであろう。むろん、われわれにしても、ここで社会福祉学を公共政策学の一分科として位置づけようとしているわけではない。公共政策学の歴史は、公共政策学者自身が認めるように、その淵源であるアメリカにおいて四〇年、わが国において三〇年弱の歳月でしかない。社会福祉学の起源をどのように捉えるかについては多様な見解があるにしても、歳月のみでいえばその歴史は公共政策学を遥かにしのいでいる。しかし、社会福祉を公共政策の視点から捉える公共政策学の議論にふれてみることは、社会福祉学の研究対象としての社会福祉、そして社会福祉学の特性、その範域や内容を解明し、研究方法の発展を期すうえで役立つところが大きいと思われる。社会福祉学の議論を公共政策学の議論に対照させることによって社会福祉学の議論の深化を試みるということである。

公共政策学は、われわれがこれまで社会福祉の隣接施策ないし関連施策として扱ってきた施策群を、より一般的に「公共的問題（政策問題）を解決するための、解決の方向性と手段[(1)]」、すなわち公共政策として把握し、研究の対象として取り扱う科学である。「公共的問題（政策問題）」は、「社会で解決すべき問題と認識された問題」である。[(2)]このような公共政策学は、後述の著作によれば一九六〇年代前後にアメリカで提起された政策科学を淵源とする科学であって、わが国では一九九〇年代以降、政治学や行政学を背景にしつつ独立した研究分野として顕著な発展をみせてきた領域である。最近、その成果を明快かつコンパクトに取りまとめた意欲的な入門書『入門 公共政策学――社会問題を解決する「新しい知」――』（中央公論社、二〇一七年）が中公新書として刊行された。以下、同書及びその著者である秋吉貴雄が中心的な共著者として参画している『公共政策学の基礎』（有斐閣、二〇一〇年、新版二〇一五年）その他において論じられている公共政策学の知見を援用しつつ、社会福祉学の特性について考察を深めることにしよう。(3)

さて、秋吉は公共政策学の学問、科学としての特性として「問題志向」「コンテクスト志向」「多元性志向」「規範志向」をあげている。(4)

三 問題志向

まず、「問題志向」である。秋吉は、公共政策学の特性は学、理論を追求することではない、社会問題（政策問題）の解決をめざすところにある、といい、そのことをもって公共政策学の特性の第一に位置づけている。われわれ自身、これまで、社会福祉学を課題解決科学、ミッション科学として位置づけてきた。社会福祉学は、社会福祉を成り立たせている法則的な関係や構造、その論理を解明することそれ自体を目的とするものではない。社会福祉学の最終的な課題は、社会福祉の実態を、現実の社会福祉をよりよいものに改善することにある。その限りにおいて、その特性の第一を「問題志向」に求める公共政策学と社会福祉学はその方向性を共有しているといってよい。

秋吉は、アメリカにおいて、公共政策学が、既成社会科学の細分化が進み、学問のための学問の追究が一般化するという状況に陥っていることにたいする批判を踏まえ、社会問題のより具体的かつ有効な解決の方法を模索する新たな科学として提起されてきたという経緯を紹介している。秋吉によれば、公共政策学は「政策問題の解決」、そのための「戦略・アプローチ」を検討する科学として形成されてきたのである。ただし、「戦略・アプローチ」の検討をより実りあるものにするためには、同時に「政策問題の構造」を分析することが重要となる。秋吉は公共政策学の第一の特性として「問題志向」をあげるが、理論的な分析、法則性追求の重要性を忘れていない。公共政策学がよりよい公共政策の策定と実施、さらに改善の過程に貢献するためには、課題解決の対象となる社会問題の性格や構造、政策の決定過程、実施過程の理論的、客観的な分析が前提となる。

社会福祉学においても、ほぼ終始一貫して、社会福祉学は社会生活上のニーズに対応する問題解決、課題解決の科学であることが強調され、しばしばそれが自明のこととされてきた。われわれ自身も、社会福祉学の特性について、第一義的には課題解決科学、ミッション科学、さらには設計科学としての性格をもちつつも、分析科学ないし法則定立科学としての側面をもつ科学として位置づけてきた。その限りにおいて、社会福祉学は「問題志向」を重視する公共政策学と同じ土俵に立っている。

しかし、社会福祉の領域においては、問題解決と構造分析との関係が、公共政策学の場合とは多少ニュアンスを異にし、しばしば実践か理論かというかたちで対立的に議論が展開されてきた。しかも、実践すなわち問題解決を重視しようとするあまり、理論を敬遠し、あるいは忌避するという状況すらみられた。そこには、理論にたいする誤解も含まれており、理論を外在的に与えられるもの、現実から遊離したものとみなす認識が含まれていた。

公共政策学が学問のための学問にたいする批判に立脚して問題解決の学を志向するところに成立している科学であるとすれば、逆に伝統的に問題解決（実践）を自明の課題とみなす傾向にある社会福祉学においては、その前提となるべき構造分析（法則定立科学）の重要性が強調されなければならない。繰返しになるが、社会福祉学においても、課題解決の対象となる社会問題の性格や構造、政策の決定過程や実施過程についての理論的、客観的な分析こそがよりよい問題解決の戦略やアプローチを導きだす不可欠の前提となる。

四　コンテクスト志向

秋吉のいう公共政策学の第二の特性は「コンテクスト志向」である。公共政策の対象となる問題（政策問題）は社会の問題であり、政策は社会のなかで決定され、実施されるものであることから、公共政策学においては「社会全体の関連状況（さまざまなアクターが他者と相互作用するプロセス）」に着目する。個々の政策問題を理解し、解決の戦略を立てるために、その背後にある「歴史的経緯や背景状況という当該問題特有のコンテクスト」の分析を重視する。

この歴史的経緯（時間的コンテクスト）や背景状況（空間的コンテクスト）を重視するということに関しては、社会福祉学は、ある意味において、公共政策学に先行している。周知のように、社会福祉学は昭和初期以降、伝統的に、資本主義社会を前提とする歴史研究を精力的に展開し、資本主義社会における社会福祉の存立根拠（レーゾンデートル）を尋ね、それぞれの時期における社会福祉の存在状況と社会全体の関連状況を結びつけて解釈してきた。マルクス主義（経済学）の影響の強い社会福祉学研究においては、社会福祉学の歴史研究はすなわち理論研究を意味するものとして扱われ、社会福祉の存立根拠と結びつけた史的段階論が展開された。われわれ自身も、一時期、宇野経済学にいう資本主義の三段階論（原理論／段階論／現状分析）を援用し、社会福祉を現代資本主義（国家独占資本主義）期に特有の政策として位置づけようとしてきた。(5) この歴史的コンテクスト重視の姿勢は現在でも基本的には変わっていない。

他方、公共政策学においては、管見するところ、このような資本主義社会の史的な展開過程と関連づけて公共政策の存立根拠を問うような試みはなされていない。公共政策が必要とされる根拠については、入会地の恣意的な利用や駅前の自転車駐輪のもたらす混乱を解決するには社会的、公共的な議論と権能による対処、解決策の必要性を例示するというかたちで説明されている。

逆に、社会福祉学の領域では、個別の政策の成立過程や実施過程を社会全体のさまざまに関連するアクターやファクターに関連づけて分析するという側面においては、一部の領域や事例を除いて、必ずしも充分に研究が蓄積されているとはいいがたい。社会福祉にかかる政策の企画、立案、決定から法案化、審議、制度化、運営管理、援助実施、評価にいたる過程には、政府・官邸、中央省庁、自治体行政、国・地方の議員、業界団体、事業者、専門職員、当事者、保護者、支援者、支援団体、学識経験者などの多様なアクターないしステークホルダー（利害関係者）が関与している。近年の障害者福祉関連、児童福祉関連の法改正においては、国連による障害者権利条約や子どもの権利条約の採択、支援団体による働きかけが重要な影響を与えている。政策そのものやその実施過程、成果や効果について評価しようとすれば、そのようなアクターの言説や影響がどのようなメカニズムを通じて政策過程に波及しているのか、慎重な検討が必要とされる。

五　多元性志向

公共政策学の第三の特性として、秋吉は、「多元性」志向をあげ、つぎの二点に言及している。第一の点は、公共政策学では複雑な政策問題に対応するため、社会科学から自然科学に及ぶ関連学問分野を総動員する必要があるということである。いわゆる学際的アプローチ、「学問における多元性」の必要性である。第二の点は「知識の多元性」であり、政策の策定や実施には、学術的な知識（理論知）のみならず、政策担当者の実務場の経験に由来する知識（実務知）、さらには市民やステークホルダーなどの「非専門家」による知識が必要とされるということである。

第一の「学問における多元性」については、社会福祉学の領域においても共通の理解となっている。われわれ自身は、社会福祉学の生成発展の過程について、応用科学、学際科学、複合科学、融合科学というステージを設定してきた。応用科学のステージは経済学、法律学、社会学、心理学などの応用領域としての社会福祉学、学際科学のステージは研究の対象領域としての社会福祉の一体性、主体性を認めたうえで関連する諸科学を動員して行われる社会福祉学である。複合科学のステージは、学際科学としての社会福祉学研究のなかにうみだされる知識や技術が次第に整序され、体系化されて一つの新たな学問領域として姿かたちをもちはじめるステージである。融合科学は、社会福祉学が関連諸科学の知識や技術を活用しつつも、新たな学問領域、科学としての一体性、主体性をもって展開されるようになり、関連諸科学とは別個の、自立した科学といえるステージを意味している。

こんにち、社会福祉学にとっての大きな課題は、むしろ社会福祉が学際的な知識や技術を取り込み、活用するにあたって、どのような知識や技術が必要であるかを判断し、それらを活用する過程でうみだされる知識や技術を組織化し、体系化する際のよりどころをどこに求めるかということにある。社会福祉学が自己を組織化するにあたってのよりどころ、基軸になるものは何かということである。それは、社会福祉の目的、そしてそのような社会福祉を研究の対象とする社会福祉学の目的にほかならない。

社会福祉そして社会福祉学の目的については、すでに本節第一項において言及している。しかし、煩を厭わず再確認し、ここでの議論に結びつけておこう。社会福祉の目的は、現代社会に特有な人びとの生活にかかる不安、緊張、困難、不具合、支障などの諸問題（生活問題）に対処し、市民生活の安全、安定、安寧を確保するとともに、社会の維持、統合、発展を推進することにある。そのような社会福祉を研究の対象とする社会福祉学の目的は、学際的、多元的な知識をもとに、人びとの生活にかかる生活問題（政策問題）の社会的公共的な解決をめざす施策の策定から実施、評価にいたる過程を解明し、そこでえられた知見にもとづき、施策過程の促進、改善に資することを通じて、市民生活を支援し、社会の維持発展に寄与することにある。社会福祉学はこのような社会福祉ならびに社会福祉学の目的をよりどころ、基軸にして、社会科学から自然科学に及ぶ諸科学の知識や技術を選択し、活用して自己を組織化するのである。

社会科学から自然科学にいたる諸科学としたが、むろんつねにそのすべてが必要になるというわけではない。社会福祉という施策過程のステージ（ないしフェイズ）によって、必要とされる科学は同一ではない。施策課題としての生活問題（社会問題）の認識やフレイミング、政策の企画立案、決定のステージ（＝政策過程）において必要になるのは、経済学、社会学、法律学、政治学などの知見や技術である。施策実施（制度化とその運営管理）のステージ（＝制度過程）では行政学や経営学の知見、援助の提供、展開のステージ（＝援助過程）においては社会学、心理学、教育学、医学、看護学さらには工学などの知見が必要となろう。社会福祉学は、みずから設定した目的、いまは簡潔にいえば生活上に困難や支障をもつ人びとの生活を支援し、その人権を保障するという目的を達成するために、関連する諸科学の知見や技術の一部を活用する。社会福祉学は、そのような経験のなかで、それぞれの知見や技術の活用の結果、成果や効用を分析し、評価するという一連の手続きを繰り返しつつ、そこからえられた独自の知見や技術をもって、自己を整序し、体系化を試みてきた。社会福祉学は、そのようなプロセスを通じて、既成の科学とは研究の手法、方法論を異にする、課題解決志向の新たなタイプを構成する科学の一つとして自己を組織化するのである。

秋吉は、多元性志向について学際性とは別に、公共政策学に必要な知識として、援用する諸科学のもつ専門的な知識（理論知）、政策の策定や実施の過程に関わる政策担当者、行政吏員、専門家などの実務上の経験に由来する知識（実務知）、さらに一般市民や利害関係者などの「非専門家」のもつ知識をあげている。これら三通りの知識のうち、政策の決定や実施において専門的な知識（理論知）と実務的な知識（実務知）の必要性については社会福祉学においても同様である。むしろ、秋吉のいう実務知を政策実施の過程における援助専門職の経験知（実践知ないし臨床知）を包摂するものとして理解すれば、社会福祉学における実務知のもつ比重、意味は、公共政策学におけるそれよりも大きいといわなければならない。また、一般市民や利害関係者の知識、いわば世間知は社会福祉においても重要な意味をもっている。たとえば、貧困や貧困者についての一部市民や利害関係者の世間知（貧困観）は、公的扶助（生活保護）にかかる政策の決定や実施過程において少なからぬ影響力をもっている。

六　規範志向

秋吉のあげる公共政策学の最後の特性は、それが価値や規範に関わる判断を避けては通れないということである。何が政策問題となるのか、何が公共的に解決すべき課題となるのか、政策の目的をどのように設定するのか、いかなる政策手段をとるのか、これらについて論じようとすれば、公共政策学はその判断の根拠や規準となる価値や規範に関与し、言及せざるをえない。その意味において、公共政策学は価値や規範の問題に関わらざるをえないということになる。

そのことについては、社会福祉学もまたしかりである。かねてわれわれは、本書第1章第7節において論じたように、社会福祉学が四通りのディメンジョン（側面ないし領域）をもつことを指摘し、その第一に規範科学（べき論）としてのディメンジョンをあげてきた。価値や期範に関与する科学であるということにおいては、社会福祉学と公共政策学とは同列に位置しているといえる。ただし、価値や規範に関わるベクトルには相当の違いがある。秋吉は、公共政策学が従来の科学が物事や事象のありようを正確に記述することやそれらを成り立たせているメカニズムの分析に終始してきたことへの批判として提起されてきたこと、また公共政策学が政策の改善を目的にするものであることから、価値や規範への関与をもって公共政策学の不可避的な特性として位置づけている。これにたいして、社会福祉学には価値や規範をまずもって論ずるべき第一義的な課題として位置づけようとする傾向がみられる。さらにいえば、規範科学としての側面をもって社会福祉学の全体を覆い尽くしてしまおうとする傾向が認められる。

たしかに、社会福祉学は、設計科学としてのディメンジョンや実践科学としてのディメンジョンをもち、そこにおいては一定の価値や規範を前提にする議論が展開される。その意味では、社会福祉学において規範科学としてのディメンジョンが重視されるのはいわば必然ともいうべきことである。しかし、規範科学としてのディメンジョンだけで社会福祉学が成り立つわけではない。社会福祉学がよりよい設計科学や実践科学であろうとすればそれだけ、社会福祉学は分析科学としてのディメンジョンを重視し、大切にしなければならないのである。社会福祉に関わる政策や援助の方法を適切に設計（企画立案あるいはプランニング）するためには、政策や援助によって対処しようとしている問題ないし状態の特質、構造や動態、法則的な関係やダイナミズムが客観的かつ的確に把握されていなければならない。それがなければ、適切な政策、制度、援助が設計、運営、提供されることにはならないのである。

ただし、分析科学としてのディメンジョンが重要だといっても、社会福祉学は没価値的でなければならないということではない。より一般的にいえば、社会福祉学を含め、社会科学が研究の対象とする社会的、経済的、政治的あるいは文化的な事象や物事はつねに変化し、動態的である。それが通常の状態であり、そのような事象や物事の過去、現在そして将来を把握し、分析し意味づけようとすれば、そこには不可避的に一定の価値判断が働かざるをえない。さらにいえば、変化してやまない事象や物事は、それを認識する側の立ち位置（スタンス）や枠組（フレーム）によってさまざまな特質をもつ事象や物事として認識される。たとえば、周知のように、貧困状態はそれを認識する側のスタンスやフレームによって、個人の対処能力を超える景気の変動や雇用関係によってもたらされたものとして理解されたり、個人の無能力や怠惰、飲酒などの悪しき生活習慣の結果として理解されたりする。そのどちらの理解に依拠するかによって、貧困問題への対処方法には水と油ほどの違いが生じることになる。秋吉は、政策の内容は、政策問題、事象や物事に対処しようとする側のフレーミング、すなわち問題の切り取りかた、切り取る際に使われるフレームのありようによって異なると指摘し、その重要性を強調している。[(6)]

そのような、われわれが事象や物事に対処しようとするときに準備し、適用するスタンスやフレームは、われわれのもつ価値や規範と無関係ではない。むしろ、われわれがとり、あるいはもつスタンスやフレームは、一定の価値や規範に依拠して形成されるのである。分析科学であることを貫徹しようとしても、われわれは、すでにその起点において、価値的、規範的であらざるをえない。分析的であろうとすることは、つねにそのことを自覚しつつ、事象や物事のもつ構造、メカニズムやダイナミズムを明らかにするということにほかならないのである。

社会福祉学のもつ四つのディメンジョン（側面ないし領域）、すなわち規範科学、分析科学、設計科学、実践科学は相互に独立したものではない。それぞれのディメンジョンが相互に結びつき、拮抗しあうなかで、社会福祉学が形成されるのである。

第2節　社会福祉における「政策と援助」問題

ここまで、われわれは、社会福祉学の学問としての特性、他の学問と区別するという意味でいえばその特徴について論じてきた。われわれが研究の対象とする社会福祉学がいかなる特性、特徴をもつかについては、それなりに理解されたものと思われる。つぎの課題は、社会福祉学の内容についての解明という段取りになるはずである。しかし、その入口において、われわれは、公共政策学一般や個別の公共政策を扱う学問領域にはみられない、あるいは同様の課題をもっているにも関わらず争点化されることの少ないように思われる難題に、直面させられることになる。

一　政策論と援助論の拮抗

ここで難題というのは、社会福祉学の領域においては、政策論と援助論が異なった体系として併存しているという事実である。しかも、ただ二つの体系が併存しているというだけではない。社会福祉学の領域において、伝統的に、これら両者の扱いについて、そのいずれか一方のみが選択され他は捨象されるべき問題として、あるいは両者の併存を認めるにしてもそれぞれは別個に扱われるべき問題として、あるいはまた両者は統合されるべき課題として取り扱われてきた。

このようなわが国の社会福祉学にみられる政策論体系と援助論体系の分立をそれぞれどのように位置づけるのか、あるいは関係づけるのかという問題は、わが国のみならずヨーロッパやアメリカの社会福祉学研究においても認められる。欧米の場合には、わが国でいう政策論と援助論の関係は、ソーシャルポリシーとソーシャルワークの関係になる。

わが国においても欧米においても、両者の関係は一筋縄ではいかない難問である。しかし、そのことに言及する前に、用語の整理からはじめるとしよう。まず、政策論という場合の政策はむろん政策一般の意味ではない。基本的には、それは国や自治体の政策として形成され、存立するものとしての社会福祉という意味である。政策については、ほかに、社会福祉に関わる政策（の体系）、あるいは社会福祉を構成する個々の事業（プログラム）やその運営管理にかかる方針という意味も含まれる。以下、ここでは、政策という用語を、基本的には社会福祉に関わって国や自治体によって策定され、実施される施策という意味において扱うこととする。

社会福祉学の研究史上、政策に対応するものとして扱われるソーシャルポリシーについても、一定の限定が必要である。ここで先に規定した意味での政策に対置させているソーシャルポリシーは、もとよりソーシャルポリシー一般ではない。それは、多様に存在するソーシャルポリシーの一つとしての社会福祉（政策）という意味である。すなわち、ここでいうソーシャルポリシーは、社会福祉に限定された狭義のソーシャルポリシー、いわばソーシャルウェルフェアポリシーとでも表記されるべきものである。そのことを前提に、以下、本節においては、政策とソーシャルポリシーを対置させ、蓋然的に同一の意味をもつものとして使用する。

つぎに、「政策論か技術論か」、あるいは「政策論と技術論」という場合の「技術」の扱いかたである。戦後間もない時期の論争のなかでは、政策論か技術論かという場合の技術はソーシャルワークのことを意味していた。こんにち的な状況においては、ソーシャルワークに技術が含まれることはいうまでもないが、技術だけでソーシャルワークが成り立つわけではない。ソーシャルワークには、技術とともに専門的な知識が含まれるし、それらを駆使して展開される人的なサービス労働（援助活動）も含まれている。ソーシャルワークは、専門的知識と技術、それらをもちいて展開される援助活動の総体である。こんにち的な状況においていえば、技術よりも援助というべき内容である。そのことを前提に、以下ここでは、戦後一九六〇年代までの先行研究に関わる場合には技術ないし技術論をもちい、こんにち的な議論を行う場合には援助ないし援助論をもちいることにする。

ちなみに、このように用語を整理してなお、わが国でいう政策論と援助論の分立ないし並立を、そのままヨーロッパやアメリカでいうソーシャルポリシーとソーシャルワークに重ねあわせることが可能かどうか、それが妥当であるといえるかどうか。そこには留意すべき事情がある。わが国でいう社会政策は必ずしも欧米にいうソーシャルポリシーと同義ではない。わが国では、戦前以来の伝統的な研究史のなかで、社会政策研究はドイツの社会政策（ゾチアルポリティーク）研究の系譜に属する領域として位置づけられてきた。しかも、その文脈のなかにある社会政策を前提に、社会福祉の基本的な性格や枠組についての議論が展開されてきた。その限りでは、一九八〇年代頃までのわが国でいう社会政策と欧米にいうソーシャルポリシーを同義的に扱うことは適切とはいいがたい。ただし、近年においては、わが国の社会政策研究においても、社会政策とソーシャルポリシーを同義的に扱う議論が一般化している。われわれは、これから議論を進めるにあたって、社会政策とソーシャルポリシーの概念、用語法をめぐってこのような経緯があることを念頭にとどめておかなければならない。

さて、以上の議論を前提に、わが国の戦後社会福祉学の研究史上、政策（ソーシャルポリシー）と技術（ソーシャルワーク）の関係がどのように取り扱われてきたか、簡単に整理することからはじめよう。「政策と援助」問題の扱いかたは、大別して六通りに整理することができる。

第一の類型は二者択一説である。政策と技術、ソーシャルポリシーとソーシャルワーク、そのいずれをもって社会福祉とみなすか、まずもってそこを明確にすべきであるとする議論である。第二の類型は二者統合説である。ソーシャルポリシーとソーシャルワークの違いを認めつつ、両者の統合を志向しようとする言説である。第三の類型は二者分離説である。ソーシャルポリシーとソーシャルワークは、その内容と研究方法論からみて、これを別物として扱うべきだとする言説である。第四の類型は、ソーシャルワーク単立説とでもいうべきか、ソーシャルワークをもって社会福祉とすべきであるとする言説である。第五の類型は、施策統合説である。社会福祉を構成する社会保障とソーシャルワークを個別的社会サービスによって統合しようとする立場である。第六の類型は、ソーシャルワークをソーシャルポリシーの実現過程、すなわち政策が実施される援助実践の過程において活用される手段、また技術として位置づけ、ソーシャルポリシーとソーシャルワークを一体的に捉えようという立場、二者一体説である。

以下、それぞれの言説について考察する。ただし、念のためにいえば、われわれはここで政策と援助ないしソーシャルポリシーとソーシャルワークの関わりについての議論を、包括的な理論史はたまた論争史として展開するつもりはない。その辺りはその道の専門家に委ねることにして、ここでは、第一類型から第六類型にあてはまる研究者たちとその言説を批判的に検討しつつ、政策と援助の関係を捉える視点と枠組をどのように設定するか、そこに焦点を絞って議論を進めることにしたい。

二　二者択一説

第一類型にあたる研究者として思い起こされるのは、戦後間もない時期の社会福祉研究において政策論を代表した孝橋正一と技術論を代表した竹内愛二である。孝橋は、端的にいえば、社会福祉（孝橋の用語法では社会事業）の本質はそれが資本主義国家が資本主義体制を維持することを目的に策定し、展開する政策として存立するところにあると論じた。[7] 他方、竹内は社会福祉の本筋を社会福祉に従事する専門家が駆使する専門職業的な技術にあるとし、そのような技術の体系が専門社会事業（ソーシャルワーク）であると主張した。[8] むろん、孝橋も政策の実施過程を論じるにあたってはソーシャルワークに相当する活動やその領域に言及しているし、竹内もまたソーシャルワークは国（政府）の政策として創設された社会福祉事業という制度的枠組のもとにおいて展開されていることを認めている。しかし、その事実を認めつつも、どちらが社会福祉の本筋かと問われれば、孝橋は政策としての側面に本質があると主張し、竹内は技術（専門社会事業）について論じることに専念した。そこでは、両者の関係は二者択一論的な構造となっていたのである。

こんにちの観点からいえば、孝橋的な政策論であれ、竹内的な技術論であれ、それだけで社会福祉の全体像を把握できるかどうか、疑問とせざるをえない。しかし、そこにある種の時代的な制約があったことも事実である。孝橋は、戦前以来の日本的な社会政策論（なかでも大河内一男の社会政策論とそれに依拠する社会事業論）を批判的に継承するかたちで

「社会事業本質」論を彫琢することに急であったし、竹内はアメリカのソーシャルワーク論を専門社会事業論として戦後のわが国の社会に紹介し、定着させることにことのほか熱心であった。

社会福祉の本質を政策に求めるか援助に求めるかという議論は、起点において、そのような歴史的な研究関心の所在とコンテクストの違いに由来している。しかも、そこで提起された対立軸は、すでに七〇年に近い歳月が経過したこんにちにいたるまで多様なかたちで継承され、理論的にも実際的にも決着をみるにいたっていない。

三　二者統合説——運動論的統合

これにたいして、第二の類型、二者統合説は政策（ソーシャルポリシー）と援助（ソーシャルワーク）を結びつけ、統合しようとする試みである。この類型を代表するのは、社会福祉の運動論として範疇化される一番ヶ瀬康子、真田是らである。一番ヶ瀬、真田、高島は、一九六〇年代後半の大学紛争と絡みつつ、社会福祉解体論が声高に論じられた時期に、それぞれの社会福祉論を構築した。ここでいう社会福祉解体論は、孝橋のいうように、社会福祉が資本主義体制の維持存続を目的とする政策として存在し、機能しているとすれば、社会福祉の事業や活動に従事することは資本主義体制の温存に与することになるという言説である。このような社会福祉解体論は、思想や理論としての是非は別にして、その時期の社会福祉を学ぶ学生、年若い研究者や実践者たちに無視しえない影響力をもった。一番ヶ瀬、真田、高島らに代表される運動論の研究者たちは、孝橋にみられるような機械論的で硬直した政策論のありようを批判し、福祉労働、福祉労働者、社会福祉運動などをキー概念とした社会福祉論を提起した。[(9)]

ここでの論点との関わりでいえば、運動論的アプローチにおいては福祉労働、福祉労働者、社会福祉運動、社会運動などがキー概念となる。国（中央政府）によって策定される社会福祉政策は、最終的には公私社会福祉の事業者によって雇用された専門職である社会福祉労働者（社会福祉従事者）による福祉労働によって担われざるをえない。それがなければ、政策はその目的を達成することができない。その福祉労働は、生活問題ないし福祉ニーズの解決・軽減緩和、安全や安心の促進などを目的に展開される専門的な人的サービス（役務）であり、その過程において駆使され、活用される特有の社会的技術がソーシャルワークである。社会福祉労働者は社会福祉事業者によって雇用される存在であり、その労働は基底的には社会福祉事業という政策的な枠組のもとにおいて展開される。その限りにおいて、社会福祉労働は政策によって方向づけられ、規制される。しかし、福祉労働者の福祉労働は一定の自立性・自律性をもつ専門職による活動として展開されるところから、政策的な目的や枠組にたいして修正や改変を求め、あるいは新たな制度の創出を要求する。それらの要求は第一次的には専門職活動の一環として追求される。そして、社会福祉事業者や社会福祉事業の運営管理者としての政府との関係という枠組のなかでそれが実現されえない場合、専門職としての活動に由来する要求は、しばしば社会福祉労働者による社会運動（社会福祉運動）という形態に転化し、さらには労働者による労働運動と連動して、社会福祉政策の修正、改変、新たな制度の創設を求める社会運動に発展する。

このような運動論的アプローチでいえば、ソーシャルポリシーとソーシャルワークは、福祉労働者による福祉労働、福祉運動、さらには労働運動という要素に媒介されることによって、接点をもち、統合される。ただし、この運動論的アプローチによる統合は、福祉労働や福祉運動による政策批判というチャンネルでのそれであり、政策の策定過程や実施過程の内側に直接的に介入するというものではない。その意味では、運動論的アプローチによる統合は、社会福祉政策論に機械論的アプローチを批判し、社会福祉の主体性を主張するという意味において一定の成果をもちえたが、統合のありようとしては外在的な統合にとどまったといわざるをえないであろう。

四　二者分離説

第三の二者分離説を代表するのは三浦文夫と星野信也である。三浦と星野による二者分離説の特徴は、政策と援助、ソーシャルポリシーとソーシャルワークを別のものとして扱うところにある。時間軸からいえば、三浦や星野による言説は、一番ヶ瀬や真田の統合説の後に、それを批判するかたちで展開されている。ある意味で奇妙なことであるが、三浦と星野の二者分離説は、ソーシャルポリシーとソーシャルワークを別個のものとして扱うという限りにおいて、孝橋や竹内の二者択一説と変わるところがない。異なるのは、孝橋と竹内がソーシャルポリシーとソーシャルワークを区別し、かつ孝橋がソーシャルポリシーをもって社会福祉（社会事業）の本質とみなし、竹内がソーシャルワークを焦点化しているのにたいして、三浦と星野、なかでも三浦が社会福祉に関わってソーシャルポリシーとソーシャルワークとよばれる営みなり領域があることを認めつつも、それらは完全に別個の存在であって、研究方法論（認識方法論）上の問題として、ソーシャルポリシーとソーシャルワークの統合や一体化はありえない、と論じたところである。

三浦は、ソーシャルポリシーとソーシャルワークの統合がありうるとすれば、それは認識論においてではなく、制度的枠組のなかで実現するものであろうといい[10]、星野はソーシャルポリシーとソーシャルワークを同一の学部や学科において研究教育しようとする試みはわが国だけにみられる奇異な現象であり、欧米では別の領域として研究教育されていると指摘している[11]。星野による議論の後段の部分、欧米ではソーシャルポリシーとソーシャルワークは別々の研究ないし教育の領域として扱われているという指摘には、経験知による過剰な一般化が含まれている。両者を一緒に研究し、教育しようとする研究者もいれば、大学も存在している。しかし、そのことはそのこととして、孝橋と竹内、三浦と星野は、社会福祉にかかる政策と援助、ソーシャルポリシーとソーシャルワークを区分し、それぞれを別個の存在として扱おうとしたことにおいて、軌を一にしているのである。

五　ソーシャルワーク単立説

つぎに第四の類型であるが、これまたある種の先祖返りといってよい。わが国においてソーシャルワークをメジャー

（主要研究対象）としてきた研究者の一部は、ソーシャルワークと社会福祉を等置し、あるいはソーシャルワークをもって社会福祉に置き換えようとするかに思える言説を展開している。そこには、ソーシャルポリシーについての言及はほとんどみられない。逆に、この類型においては、しばしばソーシャルワークを個人や家族にたいする援助方法に限定せず、地域社会における援助、地域社会にたいする援助、さらには社会問題にたいする政策的対応をも包摂する概念とみなされることがある。そのときその裏付けとなる根拠として引用されるのが、二〇一四年の国際ソーシャルワーカー連盟によるソーシャルワークの概念規定である。[12] われわれ自身もこの概念を援用したことがあるが、そこにはソーシャルワークが個人や家族への援助のみならず、地域社会への援助、社会問題への政策的対応、社会変革をも視野に入れる援助活動であることが記述されている。たしかに、近年におけるソーシャルワークの規定は従前よりもはるかに包括的である。しかし、それはソーシャルワークがその射程として社会問題への政策的対応、社会変革を視野に入れるということであり、ソーシャルワークが社会問題の成立過程やフレーミング過程の分析、政策の立案・設計・策定過程、政策実施過程の分析を可能にするような枠組をもちえているかどうかは別の問題である。率直にいって、研究領域としてのソーシャルワークの現状はそのような分析の視点や枠組、手法を有しているとはいい難い。

社会福祉、ソーシャルポリシーに替えてソーシャルワークをもちいる理由として、ソーシャルワーク関係の国際組織や会議においては社会福祉の訳語としてのソーシャルウエルフェアやソーシャルウエルフェアポリシーはもちいられておらず、ソーシャルワークでなければ議論が噛み合わないという。そのことが社会福祉のソーシャルワーク概念による置換えを求める理由の一つとなっている。しかし、社会福祉のありようや呼称は、国や地域によって多様である。その限りでは、そのことを前提に、便宜的な共通用語としてソーシャルワークがもちいられているはずである。国際会議では、そのことを前提に、便宜的な共通用語としてソーシャルワークがもちいられているはずである。その限りでは、明治期以来すでに、百数十年に及ぶ歴史と特徴をもつわが国の社会福祉や社会福祉研究をソーシャルワークという用語によって置き換える必要はないであろう。むしろ、社会問題の形成やフレーミングの過程、政策の立案・設計・策定の過程、さらには政策実施過程の分析を可能にする研究方法への関心が希薄化したり、欠落したりすることは、逆にソーシャルワークの発展を阻害することにもなりかねないであろう。

六　施策統合説——個別的社会サービスによる統合

社会福祉史研究者である池田敬正は、運動論とは異なった新たな観点から政策と技術の統合を主張している。池田の立論によると、まず社会福祉は社会保障とソーシャルワークという二つの要素、領域から構成されている。池田のいう社会保障は、年金保険、医療保険、公的扶助等を構成要素とする。したがって、厳密にいえば、池田のいう社会保障はこれまで論じてきたソーシャルポリシーや政策とそのまま重なりあうというものではない。しかし、ここでは池田の文脈に従い、暫時、社会保障と政策を同一のものとして取り扱うことにする。

池田は、社会保障とソーシャルワークの成立、そして両者の個別的社会サービス（パーソナルソーシャルサービス）による統合を一九世紀末以来のイギリス社会福祉史の展開を素材として考察している。イギリスにおける社会保障は、一九世紀末の労働問題、貧困問題に対処する労働組合、賃金や労働条件に関わる労働政策を淵源としつつ、二〇世紀初頭に国民一般を対象とする年金保険、医療保険、公的扶助等を構成要素として成立する。池田によれば、このような社会保障の成立は、労働政策とともに、世紀転換期における社会共同の発見を意味する集団主義（コレクティビズム）に依拠するものであり、その組織形態や運用の過程にも集団主義の適用がみられ、給付の手続きにも普遍的一般的な形態が採用されている。これにたいし、ほぼ同一の時期に成立したソーシャルワークは、科学化、組織化、専門職化を追求しつつも、組織の形態や運用には伝統主義的、自由放任主義的な個人主義の影響を残存させ、援助の方法においては個人や家族の生活状況を重視し、個別的に対応する援助の方法（ケースワーク）を開発し、適用した。

このようにして成立した社会保障とソーシャルワークは、当初相互に拮抗する側面をもちつつ、やがて第二次世界大戦以後になると、公的扶助や、子ども、高齢者、障害者を対象とする福祉サービスの領域においてソーシャルワークが社会保障の実施過程に組み込まれるというかたちで次第に接点を拡大する。それを一挙に進展させたのが一九七三年の個別的社会サービス法の成立であった。これによって、ソーシャルワークは国の主導する地域社会ベースのコミュニティケアという枠組のなかで個別指導を担うことになり、社会保障とソーシャルワークの統合が実現した。以上が、池田の統合論の骨子である(13)。

このような池田の立論は、政策と援助に関する従来の言説とは一線を画するものであり、一定の説得力をもつといってよい。しかし、池田の言説においては、社会保障とソーシャルワークの統合の構造やその運用過程についての議論はほとんどなされていない。その意味では、統合論としてはいかにも不十分である。

ただし、そのこととは別に、池田の言説には留意すべき論点が含まれている。それは、池田が、先の個別的社会サービス法による社会保障とソーシャルワークの統合について、それを現状分析のレベルに限定する議論として展開していることである。池田は、現状分析レベルとは別に原論レベルにおける議論の必要性を主張し、歴史貫通的な福祉学の構築を提起している。ここは池田の福祉学について論じる場所ではないが、政策と援助、池田的にいえば社会保障とソーシャルワークそれ自体の統合という問題と、それぞれを研究の対象とする科学のレベルにおける統合の問題とは区別して論じられるべきだとする池田の指摘は的を射ている(14)。

孝橋の政策論の基盤は経済学、竹内の技術論の基盤は心理学というのは例示としてもいささか乱暴な議論であるが、政策と援助の統合がもし研究の方法としての経済学と心理学の統合を意味するというのであれば、それははじめから不可能というほかかない。三浦文夫や星野信也の分離論が政策と技術の基礎となる、あるいは研究の方法としての科学の違いに関する議論であるとすれば、それはそれとして理解しうる議論になる。池田の問題提起は、その意味において説得的である。われわれは、政策や援助それ自体の統合という課題とは別に、それぞれの基礎となる科学、学問レベルでのある種の統合のありようを追求しなければならない。ここで、前節において、多元性志向の社会福祉学、あるいは学際科学アプローチを基盤とする社会福祉学について論じたことを思い起こしておきたい。

七　二者一体説──政策の実施過程としての援助活動

さて、第六の類型であるが、これがすなわちわれわれの立場である。われわれの基本的な立場は、池田とは別のかたちにおいて、すなわち社会福祉にかかる政策の策定とその実現の過程という文脈のなかで、政策と援助ないしソーシャルポリシーとソーシャルワークを一体的統合的に把握しようというものである。

ただ、そのように考える理由や背景、内容については第4章において追々明らかにするとして、ここで少なからず寄り道をしておきたい。

われわれは、つとに明らかにしてきたように、社会福祉のL字型構造を論じるにあたって、社会福祉を含めて一四種類の生活支援施策（公共政策）を取りあげてきた。そのなかには、社会福祉と同様に、政策のもつ目的なり目標なりを達成する過程において個別化された専門的な支援活動のかたちをとる施策、換言すれば中央ないし地方政府の政策として策定、実施される施策であって、しかもその最先端の部分が専門職による利用者（政策対象者）にたいする個別的な支援（援助）活動というかたちをとる施策が存在している。もっとも典型的には、医療施策や教育施策がそうである。

たとえば、わが国における医療政策は、明治以前の前近代における朝廷の王侯貴族や幕藩の将軍や諸大名の家族や一族の病者にたいする御殿医による医療活動や平民・庶民にたいする民間医療などの萌芽的医療活動を、一八七四（明治七）年の医制の発布にはじまる医事法制（開業医制度、医師国家試験、伝染病患者処置等）によって規整（レギュレーション）し、制度化するというかたちで形成され、展開されてきた。その過程において、政策と医療活動、より具体的には規整や制度化をめざす医療政策の策定、実施に関わる政府の医療官僚や医療専門家と規制の対象となる民間の医従事者とのあいだには激しい緊張や抵抗、対立もうみだされた。さらに、一九二二（大正一一）年に制定され一九二七（昭和二）年に施行された健康保険制度には、保険診療の範囲を規制し、診療行為を点数化することによって医療活動そのものを制度的に規整し、方向づけるという局面が含まれていた。

このような状況とその推移は、教育施策についても同様であった。わが国の教育施策は前近代における朝廷や幕府、諸藩による後継子弟教育、幕臣や藩吏の子弟育成や平民や庶民の寺子屋教育などの萌芽的教育活動を、一八七二（明治五）年に発布された学制（教育の義務化、公立学校の設立等）にはじまる教育法制によって規整し、制度化するというかたちで形成され、発展してきた。そこには、義務教育制度や師範学校制度による教師資格や教育活動のありかたを外形的に規整するものであるが、他方において教科書の国定などを通じて教育の内容にたいする規制も含まれていた。特に、第二次世界大戦後の一九四七（昭和二二）年に学校教育法が制定されて以降、学習指導要領というかたちで教育活動は一定の規制のもとにおかれることになった。

このように、医療施策においても、教育施策においても、政策の実施過程の最先端（ないし最末端）が一定の自立性・自律性をもつ、あるいはそれらを保有し、確立することを求める専門職集団によって担われていること、そのため政策の実施過程において政策（その策定、実施に関わる人びと）と専門的活動（それを担う専門職集団）とのあいだに緊張や対立の構造が形成されてきた。その点においては、医療施策、教育施策と社会福祉とは強い類似性をもっている。むしろ、医療や教育、なかでも教育にみられる専門職集団の自立性・自律性への志向や政策による規制にたいする専門職集団の組織的な批判や抵抗の活動は、社会福祉を遥かに凌駕するものであった。

しかし、それにも関わらず、医療施策や教育施策の領域では、実践的にも、研究教育の側面においても、社会福祉のような、医療や教育の本質は政策にあるのか援助（専門技術）にあるのか、という類の議論はみられない。医学や教育学の領域においては、医療活動や教育活動についての研究や教育が専門職養成課程の大多数を占めるにしても、医療にかかる政策や行財政、医療保険、教育にかかる政策や行財政に関わる研究や教育にも一定の比重がかけられている。社会福祉におけるような二者択一論的な議論の構造はみうけられないように思われる。社会福祉においては、何故それが問われ続けるのであろうか。

先に一度言及したことであるが、わが国の第二次世界大戦後の社会福祉学の研究や教育は、一方におけるわが国に独自なマルクス主義的社会政策論の強い影響のもとにある社会福祉（社会事業）政策論研究と、他方におけるアメリカソーシャルワーク論の導入と定着を志向する援助（専門社会事業）論研究の対立、相剋という状況のなかではじまっている。社会福祉における二者択一論の背景には、そのような歴史的な事情が存在している。しかし、それだけではない。社会総体における社会福祉の位置づけられかたと医療施策や教育施策のそれとのあいだには明確な相違があり、そのことが二者択一論的な問題の立てかたに関わっている。

簡潔にいってしまえば、医療施策や教育施策は、民間における医療や教育の活動が先行し、社会の近代化さらには国民国家成立の過程において、国（政府）が政策的にそれを掌握し、規整し、管理するという経過とメカニズムのなかで成立し、発展してきた。その限りにおいては、社会福祉も同様である。ただし、国家の関わりかたについていえば、医療施策や教育施策の場合、いずれも政策主体としての国家の姿勢は一貫して肯定的、積極的なものであった。わが国でいえば、近代化を推進する過程において、医療施策や教育施策は殖産興業、富国強兵という国家目標の達成に、新たな産業に不可欠な一定の知識や技術をもつ労働力を供給し、国防や海外資産の防衛に資する優良な兵力を供給する重要なシステムとして位置づけられ、発展させられてきた。多様な施策のなかには、一部伝染病患者にたいする取締的な施策や障害児にたいする義務教育免除の措置など消極的、規制的な施策が含まれていたとはいえ、総体的には産業社会や国家の発展に意義ある施策として肯定的、積極的に位置づけられてきた。

これにたいして、社会福祉の施策は長きにわたって、資本主義発展期、自由放任主義期の救貧施策に明らかなように、産業社会にとっても国家にとっても、必要性に乏しい消極的、抑制的な施策として位置づけられてきた。それは象徴的にいえば「救貧否定の救貧施策」であり、救貧施策のありようは貧困問題への国家の関与に否定的な人びとからも、また国家の関与に積極的な人びとからも、反発や批判の的となった。一時期政策的な規整や奨励の対象となり、やがてソーシャルワークをうみだすことになる民間の慈善事業組織も国家による救貧施策に消極的、批判的であり、ときに対立的ですらあった。

このような救貧施策の位置づけは、一九世紀末以降の国家福祉の時代、その頂点に位置する二〇世紀中葉の福祉国家政策のもとにおいても完全には払拭されえず、公的扶助の領域に象徴的にみられるように、こんにちにおいてなお社会の一部では国家による貧困対策は不要不急とはいわないまでもつねに抑制され、縮減されるべき必要悪的な施策としてみなされ続けてきている。また、逆に、施策の進展を期待する人びと、生活困難の当事者や支援者、社会福祉専門職などの視点に立つ人びとからは、国の社会福祉的施策はつねに不十分な状態にある施策として、批判の対象とみなされてきた。

そのため、社会福祉の政策や制度に関する研究の射程は、総じて社会福祉の施策がそのような消極的で抑圧的な性格をもつことになる状況やそのメカニズムの解明にとどまってきた。社会福祉政策論にかかる研究は、近年にいたるまで、政策が最終的に、あるいは先端部分において、個別的対人的な援助活動（人的サービス）、すなわちソーシャルワークとして実施され、実現される過程、その手順やメカニズムの解明にまでみずからの射程を拡大するにいたらなかったのである。一部の社会福祉学の研究者たちはみずからの研究領域を政策の社会経済的な性格や策定過程の史資料分析に閉じ込めてきた。現実として政策の実施、実現の過程を担う人的支援活動、ソーシャルワークを政策とは異なる論理によって構成され、展開している別の世界、別の研究領域として位置づけようとしてきたといってよい。

それとは逆に、ソーシャルワークに焦点化する研究者たちは、総じて社会福祉にかかる政策をソーシャルワークとは関わりのないもの、あるいはソーシャルワークの活動を規制し、制約する外在的な枠組として位置づけてきた。もとより、そうしたなかでも、個々の政策について目標の設定やそれにともなう規制や制約の不適切性を批判し、その修正や改善を求める研究も行われてきた。しかし、その場合にも、そのような制約的で不十分な内容をもつ政策の策定の経緯、政策の決定から実施、実現にいたるまでの過程やそのメカニズムの解明をソーシャルワーク研究の一部として位置づけ、その射程に組み込むまでにはいたっていない。

こうして、社会福祉における政策と援助、ソーシャルポリシーとソーシャルワークの意義や対立の背景や理由についての議論は、単なる二者択一論の意義、統合の可否や方法という範囲にとどまらない。それは、社会総体における社会福祉なるものの存立の根拠や意義、すなわち社会福祉の存立根拠（レーゾンデートル）、社会福祉を産出し、支える論理とメカニズムの解明を視野に入れた議論として展開されることを要請することになる。

第3節　社会福祉の「存立根拠」問題

一　社会福祉分析の視点・枠組の再構成

それでは、改めて社会福祉とは何か。それは一体どのような背景、根拠、価値、そして論理とメカニズムにもとづいて、形成され存在しているのか。

社会福祉の存立根拠（レーゾンデートル）ということになると、われわれは、このような疑問に応答しなければならない。初歩的な問いでありながら、明確な回答を準備しえているかと尋ねられれば返答に窮することになる。時間軸をとっても空間軸をとっても、社会福祉の存在は普遍的である。それらすべてを社会福祉ということばをもちいて記述してよいかということになると異論もあろうが、生活のなかで食べるものに困っている、肢体に支障があって移動に困難している、幼少にして親とはぐれた、親と死に別れたなどという人びとに援助の手をさしのべるという行為あるいは活動は、人類が社会生活をはじめた時代から存在するであろうし、また組織化のレベルや範囲を別にしていえば、こんにち世界で二〇〇を超えるという国ぐにや地域のどこにいっても、社会福祉は存在しているに違いない。それほど普遍性をもち、一定の共通性をもつ行為、活動、そして施策でありながら、改めて社会福祉とは何かと問われると、適切な回答を用意することができない。社会福祉ほど摩訶不思議な存在もないであろう。

この項の表題であるが、著者はかつて岩波書店のジュニア新書の一冊として『福祉ってなんだ』(岩波書店、二〇〇八年)と題する入門書を出版したことがある。われわれがそこで適用した研究の視点と枠組は、実は二〇〇二年に刊行した拙著『社会福祉学』(誠信書房)あたりから意識的に追究してきた構想である。(15) その視点と枠組の端緒がどのようなものであったかは既刊の拙著に委ねるとして、執筆にあたって留意したことは、どのような視点、そして分析と総合の枠組を準備すれば社会福祉の政策と援助の実態に接近することができるか、改めて、しかもより理解しやすいかたちで再考察するということであった。社会福祉の実態にきちんと接近できる視点、分析と総合の枠組を再構想し、それによって社会福祉の構造を適切に把握し、再構成することができるとすれば、そのような枠組の組立のありようそれ自体が、そのまま現実の社会福祉の理論的な再構築を意味することになるのではないか、と考えてきたのである。

近年、日本国憲法の生存権規定、社会福祉法、生活保護法、児童福祉法あるいは介護保険法などの社会福祉に関連する法律とそれらに依拠する制度を紹介し、解説を加えるという内容のテキストブックが刊行され、「わかりやすい社会福祉」と称するようなテキストも多々出版されている。しかし、それで社会福祉がわかりやすいものとなり、社会福祉の基本的な性格、構造や機能が理解できるようになるかといえば、必ずしもそうではあるまい。実態としてそこにある社会福祉をただそのように記述し、解説するという仕方ではいかにも不十分である。社会福祉とよばれているもの、あるいは社会的事象としての社会福祉を、一定の手法にしたがって、それを構成する要素に分解し、それぞれの要素のあいだの結びつき、その種類や強弱、そのような構造物の動態、そこに関与している運動とそのメカニズム、そこで形成される機能、それらがもたらすアウトプットやアウトカムを抽出し、そこでえられた知見を体系的に再構成するという手続きをとってはじめて、われわれは社会福祉の全体像、その基本的な性格なり特質なりに接近することができるのである。

社会福祉研究における視点と枠組のもつ役割、意義についてはすでに第1章において言及したところであるが、ここでさらに敷衍しておきたい。まず、視点と枠組は、宙のなかから一足飛びに設定されるものではない。われわれはまず、所与の研究の対象について、関連する過去の研究業績からえられた知見と一定の予測あるいは推論にもとづき、仮説的に視点と枠組を設定する。つぎに、その設定した視点と枠組によって研究対象の分析を試みる。視点と枠組の有効性、妥当性、そして信頼性は、その視点と枠組をもちいた分析の経験から、評価され、判断される。その結果にもとづき、必要に応じて視点と枠組に修正や補正を加え、つぎの分析に適用する。視点や枠組の有効性、妥当性、信頼性は、そのような操作が繰り返されることによって順次高められる。

こうして設定され、精錬される視点と枠組は、もとより一組にとどまらない。研究の対象が変化すれば、あるいは研究の幅が拡大すれば、レベルや領域ごとに複数の視点と枠組が必要とされよう。基軸となる視点は一定であっても、枠組については領域や状況に応じて複数設定されることもある。社会福祉の全体像を把握し、分析しようとすれば、複数の視点が必要になり、枠組の数も飛躍的に増加することになろう。しかも、所与の研究対象についての分析を効果的に行うためには、設定される複数の視点と枠組は、相互に矛盾の生じないように系統的に結びつけられ、体系化されていなければならないだろう。

さて、つぎの課題は、そのようにして設定し、構築された視点と枠組を適用し、分析してえられた知見を相互に結びつけ、総合化し、最終的には社会福祉の全体像を再構成するという手続きである。一定の視点と枠組をもちいて分析した知見を相互に結びつけ、総合化する作業を行うにあたって、手掛かり、導きの糸となるのは、ほかならぬ分析に際して活用した視点と枠組である。われわれは、研究を開始するにあたって設定し、適用した視点と枠組を導きの糸として、分析の結果えられた知見を相互に結びつけ、系統化し、体系化することによって、社会福祉の全体像を再構成することができる。こうして、研究の目的に応じて設定された視点と枠組は、分析の手段であり、同時に総合化、体系化の手段である。さらにいえば、視点と枠組なかでも系統化され体系化された枠組は、研究対象を分析し、その結果を記述するにあたっては、社会福祉を再構成し、一つのまとまりある存在として生成させ、記述するための見取図として取り扱われることになる。

このような手続きを通して再構成された社会福祉の全体像は、研究の対象として設定された社会福祉的事象の単なる経験的な記述ではない。それは、社会福祉の歴史を回顧し、その将来を展望するうえでの準拠枠、社会福祉にかかる政策・制度・援助を分析評価するうえでの準拠枠、さらには多様な国ぐにや地域における社会福祉的事象を比較し、評価する準拠枠として活用しうるものとなろう。

われわれは、前掲『福祉ってなんだ』において、複数の視点と枠組を適用するとともに、それらの枠組を導きの糸として社会福祉の全体像を明らかにし、より理解しやすいかたちで記述しようと試みた。世上専門用語が多用され、取り付き難い、という評価がみられる。しかし、他方において、社会福祉の全体像の理解がえられた、という評価も多い。そのことは、以上のようなわれわれの視点や枠組についての理解の仕方、扱いかたと無縁ではないように思われる。所与のものとしての政策や制度、援助の内容や過程の経験主義的な記述をもって社会福祉の全体像やその基本的な性格、構造や機能を的確に把握することなど不可能というほかはない。適切な研究の方法、手続きや手順が不可欠とされる所以である。

二　理論モデルとしての位置づけ

少し再確認が長引いたようである。この節の課題は、総体社会のなかで社会福祉とよばれるものが何故そこにあるのか、つまり社会福祉の存在の根源、根拠に接近する方法について検討することにある。

われわれは、かつて戦後における社会福祉理論の展開過程とそれを構成する代表的かつ特徴的な研究を考察するため、戦後の社会福祉研究を孝橋正一の政策論、竹内愛二の技術論、岡村重夫の固有論、一番ヶ瀬康子・真田是・高島進らの運動論、三浦文夫の経営論に分類し、類型化してきた経緯がある。われわれはここで、それぞれの理論類型が社会福祉の存立根拠をどのように捉えようとしているかという観点から再検討してみたいと考えている。ただし、その手続きに入る前に、つぎのことを確認しておきたい。

従前のわれわれの政策論、技術論、固有論、運動論、経営論という理論類型の扱いかたには、ある種発展段階論的な意味あいが込められていた。すなわち、それは、わが国の戦後における社会福祉理論研究を、政策論と技術論の区分けと両者の敵対的な拮抗関係の形成にはじまり、それを超えようとする固有論と運動論の登場、そしてさらにそれらを超えようとする経営論への発展というコンテクストにおいて把握しようとする試みであった。われわれは、われわれ自身の社会福祉研究を構想し、提起しようとすれば、このようなコンテクストを前提にし、それを構成してきた諸理論のもつ限界を克服することが前提にならなければならない、と考えてきた。余談であるが、われわれがこのような考えかたをとった背景には、吉田久一のわが国の社会福祉学研究者は先行研究のレビューと批判的継承を行わず、思いつき的な議論に終始する者が多いという指摘があった。この吉田の指摘は、われわれの研究がそれにみあうものになっているかどうかを別にすれば、こんにちにおいても十分に通用するだけの意味内容がある。テキスト的な著述に多い先行研究の流れとは無関係に、宙から天下るような議論の展開が行われていることもまれではない。

しかし、そのことはそのこととしよう。系譜論的なアプローチをするとどうしても先行研究をいかに克服するかということが関心の中心になり、先行する研究に取って代わるという方向での議論になりやすい。われわれの先行研究に関する議論や記述の仕方にも、その傾向がないわけではない。しかし、先行研究を乗り越えるにしても、その議論にしてもそこには克服すべき言説とともに、継承されてよい、あるいは継承すべき言説が含まれている。実際、われわれの議論のなかには先行研究にヒントをえた、あるいはその構想をうけついでいるという部分が相当の分量で含まれている。そういって過言ではない。そのことを考慮し、以下の考察においては、先行研究それぞれをそれ自体で社会福祉の議論として自己完結した理論体系とみなすことをせず、個々の議論のそれぞれを独立した一箇の理論モデルとして扱い、それぞれの理論が依拠する視点や枠組のもつ有効性、妥当性、そして限界について論じるとともに、われわれがどこをどのように克服し、継承してきたかを明らかにしていきたい。その趣旨を明確にするため、さきの理論類型に新たに三通りの類型を追加し、かつ形式的なことになるが、表現についても「論」から「説」に置き換えることにしたいと思う。

以下、取りあげるべき類型は、系譜的な視点を加味していえば、歴史形成説、社会改良説、政策説、技術説、固有説、運動説、運営説、社会共同説となる。

三　歴史形成説――社会福祉における歴史と理論

わが国の社会科学には、戦前から戦後一〇余年を通じて、歴史的であることと理論的であることを重ねあわせ、統合することをもって社会科学の基軸となる方法とみなす傾向が顕著にみられた。いわゆる「歴史と理論の統合」をもって社会科学の第一義的な方法であるとする言説が大きな影響力をもった時代である。資本主義とは何か、どのようなものであるかを明らかにするためには、まず資本主義の生成、発展、変容の歴史を尋ね、そこに包摂されている事物の時系列的、因果的な関係、事物を構成する要素間の相互規定的な関係、それらの背後に存在し、影響しているコンテクスト、関与している多様なアクターやステイクホルダーを抽出し、同定するという手続きが必要であるとみなされた。つぎに、そこでえられた知見が一定の仕方で整序され、系統化、体系化される。このような手続きを通じてえられた知見の体系がすなわち資本主義の成立と展開を説明する理論として位置づけられることになる。

このような社会科学の方法はマルクス経済学を基軸にするものである。マルクス経済学は、大筋でいえば、世界で最も早い時期に、そして最も典型的に資本主義を発展させたイギリスを典型国に位置づけ、そこでえられた知見を準拠枠としてそれぞれの国や地域の資本主義の状況を解明し、同定しようとすること、資本主義の発展をいくつかの段階を設定して把握しようとすることなどを特徴としている。社会福祉の歴史と理論の研究においても、このようなマルクス経済学に依拠する社会科学の枠組が、ほぼそのままのかたちで適用されてきた。社会福祉学の歴史領域において重要な役割を果たした吉田久一、一番ヶ瀬康子、高島進、あるいは池田敬正などの業績をみると、そこには研究が推進された時期や適用の濃淡に違いはあれ、そこここにマルクス経済学的な社会科学の影響を確認することが可能である。

われわれ自身も、宇野弘蔵のマルクス経済学にいう原理論、段階論、現状分析からなる三段階論、なかでも段階論と現状分析論の枠組を援用して、イギリスにおける社会福祉の歴史的な展開の過程を、資本主義生成期の旧救貧法と慈善活動、資本主義発展期の新救貧法と慈善事業、資本主義変質期前期（帝国主義期）の社会事業、同後期（国家独占資本主義期）の社会福祉というかたちで対応させ、段階論的に分析し、記述してきたという経緯がある。また、そのようなイギリス社会福祉に関する知見を準拠枠として、アメリカの社会福祉やわが国における社会福祉を分析し、考察してきたところである。(16)

このような社会科学的な方法論に立脚し、社会福祉の歴史に焦点化した研究は、社会福祉の存在、その形態や意義、段階的な発展の過程を明らかにするうえで一定の成果をあげてきたといってよい。しかし、やがてこの方法論は二つの難問に大きく直面させられることになる。その一つは一九九一年にソビエトロシアが崩壊したことであり、二つにはそれに先立ち一九七〇年代末以来の資本主義社会における新自由主義の浸透とそれに依拠する新自由主義的政策の顕著な拡大である。周知のように、マルクス主義は、原始共産社会、奴隷制社会、封建社会から資本主義社会へ、そして資本主義社会内部における資本主義の生成期、発展期、没落期、そして革命を経て社会主義社会へ、という社会構成体の時系列的な発展を想定してきた。それが、社会主義が崩落し、資本主義は自由放任主義の時代に逆戻り、先祖返りしようというカオス的な事態になってしまった。しかし、マルクス主義、そしてそれに依拠する社会科学も、またそれを批判する立場をとる社会科学も、いまだこうした事態に適切に対処することのできるような理論や方策を準備しえているとはいい難い。こんにち、歴史分析を基軸とする社会福祉学研究には、そのような状況のなかで、新たな展開が求められているのである。

ただし、社会総体とその段階的な発展という大きなコンテクストのなかで社会福祉を把握し、その成立の経緯や存立の意義を明らかにしようとしてきた社会科学的な方法論やその成果が無意味になってしまったというわけではない。今後においても、社会福祉史の研究のみならず、社会福祉の全体像の把握を意図する研究を推進するには、社会福祉の歴史を資本主義社会の発展と関わらせて理解しようとした先行研究とその業績は、避けては通れない重要な里程標として繰返しレビューされ続けられなければならない。

四　社会改良説――社会事業の存立根拠

ここで話題をわが国の大正期の中葉に戻すことにしよう。この時期はわが国の社会福祉史のうえでは社会事業（＝社会福祉の前史としての社会事業）の成立期として取り扱われている。それを象徴するものが一九二〇（大正九）年の内務省社会局の設置である。むろんここでいう社会事業の英語表記はソーシャルワークであるが、援助ないし援助技術に限定された意味でのソーシャルワークではない。政策概念や制度概念としての社会事業である。ちなみに、同時期一九二〇年代のアメリカにおけるソーシャルワークにも連邦や州、地方自治体による政策や制度の萌芽的な形態やその推進を求める社会運動（革新主義運動）が含まれていたことに留意しておきたい。ソーシャルワークが援助や援助技術を中心とする概念に変化するのは一九三〇年代以降のことである。

話題を本来に戻すと、わが国における社会事業の成立要因は、直接的には一九一八（大正七）年七月に富山県の魚津町に勃発し全国に波及した米騒動とそれによる社会不安の急激な高まりであった。その背後には、第一次世界大戦を契機に高騰する物価、なかでも米価の急激な高騰により米穀を投機の対象とする買い占めや売り惜しみが続出し、庶民の生活を圧迫する状況があった。そこに寺内内閣のシベリア出兵により投機目的の買い占めが起こり、社会不安が一挙に爆発した。政府はこれに対応するため、明治維新以来の、新たな公的救貧制度の導入を回避し、親族協救・隣保互扶を掲げる感化救済事業講習会の推進により国民に強固に自助努力を求めてきた抑圧的な救貧政策を改め、公的救済策の導入に急旋回することになった。内務省社会局の設置は、そのような政府による救済政策の転換を象徴するできごとであった。

このため、この時期以降、社会事業を従前の慈善事業と明確に区別し、それが何故に国の政策として形成され、存立展開されるべきか、その根拠を明らかにしようとする議論が必要となる。社会局長として救済行政を指揮した田子一民は、一九二二（大正一一）年に刊行したその著『社会事業』において、社会事業の存立根拠を社会有機体説に依拠して社会事業をもって社会連帯思想の所産とみなす議論を展開した。田子によれば、「社会事業は社会連帯の思想を出発点とし、根柢として行われて居る社会生活の幸福を得せしめ、社会の進歩を促さうとする努力である」。比喩的にいえば、身体の一部に苦痛が生じたとき有機体としての身体は、手足や眼の機能を動員し、その苦痛を除去しようとする。同様に、有機体としての社会は、社会の一部に極貧、貧窮などの社会疾病が生じたときは、連帯してそれを除去しようと試みる。田子によればそのような社会的な営みが社会事業である。(17)

翌一九二三(大正一二)年に『社会事業要綱』を刊行した生江孝之はまず、当時の社会にみられた労働問題、貧民問題、人口問題、婦人問題、風教問題、思想問題などを資本家と労働者という二大階級をもたらした産業制度それ自身が産み落とした難題として捉え、それらに社会改良主義に依拠して対処する施策を社会政策として規定する。ついで、その社会政策、労働者に関する諸問題に社会全体の利害を損なわない範囲において消極的には階級間の反目を緩和し、積極的には無産階級の利益の保護増進をはかる狭義の社会政策と労働問題に限らず前掲のような社会の死活問題ともなるべき諸問題に対処する広義の社会政策に分類する。そのうえで、生江は、旧来の慈善事業を含め、個人ないし社会を対象にその欠陥を改善あるいは予防を行う事業をもって社会事業とし、広義の社会政策に含まれる社会政策事業の一つとして位置づけている。(18)

このように、わが国の社会事業萌芽期において社会事業にかかる行政、思想や理論を先導した田子と生江は、当該する時期の貧困問題をはじめ労働問題、人口問題などの諸問題を社会全体として避けて通ることのできない問題として捉え、それに対処する施策ないし事業を社会事業として位置づけていた。ただし、その論拠については、田子は社会有機体説に依拠する社会連帯主義、生江は社会改良主義という違いがみられた。しかしながら、論拠に違いはあっても、社会事業を社会総体のなかに、しかも国の責任において策定し、実施されるべき政策として位置づけたことのもつ意義は大きい。

五　政策説——資本主義的必然性

田子も生江も社会事業がかつての慈善事業とは異なり、社会がうみだした貧困問題にたいして社会的に、より具体的には国家の政策として展開される施策事業であり、その背景に社会連帯論や社会改良主義があることを提起した。しかし、国家が何故に社会事業という施策を展開することになるのか、その論理やメカニズムについての解明は十分であったとはいい難い。その点、より明快に、資本制社会の全機構に関わらせて社会事業形成の論理とメカニズムに迫ったのが社会政策学者の大河内一男であった。

大河内は、産業革命期の児童労働の制限、規整を意図した工場法の制定を後の一九世紀から二〇世紀初頭にかけて形成される労働組合や労働条件の規整、社会保険の創設等を内容とする社会政策の起点として位置づけた。このような社会政策は当初工場を経営する産業資本家の激しい反対にあいしばしば頓挫したが、それでも徐々に受容され、発展してきた。それは何故か。大河内は、社会政策形成のメカニズムを、低賃金労働の確保に固執する個別資本の利害を超越し、労働者を労働力という資本制社会に不可欠な生産的要素として認識する総資本の意志とその国家による執行の過程として明快に解き明かした。

大河内は、第二次世界大戦下の統制経済を背景に、社会事業をこのような社会政策と対比させる。すなわち、社会政策は、資本制的秩序を支える生産的要素、いわば経済秩序内的存在としての労働者を対象とする。これにたいして、社会事業は生産的要素を離れた、あるいは生産的要素になりがたい貧困者、老齢者、幼弱者、傷病者などの経済秩序外的存在を対象とする事業である。ただし、そのような社会事業も社会の（統制経済の）全機構的存在であるということにおいて社会政策と異なるところはない。それは、社会政策が形成される以前において、あるいはそれが不十分な段階においては、社会事業にたいして社会政策を代位しあるいは補充するという役割、機能が付与され、期待されるからである。そして、社会政策が十分に発展した後においては、社会事業は、社会事業を代位しあるいは補充してきた事業を社会政策に譲り渡し、社会政策を背後から補強するという機能を超え、社会文化的生活一般の増進のための諸施策（図書館、公園、保健・衛生、教育、娯楽など）に向かうことになる[19]。

こうして、大河内は、そのいずれもが資本制社会の全機構的な存在であるが、社会事業は社会政策にたいしてその以前と以後に存立するという。むろん、このような大河内の立論は、第二次世界大戦下の統制経済を前提にするという制約のもとにある。しかし、社会事業の存立の根拠、その論理とメカニズムをそれなりに示しえたという意味において出色である。

戦後の社会福祉政策論の旗手とも目される孝橋正一の社会事業論は、このような大河内の社会事業論を批判的に継承するものである。大河内との対比でいえば、孝橋社会事業論の特色はつぎの三点に求められる。第一に、孝橋は、大河内が社会事業の対象を経済秩序外的存在、社会政策の対象を経済秩序内的存在として二分法的に差異化したのにたいして、社会政策は社会問題の中核にある労働問題を対象とし、社会事業は労働問題から関係的派生的に形成される社会的問題を対象とすると論じた。対象の社会問題としての連続性を主張したのである。第二に、大河内が戦時下の統制経済を背景に社会政策と社会事業を論じたのにたいし、孝橋は、社会政策と社会事業を独占資本主義（金融資本主義）段階にある資本主義社会の体制維持を目的とする合目的かつ必然的な政策、方策施設としての社会的な位置づけと機能をもつものとして立論した。第三に、孝橋は社会政策と社会事業の関係について、本来的に資本主義的な限界のもとにあり、それに制約される社会政策を代替ないし補充するものとして社会事業を位置づけている[20]。その点では、大河内と変わるところがない。ただし、孝橋には、大河内のような、社会事業が社会政策成立の以後において社会的文化的生活を増進する事業に変化するという認識はみられない。

このように、大河内と孝橋は、対象の理解に違いはあるものの、社会事業をその基底において資本主義社会の基軸的な社会関係である資本――賃労働関係に関わり、それによって規定される政策として位置づけることに一定の成功を収めている。ただし、そこに難点がないわけではない。第一に、大河内であれ孝橋であれ、社会事業をそれ以前の慈善事業や救貧事業が政策化されたものとして捉えている。さらにいえば、同時期に成立する社会政策との関係において社会事業を捉えている。その場合、社会事業以前の慈善事業や救貧事業はどのようなものとして捉えられることになるのか。それらはただそこにあったものなのか。社会事業とそれ以前の慈善事業や救貧事業を一体的なものとして把握する必要はないのかということである。第二に、社会事業と資本主義社会の基本構造との関係は、大河内の場合も孝橋の場合も、社会政策を媒介項としての間接的な関係である。いわば、社会政策論の軒先を借用しての社会事業論である。第三の難点は、大河内はむろん、孝橋にしても与り知らぬことではあるが、資本主義没落後に到来すべき社会とみなされ、そして世界の一部において現実化（一九一七年）し、存在してきた社会主義社会、ソビエトロシアが崩壊（一九九一年）したことに関わっている。大河内も孝橋も社会主義と併存する資本主義の体制危機とその回避という要素を社会福祉成立の基本的な要因として位置づけていたはずである。そのことからすれば、看過しえない事態の出来といえよう。社会福祉を社会の全体的機構との関係において捉えるというとき、新たな事態において措定される社会はどのような社会として認識されるのであろうか。

六　技術説――専門職体系

竹内愛二は戦前の時期から第二次世界大戦後にかけて当初「ケースウォーク」「グループウォーク」という表記で精力的にアメリカのソーシャルワークをわが国に紹介し、定着させようと努力してきた研究者として知られている。

竹内のいう専門社会事業（ソーシャルワーク）は、援助者と対象者（被援助者）とのあいだに結ばれる友好的（フレンドリー）な人間関係をもとにする専門的援助関係のなかでソーシャルワーカーが活用する援助技術の体系を意味している。そのような援助技術を活用する専門職が、個別社会事業者、集団社会事業者、組織社会事業者であって、それぞれケースワーク、グループワーク、コミュニティオーガニジェーションに対応している。竹内の主要な関心は、それぞれの援助技術を支える理論や技術の解明と、それらが専門職業として形成され、発展してきた過程を社会学、心理学、精神分析学、なかでも職業社会学的な手法によって解明することに向けられていた。竹内の関心は、ソーシャルワークを応用社会科学的な専門職として位置づけ、確立し、定着させることにあった。(21)

先にみたように、孝橋正一は社会事業を論じるにあたって、社会事業の本質はそれが資本主義体制維持に寄与する政策であるということにあるのであって竹内のいうソーシャルワークにあるわけではない、と時に激しい口調で批判した。しかし、ソーシャルワークの研究者である竹内が社会事業の本質がソーシャルワークの側にあると主張した痕跡は見出しえない。むしろ、竹内は、ソーシャルワークは「社会福祉事業の一専門領域を成す過程」であると規定している。竹内によれば、ソーシャルワークは、社会福祉制度を構成する社会福祉理念、社会福祉運動、社会福祉政策、社会福祉事業という四大分節（セグメント）のうち、最後の社会福祉事業の一領域である。(22)竹内の難点は、いうところの社会福祉制度それ自体の成立の根拠や過程について、社会の全体的機構に関わらせて解明するという課題に取り組まなかったところにある。

竹内の所論を離れて一般論になってしまうが、ソーシャルワークの研究者には、ソーシャルワークそれ自体の存在を社会的な機構の全体に関わらせて解明し、説明しようという関心は薄いように思える。貧困、虐待、要介護など所与のものとしての課題とその体現者としての個人、家族、地域社会があり、その解決、緩和にソーシャルワークが必要とされており、このように実施されているという分析と説明にとどまっている。先にも一度言及したことであるが、二〇一四年に、国際ソーシャルワーカー連盟は、ソーシャルワークについて「社会変革と社会開発、社会的結束、および人々のエンパワメントと解放を促進する、実践にもとづいた専門職であり、学問である」(23)とする新たな定義を提出している。たしかに、この定義は、ソーシャルワークの射程が社会変革、社会開発、社会的結束を視野に入れるまでに拡大されたということにおいては重要な意味をもっている。しかし、そこで社会変革、社会開発、社会的結束を視野に入れつつソーシャルワークの存立根拠を問う新たな視点や枠組が提起されているというわけではない。

七　固有説——串刺し施策

つぎは、戦後のわが国の社会福祉学の研究に、孝橋と並んで、あるいは孝橋以上に大きな影響を残した岡村重夫の所説である。

結論を先取りしていえば、岡村の所説も社会福祉の存在を社会の全体的機構との関わりにおいて解明したというものではない。ここで固有説という岡村独自の社会福祉学を提起するにあたって、岡村は二つの論点を提起している。第一の論点は、すでに再三言及したところであるが、社会福祉を「自発的社会福祉」と「法律による社会福祉」に区分するということである。第二の論点は、社会福祉は、一九世紀末以降二〇世紀中葉のイギリスにおいて社会的な救貧施策が多様に成立するなかで、独自固有な施策の形態と機能をもつようになったということである。

このうち、第一の点については、岡村は、社会福祉は自発的社会福祉から法律による社会福祉に発展したという。法律による社会福祉は、国や自治体の責任として行われることを意味している。ただし、より重要なのは自発的社会福祉である。岡村のいう自発的社会福祉は、共同体的な生活における人びとの相互扶助活動や結い、手伝い、きょうだい（同胞）間の義務的な助け合いなど自発的な支援活動から組織的に行われる支援活動の総体を意味している。

岡村は、第二の論点については一九世紀末から第二次世界大戦後にかけてのイギリスの救貧政策の変化、より具体的には救貧法の改革をめぐる救貧法委員会報告、社会保険制度の成立、救貧法の改正、ベバリッジ報告、福祉国家政策、社会主義国家の福祉政策について論じることから議論をはじめている。しかし、岡村がそこで意図したのは、そのような救貧政策をめぐる歴史的な展開、さらにはそれを継承する社会福祉政策の社会的歴史的な必然性、あるいは存立根拠の解明ではない。救貧政策やその変化、福祉政策の成立それ自体はむしろ所与のものとして扱われており、岡村が関心をもったのは、そこに含まれている政策転換の契機やその結果としての政策内容の変化であった。

岡村は、「社会福祉の拡大」と「社会福祉の限定」という概念を駆使して社会福祉固有の機能を導き出す。まず、岡村は、社会福祉拡大のモメントとして、❶貧困調査による社会的貧困観の一般化、❷国家責任による救貧事業の普遍的サービス化、❸社会福祉の対象者である労働者（国民大衆）の政策立法過程や行政過程への参加、❹社会主義社会における社会福祉概念、をあげる。(24) こうしたモメントによってもたらされた社会福祉の拡大は、一言でいえば、社会福祉の普遍化、国民すべてを対象とする施策への展開である。他方、一九世紀末以来の社会福祉を含む救済政策の拡大、普遍化は、社会保障、医療・保健政策、公衆衛生、教育政策、失業対策、住宅政策、都市計画などの多様な社会サービスを誕生させる。岡村は、これらの施策を社会福祉にたいして一般政策という。

社会福祉の拡大は、一面において社会福祉にとって好ましい展開である。しかし、他方において、社会福祉がすべての国民、生活上のあらゆる困難に対応するということになれば、社会福祉は一般政策のなかに紛れ込み、社会福祉固有の姿を見失うことになる。その難題に対応する方向、それがすなわち岡村のいう社会福祉の限定である。岡村によれば、社会福祉は、社会関係の主体的側面に生じる困難への対応という活動にみずからの機能を限定することによってはじめて、みずからの存在を他の社会サービスと区別されうる固有の領域として確保することができるのである。(25)

このような岡村の社会サービス一般と社会福祉との区別とそのうえでの新たな組み合わせを図式的に表現すれば、縦位置で並列させた各種の社会サービスを横に串刺しするかたちで横断的に社会福祉が位置づけられるということになろう。各種の社会サービスはいずれも、岡村的にいえば、社会制度であって、一般国民はそれらの社会制度とのあいだにそれぞれに社会関係をもつことになる。そして、社会福祉は、そのような社会関係の主体的な側面に関わることによって独自性を獲得するにいたる。

岡村はそのように限定された社会福祉にソーシャルワークをあてている。加えて、社会福祉の拡大の過程や限定の必要性あるいは必然性を論じるにあたっては救貧政策の推移や社会サービス一般の成立や性格などについて言及しているが、そのような政策や社会サービスそのものの成立の根拠やメカニズムを論じているわけではない。その意味では、岡村の社会福祉学はソーシャルワーク論というべきかも知れない。しかし、岡村が、一般政策ないし社会サービスとの関係において、社会福祉（ソーシャルワーク）の固有の機能を確定させようと試みたことのもつ意義は大きいといえよう。

八　運動説――社会運動を契機とする社会福祉の成立と発展

いわゆる社会福祉の運動論を代表するのは、一番ヶ瀬康子、真田是、高島進というところであろう。まず一番ヶ瀬は、社会福祉を国家独占資本主義段階において人びとの生活権の保障を目的として成立し、人びとのもつ労働力の態様とその労働力市場における評価を基盤として生起する生活問題に対応する国家の政策として位置づけた。一番ヶ瀬は、そのような社会福祉の成立過程において、高齢者、障害者、子どもやその保護者、支援者、社会福祉従事者などの当事者による社会福祉運動、社会福祉の改革や制度創設を求める市民運動や労働運動が重要な影響力をもつことを明らかにした。真田是は、社会福祉政策の成立やありようを規定する要因として社会問題、社会運動、政策をあげ、それら三通りの相互規定関係を基盤とする社会福祉の三元構造論を展開した。そのような構造のもとにおいて、社会福祉専門職としての福祉労働者は一面において政策的遂行の機能を担いつつ、他面において専門職としての運動や福祉労働者としての運動を通じて社会福祉政策の修正、変革、創出を働きかけることになる。高島進は、イギリスの救貧政策史の分析をもとに、救貧法・慈善事業、社会事業、社会福祉という社会福祉発展の三段階論を展開し、それぞれの発展段階が創出されるプロセスにおける労働運動や社会運動の意義を強調した。(26)

第1章においても言及したことであるが、このような一番ヶ瀬、真田、高島らによる立論の背景の一つに、一九六〇年代から七〇年代の初頭にかけて大きな社会的なうねりとなった大学紛争があった。なかでも、社会福祉関係の学部・学科の在学者や年若い卒業生たちに多大な影響を与えたのは「社会福祉解体論」の流布であった。社会福祉解体論の論旨は、社会福祉が、孝橋の所説にいうように、資本主義の弊害による社会問題に対処する政策にみえつつもその本質は資本主義体制を温存するための弥縫策に過ぎず、その範囲や内容も資本主義の利害によって制約されるものだとするならば、社会福祉に関わることは資本主義体制の温存に手を貸すことになるというものであった。このような社会福祉解体論の主張は、それ自体としてはいかにも素朴な論理に依拠するものであった。しかし、その影響は社会福祉の理論研究にとって看過しえないものであった。

一番ヶ瀬、真田、高島らいわゆる運動論の研究者たちは、その論理や力点、表現に違いはあれ、大筋において、社会福祉を、社会問題の渦中にある当事者や支援者、社会福祉従事者たちによる社会福祉運動、それを包摂する社会運動がその圧力をもって資本主義国家に対応を迫り、その譲歩策として引き出してきた政策として位置づけていた。そこでは、社会福祉は資本主義体制の維持温存施策として最終的には資本主義の体制的な限界のもとにおかれるにしても、その範囲や内容は社会福祉運動や社会運動によってそれなりに拡張しうるものとみなされた。

実際、わが国において、社会福祉運動論と社会運動は、一九五五（昭和三〇）年から八〇（昭和五五）年にいたる保革伯仲の時代、なかでも革新自治体の時代、自治体による地域福祉の三本柱（ホームヘルプサービス、デイサービス、ショートステイサービス）、児童手当、老人医療の無料化などの先導的施策の策定と実施、その国施策化という手法によって、社会福祉の拡大に貢献し、わが国における福祉国家構築の重要な契機の一つとなった。その限りにおいて、社会福祉運動論はそれなりのリアリティをもちえたのである。

しかし、八〇年代以降、五五年体制の崩壊、社会福祉運動や社会運動の支持勢力であった社会党をはじめとする革新勢力の勢力が縮減するとともに、社会福祉運動論の理論的な影響力も後退することになった。ただし、それによって、社会福祉運動そのものの社会福祉成立の契機としての意味が消滅したわけではない。また、こんにち、社会福祉に関わる施策の細部の補正や改変、新制度の導入などの政策の策定・運用の過程においては、厚生労働省の所掌課と各種事業者団体との交渉、摺り合わせ、陳情などが重要な要因となっている。各種事業者団体やその運動を社会福祉運動の範疇を構成する要素として位置づけることができるとすれば、運動説はなお社会福祉の分析枠組としての意義を充分に保持している。

一番ヶ瀬、真田、高島らの運動説は、社会福祉を資本主義社会の全体的な機構と関連づけるというコンテクストにおいて大河内、孝橋の政策論を継承しつつ、規定要素としての資本主義の独占段階から国家独占段階への変化、国家機能の拡大、社会福祉運動（社会運動）を社会福祉政策の重要な規定因子として組み込んだ分析枠組を新たに構築しようとしたところに、その特徴を見出すことができる。運動説の意義は、このように、政策説を継承しながら社会福祉をめぐる新たな状況に対応しうる包括的な分析の枠組を提起したことにある。また、運動説の提唱者である一番ヶ瀬や高島は社会福祉の歴史研究者でもあり、その限りにおいて救貧施策や慈善事業の展開、性格や機能についても言及している。ただし、それはあくまでも社会事業、社会福祉の前史としての扱いである。救貧施策や慈善事業の形成や存在を社会事業や社会福祉と一体的なものとして捉えるという認識のしかたにはなっていない。

九　運営説——社会福祉の内部構造への着目

つぎに、三浦文夫の言説について考察しておこう。三浦は、一九六〇年代の後半から九〇年代にかけて、わが国の社会福祉政策とその研究に大きな影響を与え、それまでの社会福祉学の研究者に例をみない足跡を残したことで知られている。三浦は大学に所属する社会福祉学の研究者でありつつ、政府機関や全国社会福祉協議会に積極的に関わることによって、五五年体制下の高度経済成長期以降のわが国の社会福祉のありように重大な影響を残した。しかし、世俗的な毀誉褒貶は別にしても、三浦の社会福祉研究にたいする歴史的な評価はいまだ定まっているとはいいがたい。

それでは、そのような三浦による社会福祉研究は、ここでの課題、すなわち社会福祉存立の根拠を明らかにするという課題への寄与という観点からみるとき、いかように評価すべきであろうか。その判断はかなり微妙にならざるをえない。周知のように、三浦は、先行する孝橋以来の政策論や本質論争のありように批判的なスタンスをとった。従来の政策論や本質論争は、社会福祉の現実、個々の政策の成立過程、政策運営の方法、サービスの供給体制、財政などの実態分析に充分な関心を払わないままに展開されており、そのために不毛な議論に終始している。これが三浦の先行する政策論にたいする批判の根拠であり、趣旨であった。孝橋らの政策論は、社会福祉の現実分析を欠落させたままに展開され、そのために議論がリアリティのない抽象のレベル、メタフィジカルなレベルにとどまっており、社会福祉の核心に接近しえていない、ということであろう。三浦は一貫してこの批判的な姿勢を堅持した。そのため、以後の三浦による社会福祉研究の内容は、社会福祉政策や社会福祉事業に関する現状分析と政策の企画立案、各種の保健福祉計画や地域福祉計画の研究などを中心とするものになった[27]。

三浦は、社会福祉を社会構成体のありよう、社会の全体的な機構と関連させ、社会福祉存立の根拠や過程を正面から議論するという研究を明確なかたちでは残していない。社会福祉そのものの存立の基盤、背景、メカニズムやダイナミズムに関わる研究を残していないのである。三浦は、社会福祉に関わる政策、あるいは社会福祉を構成する個別の政策や事業（プログラム）についての研究については精力的に取り組み、その領域では大きな功績を収めた。しかし、ここでの文脈に引きつけていえば、社会福祉の成立根拠に関する研究、すなわち現代の社会や国家（政府）は何故に「社会福祉という政策」を必要とするのかという問題についての研究は、残念なことに、明示的には残していないのである。

ただし、それは、三浦の研究が社会福祉の存立に関する研究にたいして、何らの貢献もしなかったということではない。三浦が、伝統的な政策論や本質論を批判し、社会福祉の実態、現実に関する研究の重要性を指摘し、積極的にそれを推進したことによって、わが国の社会福祉研究は新たな時代を迎えることになった。社会福祉とよばれるものの実態を解明することなしに、社会福祉の本質、その基本的な性格や存立の意義に接近することは不可能だからである。

一〇　社会共同説――社会福祉存立の基盤としての社会共同

先行研究の最後の事例として、社会福祉史の研究者として知られる池田敬正の言説を取りあげることにしたい。池田は、社会福祉が近代社会による所産であることを認めるが、それはただ単に社会福祉が歴史的にみて近代社会において成立をみたという意味ではない。池田によれば、近代社会における社会福祉の成立は、人類史にかかる歴史貫通的な「福祉」の一環として理解されなければならない。池田によれば、この福祉とは、「人間の本性としての愛他理念と人類の属性としての共同存在性」という「二つの規範的原理にもとづく生活援助」を意味している。したがって、池田のいう福祉は、単に「幸せ」「好ましい状態」などの価値や理念を意味するものではない。それは、人類の属性としての共同存在性を基盤とし、愛他理念の具現化として追求され、実践されてきた生活援助（または生活支援）である。福祉は、その意味において、人類史のなかに歴史貫通的に通底している理念と活動であり、それが近代社会において社会福祉として現れ、実体化するのである。(28)

池田による社会福祉の理論構成において重要な鍵となる概念は、人類の共同存在性の社会化としての「社会共同」と「友愛」である。それが人類の属性としての共同存在性に由来する限り、社会共同は本来的に、歴史貫通的なものとなる。ただし、それは、「人類史の二大命題」である「個の独立」と「社会の発見」を基準として、三通りの段階に区分される。池田によれば、第一の段階は、「個の独立」も「社会の発見」もみられない「前近代の社会共同」である。第二の段階は、いまだ社会の発見にいたらず、個人的自由の強調による社会的平等の否定を基調とする「近代的な社会共同」であり、それは、「個の独立」によって、前段階の「原生的な社会共同」が解体させられる段階である。第三の段階は、「個の独立」を前提とする「社会の発見」がもたらしたものであり、自律的な個人の社会連帯を基調とする「社会共同の再生」の段階である。

こうして、池田によれば、社会福祉は、一九世紀末から二〇世紀にかけて、この第三の段階における「社会共同の再生」の所産として、あるいは「社会共同の再生」を基盤として成立する。社会福祉の基礎として歴史貫通的な福祉とその担い手としての社会共同、さらには社会共同の三段階の設定、社会の発見と自律的個人による社会連帯としての社会共同の再生などは、池田による社会福祉史研究の貴重な成果である。池田のねらいは、社会福祉を資本主義の論理に閉じ込め、その固有の意味を先験的に設定された現代社会のみに見出そうとする所論の克服にあった。[29] 池田はある意味では、それに成功したといえよう。しかし、世紀転換期の社会共同の再生だけによって社会福祉が成立したわけではない。池田自身の行論が認めているように、社会福祉の成立過程には、独占資本主義による失業、貧困の拡大、社会不安の拡大、帝国主義的対外政策など、資本主義的経済システムや政治システムにかかる諸要因が大きな影響力をもって介在していたのである。

一一　若干の整理

ここまで、仮に歴史形成説、社会改良説、政策説、技術説、固有説、運動説、運営説、社会共同説と名づける諸説を取りあげ、それぞれの言説がわれわれのいう「社会福祉の存立根拠」問題についてどのように言及してきたかを論じてきた。もとより、改めて断るまでもないことであるが、それぞれの言説が「社会福祉の存立根拠」という概念を設定して議論を展開しているわけではない。それぞれの言説から、われわれのいう「社会福祉の存立根拠」問題に関連する議論を抽出し、批判的に検討することを通じ、各言説の「社会福祉の存立根拠」論としての成否、意義、効用について論じてきた。

最後に、その議論を踏まえ、社会福祉の存立根拠の取り扱いかたという観点から論点の整理を試み、つぎの第4章の議論、社会福祉研究にかかる方法論のバージョンアップをめざす議論につなげたいと思う。ただし、以下においては個々の言説類型を取りあげ論評するという手続きによることをせず、歴史形成論から社会共同説にいたる社会福祉の存立根拠に関する言説を素材に、幾つかの論点を設定し、議論の過程において、必要に応じて、個別の言説についても言及することとしたい。

歴史と理論の異同という問題からはじめよう。歴史形成説は、歴史の捉え方に多少の違いを含みつつ、社会福祉の成立を資本主義社会の発展段階に重ねあわせて分析を試み、その経過から社会福祉の成立を説明しようとしてきた。資本主義社会の展開過程を基盤に、社会福祉がどのように発展ないし展開してきたかを分析し、そこでえられた知見にもとづいて、こんにちの社会においていかにして社会福祉なるものが存在するのか、その根拠を説明しようとしてきた。この方法は、たしかに社会福祉の何たるか、その存立の根拠を解明するうえで一定の成果をあげてきたといってよい。しかし、この言説には基本的な難点が含まれている。社会福祉がどのように発展し、成立するにいたったかを説明するという問題と社会福祉存立の論理、メカニズムを解明し、何故にそれが存立するのか、そのことについて説明するという問題は基本的に別の議論として扱う必要がある。歴史形成説は社会福祉の成立過程の解明に重要な成果をあげてきたし、これからも必要とされる研究の領域である。しかし、それによって解明されるのは、社会福祉成立の背景、要因とその結果についての時系列的な展開の過程とその論理である。社会福祉成立の論理やメカニズムの解明には、そのような歴史分析を活用しつつ、それを超える理論的な視点や枠組による分析と意味づけが必要とされる。

その課題に挑戦したのが、社会改良説、政策説、運動説である。まず、社会改良説は、大正期末以降における国（内務省社会局）による社会事業の導入の必要性、必然性について理論的な根拠、正当性を与えようとした試みであり、その意味で、社会事業の存立根拠について論じたものといえよう。ただし、その議論は、説明的記述的な段階にとどまっている。

わが国における社会福祉存立根拠に関わる本格的な理論的研究は、大河内、孝橋の政策説にはじまり、それを批判的に継承する一番ヶ瀬、真田、高島らによる運動説によって発展させられてきた。それぞれの理論の内容については再三にわたって言及してきたところであり、ここではその難点を指摘するというかたちで議論を進めよう。大河内もまた孝橋も、社会事業を社会の全機構にかかる政策として理論的に位置づけ、解釈することを課題とした。より具体的には資本主義経済さらには資本主義社会の体制維持に関わる政策として説明しようと腐心した。そこに政策説の功績がある。しかし、政策説は、政策としての社会事業の存立の必然性、資本主義的な合目的性を、社会政策を介在させることによって説明する。社会事業は社会の全体的機構に関わる政策であるが、それは社会政策を代位（代替）したり、補充するという機能をもつことによってはじめて存立の根拠をもつことになる。社会事業それ自体の存立が直接的に論じられ、説明されたわけではない。大河内、孝橋による政策説の大きな難点である。

この難点は、国家独占資本主義概念を導入した運動論によって一定の範囲で除去された。運動論は、政策論が独占資本主義を前提に社会事業を論じてきたのにたいして、国家独占資本主義を前提に独自固有の政策として直接的に社会福祉を説明しようとした。運動論は、国家（社会）責任の拡大、社会権的生存権の保障、社会運動、革新政党、福祉国家政策などの概念をもちいて、社会福祉の政策としての必要性、必然性を直接的に説明するとともに、国民生活にとっての必要性と効用性の拡大など、社会福祉に一定の積極性を認める理論を構築しようとしてきた。運動説によって社会福祉の存立根拠に関する研究は一つの到達点に達したといってよいであろう。

しかし、このような運動論の勢いは、七〇年から八〇年代をピークに、九〇年代以降になると目に見えて弱体化したかに思える。そこには運動論を主導した研究者たちの高齢化という要素もある。しかし、もっとも重要な要因となったのは、九〇年代初頭のソビエトロシアの崩壊に象徴されるような社会主義の後退と資本主義の先祖返りともいえる新自由主義の拡大である。社会福祉研究は、このような九〇年代以降の国外、国内の社会変動、社会福祉が存立し、展開する社会の著しい変動をどのように存立根拠論に組み込むのか、あるいはそのような要因とは関わりのないかたちで存立根拠論を組み立てるのか、という課題に直面させられることになったのである。運動論においては、明示的であるかどうかは別にして、一九一七年のロシア革命による社会主義国家の出現や、国内における社会主義運動、労働運動、革新系議員の拡大などが前提になっている。その一角が崩れたのである。歴史形成説にとっても、それが伝統的に前提としてきた人類史的な時期区分、さらには資本主義社会内部の時期区分のありようにも関わるできごとである。歴史形成説、政策説、運動説からみれば、想定外ともいうべき局面の出来である。

ここで俎上にのせるべきもう一つの問題は、運動説を含め、政策説が社会事業や社会福祉を一九世紀末以降における資本主義社会の状況と結びつけるかたちで立論し、それ以前の慈善事業や救貧事業をもっぱら社会事業、社会福祉の前史的過程として位置づけてきたことである。社会事業や社会福祉を国家の政策として位置づけるということを基本に据えれば、慈善事業や救貧事業はその前史とせざるをえない。しかし、それでは慈善事業や救貧事業、さらには近代以前の慈善活動や慈恵事業を含め、それらはいかにして、いかなる理由にもとづいて形成され、展開されてきたのか。従来の研究は、その存在や個人的事蹟を記述するにとどまっている。固有説において自発的社会福祉と法律による社会福祉の区別がなされているが、自発的社会福祉についての議論は、相互扶助や結い、手伝いなどの組織的助けあい活動の紹介のレベルといってよい。これら社会事業や社会福祉の政策化以前の活動や事業を含め、社会福祉を一体的なものとして把握する必要があろう。

その点について一石を投じているのが社会共同説である。社会共同説の提唱者の池田敬正は、従来の研究を、社会福祉を一九世紀末以降の資本主義の展開という世界のみに閉じ込めていると批判し、社会福祉の研究をそのような枠組から解放し、人類史的な人間的共同存在性と愛他主義理念の社会化としての「社会共同の再生」という文脈のなかで捉えることを主張した。社会共同説そのものは十分な展開をみないままに終わっているが、歴史形成説以来のわが国の社会福祉研究のなかでは、新しい問題提起になっている。ただし、社会共同説が新たな展開の端緒となる可能性をもつとして、社会福祉の存立を社会の全体的機構と結びつけて論じるという観点に立ち戻るとき、社会構成体論ないし社会変動論と結びつけたさらなる議論が必要となろう。特に、社会福祉の政策やその実施過程としての援助が、地域社会をベースにして展開されるようになっているという状況にあるとき、伝統的な視点や枠組を超えたところで新しい社会福祉学を構築することが求められる。「社会共同」への着眼は、新たな社会福祉理論の構築につながる可能性をもっていた。

ここまで、われわれは、第二次世界大戦後のわが国の社会福祉研究を牽引してきた代表的な研究者を取りあげ、縷々その言説を考察してきた。研究者によって設定されている視点や枠組は区々であり、その成果も様々であった。どれか一つの視点や枠組を継承し、それをもって一元的に社会福祉の何たるかを分析し、説明することなどできそうにもない。こんにち、わが国の社会はかつてのそれではない。現代の社会は、グローバル化、人口構造や家族構造の変化、超少子高齢化などを通じてかつてないほどに多様化、複雑化し、高度化してきており、おのずとそれに対応するかたちで社会福祉もまた多様化、複雑化し、高度化してきている。そのような社会福祉の何たるかを的確に分析し、把握するためには、多角的、多次元的、かつ複合的なアプローチの仕方が求められよう。繰返しになるが、かつて、三浦は、伝統的な政策論的なアプローチを社会福祉の現実、実態についての関心に欠けるという理由で批判しつつ、一方において社会福祉を社会の全体的機構との関わりにおいて分析するという作業を回避した。同時に、他方において、コミュニティケアに関する議論を別にして、ソーシャルワークについて言及することも回避した。

このように、みずからの研究のアリーナを社会福祉の一部に限定し、外にたいして閉ざしたかたちで設定するという手法は、一面において、研究者として禁欲的な姿勢として評価されるかもしれない。しかし、そこにある種の違和感を禁じえないこともまた事実である。改めて、多角的、多次元的、複合的なアプローチの方法を工夫し、社会福祉の全体像に接近する試みが世代を超えて展開されることを期待したいものである。

註

(1) 秋吉貴雄『入門　公共政策学』中公新書、二〇一七年、四ページ。
(2) 同右。
(3) 公共政策学については、秋吉貴雄『入門　公共政策学――社会問題を解決する「新しい知」――』(中央公論社、二〇一七年)、『公共政策学の基礎』(有斐閣、二〇一〇年、新版二〇一五年)を中心に、講座として刊行されている『BASIC　公共政策学』(ミネルヴァ書房)の既刊書その他を参照した。
(4) 秋吉、前掲書、二五~二七ページ。以下、「問題志向」「コンテクスト志向」「多元性志向」「規範志向」について議論する過程において紹介する秋吉の言説は、前掲書の二五~二七ページを中心に、前掲書第1章、第2章における秋吉の記述に依拠して紹介している。
(5) 右田紀久恵、高澤武司、古川孝順編著『社会福祉の歴史』(有斐閣、一九七七年)の序説を参照されたい。
(6) 事柄の出発点として、社会福祉の対象として措定されるものとしての社会問題(課題状況)と実際に社会福祉にかかる政策によって対象として位置づけられる社会問題は同一ではない、という議論は社会福祉学の領域においてもかねて論じられてきたことである。社会福祉の領域では、すでに真田是が対象化(「拾い上げ」とも)という表現をもちいてそのことに留意している(真田是「社会福祉の対象」、一番ヶ瀬康子・真田是編『社会福祉論』有斐閣、一九六八年、二七ページ)。その趣旨は、社会福祉は広義の社会問題のなかから社会福祉に対応しうる領域を対象として措定するという意味であったが、社会福祉の対象として措定された社会問題についても、具体的な政策を策定する段階において対象化が行われる。われわれも、その意味において対象化という手続きに言及してきた(たとえば、拙著『社会福祉原論』誠信書房、二〇〇三年、一三六ページ)。近年では、岩田正美が社会福祉政策の対象が問題状況そのものではないこと、問題状況の一部が政策によって一定の解釈、意味づけのもとに切り取られたものであることを強調している(岩田正美『社会福祉のトポス』有斐閣、二〇一六年、四〇~四一ページ)。秋吉はそのような手続き、認識の過程にフレーミングという名称を与えているが、大変有益な用語法であり、参考になる。秋吉のフレーミングはあるいは写真用語からの転用かと思われるが、被写体である問題状況の一部分が一定の意味をもつフレームによって切り取られ、政策対象として設定されるという手続きないし過程を記述するうえで有益なネーミングであろう。
(7) 孝橋正一『全訂　社会事業の基本問題』ミネルヴァ書房、一九六二年、二五~二八ページ。

(8) 竹内愛二『専門社会事業研究』弘文堂、一九五九年、九〇～九一ページ。
(9) 一番ヶ瀬康子の所説については一番ヶ瀬康子『社会福祉とはなにか』(一番ヶ瀬康子社会福祉著作集第1巻)(労働旬報社、一九九四年)を参照されたい。真田是の所説については真田是『現代の社会福祉理論』(労働旬報社、一九九四年)、高島進の所説については『現代の社会福祉理論――国家独占資本主義と社会福祉』(ミネルヴァ書房、一九七三年)を参照されたい。
(10) 三浦文夫『社会福祉経営論序説――政策の形成と運営――』碩文社、一九八〇年、三九～五六ページ。
(11) 星野信也『社会福祉学の失われた半世紀――国際標準化を求めて――』(鉄道弘済会『社会福祉研究』八三号、二〇〇二年)を参照されたい。
(12) 国際ソーシャルワーカー連盟によるソーシャルワークの定義は以下のようなものである。「ソーシャルワークは、社会変革と社会開発、社会的結束、および人々のエンパワメントと解放を促進する、実践に基づいた専門職であり学問である。社会正義、人権、集団的責任、および多様性尊重の諸原理は、ソーシャルワークの中核をなす。ソーシャルワークの理論、社会科学、人文学および地域・民族固有の知を基盤として、ソーシャルワークは、生活課題に取り組みウェルビーイングを高めるよう、人々やさまざまな構造に働きかける。」(国際ソーシャルワーカー連盟、二〇一四年採択)
(13) 池田敬正『現代社会福祉の基礎構造―福祉実践の歴史理論』法律文化社、一九九九年、二六八ページ。
(14) 池田敬正、同右、三三四～三三五ページ。
(15) 拙著『社会福祉学』(誠信書房、二〇〇二年)、同『社会福祉原論』(誠信書房、二〇〇三年)。
(16) 右田紀久恵、高澤武司との共編『社会福祉の歴史』(有斐閣、一九七七年)の序章「社会福祉政策の形成と展開――史的分析の視点と方法」(無署名になっているが古川が執筆した)並びに同『社会福祉の歴史(新版)』(有斐閣、二〇〇一年)の序章(古川が執筆し、初版の序章を一部修正加筆している)を参照されたい。本書の序および編別構成をみれば、本書の組立が宇野マルクス経済学の三段階論にいう現状分析の枠組によっていることは直ぐにも読み取れるであろう。本書は初版刊行後すでに四〇年を経過してなお市販されている。この種の書籍としては例外的に長命かと思われる。昨今、社会福祉の歴史研究それ自体は隆盛であるが、歴史的事実の発掘と可視化は進んでも、歴史をストーリーとして組み立てる視点や枠組、総じていえば社会福祉史の方法論にたいする関心が希薄化しているように思われる。
(17) 田子一民『社会事業』、社会福祉古典叢書五『田子一民・山崎巌集』(鳳書院、一九八二年)所収、一六ページ。
(18) 生江孝之『社会事業要綱』、社会福祉古典叢書四『生江孝之集』(鳳書院、一九八二年)所収、一五～一七ページ。

(19)大河内一男『社会政策の基本問題』青林書院新社、一九六九年、三一三～三一七ページ、三三〇ページ。
(20)孝橋正一、前掲書、二六ページ。
(21)竹内愛二、前掲書を参照されたい。
(22)竹内愛二、前掲書、一六三ページ。
(23)国際ソーシャルワーク連盟による前掲のソーシャルワークの定義。
(24)岡村重夫『全訂　社会福祉学（総論）』柴田書店、一九五八年、六一ページ。
(25)岡村重夫、同右。
(26)一番ヶ瀬康子、真田是、高島進の言説については、取り敢えず前掲註(9)に掲載したそれぞれの著作を参照されたい。
(27)三浦文夫『増補改訂　社会福祉政策研究―福祉政策と福祉改革―』（全国社会福祉協議会、一九九五年）を参照されたい。
(28)池田敬正、前掲書、三四〇～三四二ページ。
(29)池田敬正、前掲書、五五～七〇ページを参照されたい。池田はそこで戦後日本の社会福祉理論を批判的にレビューしながら自説を展開している。

第4章

社会福祉研究の焦点

第4章においては、先行する第1章から第3章までの議論を踏まえつつ、われわれが『社会福祉原論』（誠信書房、二〇〇三年）その他で展開してきた視点や枠組について、必要に応じて行論を補強し、あるいは調整ないし修正し、社会福祉の現代的な展開に対応しうるものにアップデイトするという課題に取り組むことにしたい。『社会福祉原論』を上梓して以来、わが国の社会は、社会、経済、政治、文化というそれぞれの位相において、またそれらが相互に影響し、規定しあいながら、大きな変動の時代を織りなしてきた。その渦中にあって、社会福祉もそしてそれを研究の対象とする社会福祉学も、紆余曲折を含みながら、さまざまに変化し、発展してきた。また、社会福祉と社会福祉学の展開に関連する諸科学にもめざましい変化、発展がみられた。

こうして、この章におけるねらいは、端的にいえば、これまでわれわれなりに設定し、適用としてきた社会福祉学の研究方法論を改めて見直し、こんにち的な状況のなかで、もう一度、社会福祉とはなにか、社会福祉学とはなにか、という年来のテーマを再考することにある。

ここで、あらかじめ本章の編別構成に言及しておきたい。第1節においては社会福祉のマクロ環境――社会構成体と社会福祉の関係について、第2節においては社会福祉のメゾ環境――社会福祉のL字型構造について論じる。第3節においては、前2節の議論を承けて社会福祉の内部環境――社会福祉の構造と機能について論じる。第4節においては施策過程としての社会福祉について改めて考察する。最後に、本書のまとめとして、社会福祉学のスケルトンを概観する。

以下、議論はしばしば重複し、錯綜することになろうが、社会福祉学の弱点は先行研究についての議論、批判的な考察と成果の継承を的確にしないことだという先学の教訓を振り返りつつ、改めて議論を進めてみたい。われわれと一緒に、結局のところ、社会福祉とは何か、社会福祉学とは何か、という社会福祉学研究者にとっての基本的な課題に思いを巡らしていただければ幸いである。

第1節　社会福祉のマクロ環境——社会構成体と社会福祉

さて、ここでもう一度、拙著『社会福祉原論』に戻ることにしよう。本書の刊行後すでに一五年を閲《けみ》することになるが、われわれは、そこで社会福祉を外部環境と内部環境（内部構造）という二つの次元に分けてアプローチすることを提起した。社会福祉の外部環境とは、社会福祉をその内部に包摂する総体社会（社会構成体）を意味している。われわれは、そのような総体社会を共生システムとしての共同社会（狭義の社会）、経済システムとしての資本主義社会、政治システムとしての市民社会、規範システムとしての文化社会という四通りの位相に分け、それぞれの位相と社会福祉との関係について考察した。ついで、社会福祉の内部環境とは、社会福祉の内容となる個別の政策システム、制度システム、そして援助システムとそれらを構成する権限、情報、財源、要員（マンパワー）の組み合わせを意味していた。このように、われわれは、社会福祉を外部環境と社会福祉の関係、社会福祉の内部環境という二つの次元に分けて考察し、そのそれぞれの次元でえられた知見を統合し、総合することによって、社会福祉の全体像に迫るというアプローチを採用してきたのである。

第3章第3節で試みた先行研究の類型化でいえば、社会福祉と外部環境に関する議論は、社会福祉の歴史分析を課題とする歴史形成説、社会福祉そのものの存立根拠を問うた政策説や運動説に照応することになる。

以下、われわれは、『社会福祉原論』で設定したアプローチの概略を振り返りつつ、改めてこんにち的な時点から、その研究方法論としての意味や効用などについて改めて考察する。われわれは、第1章において、社会福祉の外部環境を、総体社会を意味するマクロ環境と社会的生活支援施策群を意味するメゾ環境に分割し、「社会福祉のマクロ環境」「社会福祉のメゾ環境」というサブディビジョンを設定しておいた。第1節の課題は、「社会福祉のマクロ環境」について議論を深めることにある。

一　総体社会の位相と社会福祉

さて、われわれは、先に言及したように、『社会福祉原論』において、社会福祉と外部環境との交互作用関係を分析するための糸口として、総体社会（社会の総体）を共生システムとしての共同社会、経済システムとしての資本主義社会、政治システムとしての市民社会、規範システム（初出では価値システム）としての文化社会（初出では文明社会）という四通りの位相（フェイズ）をもつ社会として位置づけ、四相構造社会と称することにした。いま、総体社会をトータルシステムとして理解すれば、共生システム（共同社会）、経済システム（資本主義社会）、政治システム（市民社会）、規範システム（文化社会）は、いずれもそのサブシステムにあたる。ただし、総体社会は、共生システム、経済システム、政治システム、規範システムの単なる総和ではない。共生システム、経済システム、政治システム、規範システムは相互に有機的に影響しあい、規定しあいながら、総体社会を構成している。総体社会は、それ自体一つのまとまりをもった全体として機能する集合体、あるいは集合組織として存立する。

社会福祉は、そのような総体社会、それ自体一つの組織体としてまとまりをもち、独自に機能する社会のなかで形成され、そのありように規定されつつ存立している。しかし、第3章第3節で垣間見たように、従来の社会福祉の存立根拠を尋ねる議論には、たとえば孝橋正一の政策説に典型的にみられるように、資本主義という経済システムの側面から一元的に社会福祉を捉えようとするものが多かった。それらは、社会福祉の経済学的研究としてみれば、それなりに意味をもっている。しかしながら、それにもかかわらず、社会福祉の現実、実態をみると、それが成立し、実施される過程には、人口の構成や動態、家族、地域社会、生活意識、生活習慣、社会運動、エスニック、宗教、思想などの社会、政治、文化のありようが密接に関わっている。実際、仮に社会福祉が資本主義社会の体制秩序の維持を目的とする政策として成立するにしても、それが国（政治）の政策としてフォーマルに位置づけられ、運営管理され、実施される過程は、政治的な過程そのものである。その過程には社会的、文化的因子も関わっている。現代社会における社会福祉を的確に理解しようとすれば、社会的、経済的、政治的、文化的などの一元的な区分を超えた、多元的、多角的なアプローチが不可欠となる。

われわれは、総体社会を構成する要素として、共生システム（共同社会）、経済システム（資本主義社会）、政治システム（市民社会）、規範システム（文化社会）の四通りを設定しているが、ここでその理由について一言しておきたい。総体社会の構成要素について、それを社会（狭義の社会）、経済、政治、文化とするのは社会学ではよくみられる整理のしかたである。また、財政学や行政学などでは、社会の構成要素を社会システム、経済システム、政治システムとするような例もみられる。しかし、われわれはその例にならったわけではない。われわれの設定は、第3章第3節でみてきたわが国の社会福祉の基本的性格に関わる諸議論において基軸に据えられている社会の位相に着目したものである。大河内一男や孝橋の場合は明らかに資本主義社会である。真田是、高島進もそうであろう。一番ヶ瀬康子の場合は、生存権など市民社会的な要素への着目がみられ、後には福祉文化（福祉に関わる文化ないし文化としての福祉）の提唱など文化社会に関心を寄せている。田子一民、生江孝之、竹内愛二、岡村重夫、三浦文夫の立場は共同社会を基盤にしたものといって差し支えないであろう。第3章第3節において取りあげなかった言説を視野に入れれば、小川政亮、佐藤進などの市民社会を前提にした社会福祉法制にかかる業績がある。

もとより、このような分類は相互排除的なものではない。複数の位相に関わる議論が展開されるというのが通例であり、しかも、重なりあいの濃淡は多様である。そのことを前提に、われわれは、『社会福祉原論』において、社会福祉の基本的な性格にかかる議論の起点において、総体社会を四相構造社会として捉える四相構造社会アプローチを構想したのである。**図4−1**「総体社会の四つの位相」がそのイメージ図である。

図4−1は、三角錐になっており、その底面が共同社会、他の三面がそれぞれ資本主義社会、市民社会、文化社会という構成になっている。マルクス経済学的にいえば社会の下部構造を構成するのは資本主義の経済システムということになる。確かに、われわれは、資本主義社会に生きている限りは、自営者は別にして、労働者であれば、労働市場においてみ

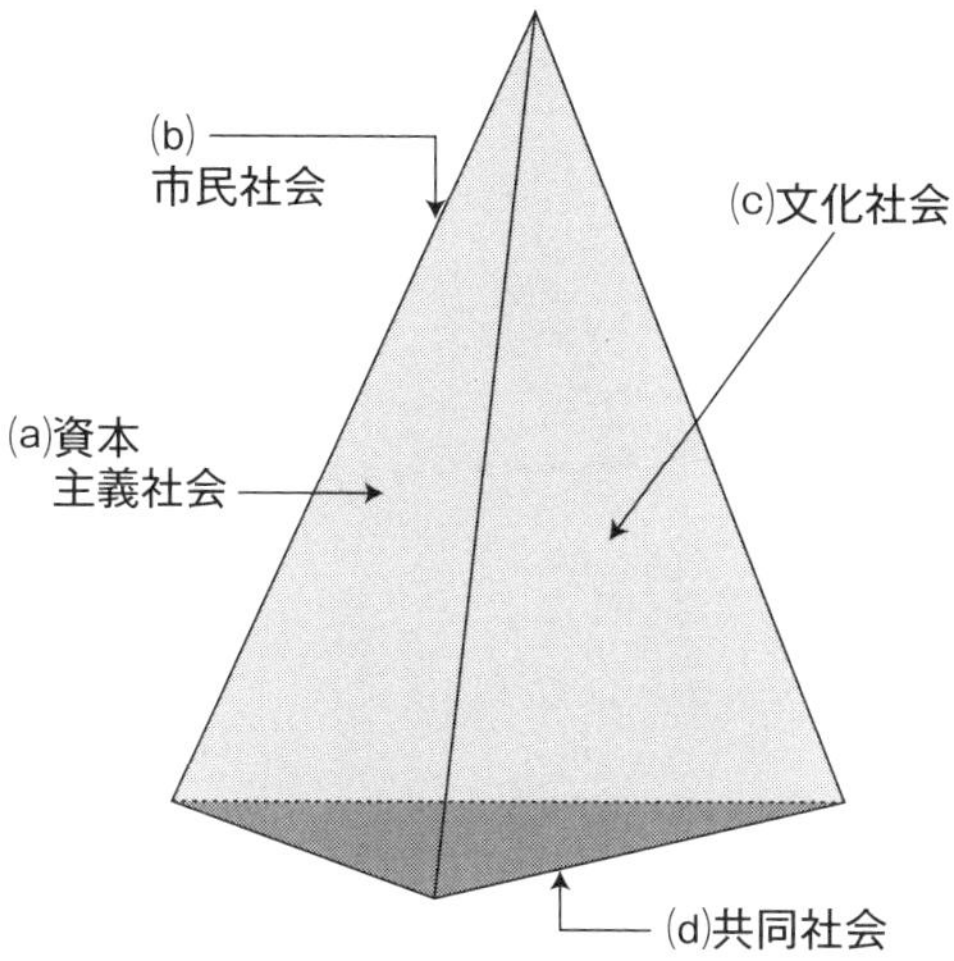

図 4-1　総体社会の四つの位相
初出：古川孝順『社会福祉原論』誠信書房、49 頁、2003 年

ずからの労働力を販売し、その代価としての賃金を獲得しなければならず、生活手段（生活資料と生活サービス）を取得するには、市場において商品として販売されている物品やサービスを購入しなければならない。そのことからすれば、総体社会のなかでもっとも重要な位相は資本主義社会であるということになろう。働いて生活する人びとにとってもっとも重要なことは、自分自身のもつ労働能力を労働市場において労働力商品として販売することに成功するかどうかである。

しかしながら、人間が生活の主体であるということからすれば、共同社会が存立しなければ、総体社会そのものが存立しえない。その意味において、共同社会こそが総体社会の基底に位置するのである。社会福祉との関係でいえば、共同社会そのものの存在とその位置する場所が強調されなければならない。そのことの意味は、後にもう一度言及する。

図4－2「総体社会のシステム構成」は、総体社会、すなわち三角錐を構成する位相の名称をそれぞれ共生システム、経済システム、政治システム、規範システムに戻し、その中央に生活システムを球のかたちにして挿入したものである。社会福祉と総体社会との関係についていえば、社会福祉は、総体社会の内側にて存立し、その生成とありようは総体社会のそれぞれの位相のもつ諸条件によっ

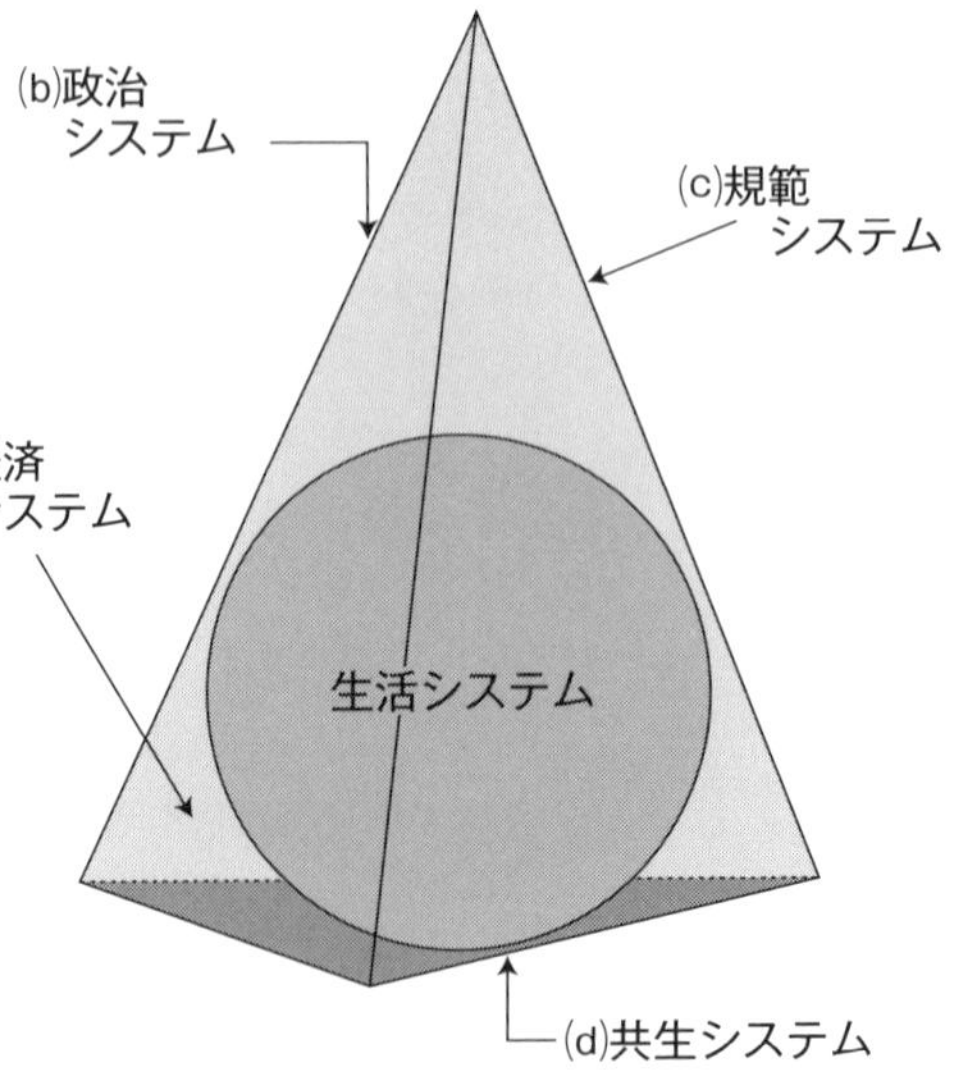

図 4-2　総体社会のシステム構成　※図 1-1 の再掲

て規定される。逆に、社会福祉は総体社会のありように影響を及ぼすという関係にある。しかし、その社会福祉は総体社会のなかにはじめから存在するというわけではない。社会福祉は、総体社会が一定の条件を備えるようになったときに形成され、存立するようになる。その存立にとって基本的なモメント（契機）になるのは、共同社会を構成する人びとの生活上に形成され、人びとの安全や安心を脅かす多様な困難や障壁であり、それが社会的、公共的な対処を必要とする問題状況（課題状況）として認識されることである。

この人びとの生活上に生起する困難や障壁は、一般に社会問題や生活問題とよばれる。そして、そのような社会問題や生活問題の形成と存在が、つぎには総体社会のなかに社会福祉なるものをうみだすモメントになる。こうして、社会福祉の存立根拠を明らかにしようとすれば、まず、総体社会のなかで営まれている人びとの生活のありようを解明するための手掛かりが必要となる。それが、三角錐で示される総体社会の内部に位置する生活システムにほかならない。

図4－2にいう生活システムは、生活維持システムと生活支援システムという二つのシステムから構成されている。生活維持システムは、人びとの生活が維持されるメカニズムと生活の機能を

意味している。生活維持のメカニズムは、しばしば生活構造ともよばれてきたものである。働いて生活を維持する人びと、労働者にとっての生活維持システムの根幹は、労働者が自分自身のもつ労働能力を労働力商品として労働市場において販売し、その価格としての賃金を取得するというメカニズムである。そのことについてはすでに言及しておいた。労働者は、そこでえた賃金をもって市場に行き、そこで生活に必要な手段、生活資料と生活サービスを購入し、翌日も働けるように心身の状態の回復をはかる。つまり、労働者は日々働き続けることができるように労働力の再生産をはかる。これが労働者の生活維持の基本的なメカニズムであり、それを支えるシステムのありようである。そのような労働者の生活のなかには、家族の扶養とともに社会的には次世代の労働力の育成、世代的再生産を意味する子どもの養育が含まれている。

生活問題や労働問題は、このような生活維持システムを前提に、職場における労働者の労働力の消費過程や家庭における労働力の再生産過程において形成される多様な困難や障壁のことにほかならない。そのような生活問題や社会問題に対処し、人びとの生活を支援する目的で、社会的公共的に形成される施策群が生活支援システムである。社会福祉は、そのような生活支援システムの一つである。生活問題や社会問題に対処する施策を社会福祉としてストレートに扱わないのは、社会問題や生活問題に対処する施策は社会福祉以外にも多様に存在しており、そのような生活支援施策群との関わりのなかで社会福祉はそれとしての位置と機能を有しているからである。そのことについては後に言及する。

ちなみに、われわれはここで福祉社会という概念を導入しておきたい。福祉社会は福祉国家との対概念として、あるいは日本型福祉社会のように福祉国家を代位する概念としてもちいられるが、ここではそれを、総体社会の内部に位置する社会システムの一つとして導入する。すなわち、われわれのいう福祉社会は、社会的な生活支援の諸施策を中心に市民の参加をえて形成される生活支援のネットワークを基盤に、生活支援を必要とする人びと、関連する行政吏員、各種の専門職、市民の支援者、一般市民、さらには彼らに共有されている理念、意識、活動様式などからなる一つのシステム、すなわち福祉システムを意味している。福祉システムとしての福祉社会は、総体社会がうみだした生活支援システムのいわば理念的な発展形態である。総体社会を構成する第五の位相というわけではないが、社会福祉が地域社会をアリーナとして展開される昨今の状況を分析するための枠組、道具立ての一つとして追加しておきたい。

二　生活問題の多様化・複雑化・高度化と対象認識

さて、総体社会を構成する四通りの位相と社会福祉の関係である。各位相と社会福祉の関係を個別に記述するという方法は、『社会福祉原論』においてすでに試みている。しかし、両者の関係を位相ごとに個別に取りあげるという方法では議論として平板になるため、以下、二、三、四の各項において幾つかのトピックスを設定し、そのなかでそれぞれの位相と社会福祉の関係を多角的に取りあげることにする。

社会福祉の最初のモメントは、何といっても、それを必要とする対象（あるいは客体）の形成である。社会福祉の対象の捉えかたは、社会福祉の対象となる人びと（利用者）の属性に着目するか、あるいは利用者の担う問題（不利や困難、支障）に着目するかで異なった議論の立てかたになる。社会福祉の援助についての議論はえてして利用者の属性に着目する議論となり、社会福祉の政策についての議論は利用者の問題状況に着目する議論となる。実際、わが国において、社会福祉の前史的形態である社会事業が成立するのは大正デモクラシー期のことであるが、第3章第3節でみたように、そこでの議論は社会事業が必要となった問題状況の分析と記述からはじまっている。

社会福祉の対象についての議論を左右するいま一つのポイントは、その問題状況が個人起源的な性格をもつのか、社会起源的な性格をもつのかということである。わが国の社会事業成立期の議論は、生江孝之の議論にもみられるように、すでに大正期において貧困問題、人口問題、労働問題、婦人問題などが産業資本の興隆にともなう体制的な社会変動の所産として捉えられていた。[(1)] 社会福祉の成立のモメントとなる問題状況が、基本的には資本主義社会という位相との関係において社会起源と捉えられていたのである。

このような社会福祉の対象を資本主義社会における社会関係、なかでも資本・賃労働関係や資本主義的秩序、体制のありようと結びつけて捉える議論は、戦後の孝橋正一の社会的問題論に発展し、ついでその議論が一番ヶ瀬康子の生活問題論に批判的に継承される。両者による対象認識の起点は、先に言及したように、労働者の生活が資本主義的な労働市場における労働力の販売の成否とその価格によって規定されることにある。孝橋は、社会問題の核心は労働問題であり、そこから関係的派生的に形成されるのが社会的問題であるという。二つの問題のうち、労働問題に対処する施策が社会政策であり、社会的問題に対処する施策が社会事業である。他方、一番ヶ瀬によれば、労働力の消費過程（職場）において形成される問題が労働問題であり、労働力の再生産過程において形成される問題が生活問題である。労働問題も生活問題もいずれも社会問題であるが、社会福祉は、後者の生活問題に対応する施策である。

こうした孝橋や一番ヶ瀬による対象把握の方法は、ある意味で戦後における社会福祉対象論の起点になったものといえるが、いずれの議論においても社会問題という概念が重要なキー概念となっている。社会問題概念の一般的な用語法は労働問題やそれに関連する問題状況のみを意味するものではない。社会問題概念の基本的な要件は、認識の対象となっている問題状況が基本的に社会的な起源をもっていること、問題状況への対応が個人的な対処能力を超え、社会的な対応が必要であるという認識が社会的に成立していることである。社会福祉研究においても、伝統的に対象となる問題の社会的起源、それが社会的に形成されていることの実証ないし論証が求められてきた。しかし、その作業には大きな困難がともなった。

すでに近代の初期において、実態として貧困問題が社会的に形成されながら、なかなかそれに対処すべき社会的、公共的な施策が整備されなかった。その理由は周知のように、貧困問題の社会的起源性が実証的にも理論的にもなかなか証明されえなかったことにある。そのような経緯のなかで、社会的問題や生活問題の起源が労働力の商品化、労働力商品の販売と購買という資本主義社会のもっとも基本的な社会関係にあるという孝橋や一番ヶ瀬の対象論は、極めて説得力に富む理論として受け入れられたのである。

- 貧困　低所得　ワーキングプア
- 非正規雇用　失業　ニート
- ホームレス　居住困難　不適切な居住環境
- 育児不安　子ども虐待　シングルペアレント
- 加齢による心身機能の低位　高齢者虐待
- 身体障害　知的障害　精神障害　発達障害　障害者虐待
- 孤独　引きこもり　家庭内暴力
- 単身　独居　社会的孤立
- 外国籍住民の生活困難　社会的排除
- 犯罪被害　非行・犯罪者の社会復帰困難
- 消費者被害　振り込め詐欺
- 災害被災
- 移動困難

図 4-3　生活の不利・困難・支障の諸相　　古川孝順　作成

しかし、社会福祉の対象となる諸問題は、時代と社会の変化につれ、顕著な変化をみせてきた。**図４－３**にある生活の不利・困難・支障は、近年において社会福祉が対象にしてきた諸問題の様相を示している。昨今の社会福祉の対象は、伝統的な社会的問題や生活問題ではない。それらを中核に含みながらも、社会福祉対象の範域はかつての社会的問題や生活問題の範囲をはるかに超えて多様化し、複雑化し、高度化している。生活上の不利、困難・支障の内容や種類が変化しただけではない。高齢者のあいだに拡大し続けている認知症とそれにともなう介護問題は、起源ということでいえば、その直接的な契機は個人の脳の病変であり、その限りでいえば起源は個人的な問題である。しかし、認知症の高齢者を抱える家族の介護負担の重さ、生活にたいする負荷（ストレス）の大きさは、個人的、私的な対処能力を超え、社会的な対応を必要としている。その意味では、高齢者の介護問題は社会的な起源性をもっている。社会的な孤立や孤独、引きこもりなどの諸問題は、個人的な問題にみえながら地域社会（共同社会）の社会関係のありように深く関わっている。社会的差別や犯罪被害者の問題などについては、社会的な差別や偏見が関与している。

　このような昨今の生活上の不利・困難・支障の状況は、実証的にも理論的にも、そのすべてを資本主義社会の基本的特徴としての労働力の商品化やそれにともなう労働問題とそこに関係し、そこから派生する社会的問題や生活問題に結びつけて理解することを不可能にしている。このため、われわれは、このような状況におかれた人びととその問題状況の全体を把握するために社会的にバルネラブルな人びと、社会的バルネラビリティという概念を導入することにした。バルネラブル（vulnerable）はもともと身体的あるいは精神的に傷つきやすい、被害をうけやすいという意味である。転じて、社会的にバルネラブル（vulnerable）とは、社会的に生活上の不利・困難・支障に陥りやすい、という意味である。社会的バルネラビリティ（vulnerability）とは、そのような不利・困難・支障に陥りやすい状況にあることを意味している。

われわれの意図は、近年における社会福祉による対応を必要とする状況の多様化・高度化・複雑化の総体を社会的バルネラビリティ、社会的にバルネラブルな人びとという概念によって把握するとともに、個々の問題状況については個別にその起源を分析し、社会的な対応の必要性を明らかにしようとするところにある。しかし、これについては、社会的という接頭語が付されているにしても、バルネラブル、バルネラビリティという用語・概念の導入そのものに疑問があるとする批判もある(2)。

確かに、非正規労働、ワーキングプア、ホームレスなどの問題は、根源的には労働力の商品化を前提とする資本主義的な社会関係、なかでも資本‐賃労働関係に起因している。それにたいして、世上当事者本人の労働意欲、労働習慣、労働能力などが問題視される傾向にあり、そのような課題認識に依拠する施策も導入されている。しかし、これらの問題の起源は明らかに終身雇用的雇用関係の減少、派遣や臨時雇用を前提とする雇用関係の拡張、賃金格差の拡大、派遣労働と居住形態の複合化などの社会経済的な諸条件にある。いわば、形態としては新しいが、内容的には雇用問題の再現である。しかしながら、現代社会における生活の不利・困難・支障のすべてを労働や雇用の問題に結びつけて理解することは不可能である。いまや労働問題とその他の問題という区別はなりたちにくい。

こうして、こんにち社会福祉を必要とする問題状況は、まさに多様化・複雑化・高度化のさなかにある。対象となる問題の基軸がどのような枠組のなかで形成されてきているかを認識しつつ、その多様化・複雑化・高度化の状況を、われわれの社会が本来的、基底的に共同社会であるという事実を起点に、資本主義社会、市民社会、文化社会という総体社会を構成する他の位相との関係において、多角的、多次元的、複合的に分析し、理解する必要がある。問題状況にたいする社会福祉の対応をより豊かにし、より効果的にするためにも、そうした明確な視点と枠組の適用が期待される。

加えて、ここで、第3章第1節でとりあげた、秋吉貴雄のいうフレーミングの問題を思い起こしておかなければならない。これまでこの項において考察してきた社会的問題、生活問題、社会的バルネラビリティについての議論は、社会福祉が対峙する諸問題のいわば客観的な側面に焦点化した議論である。しかし、そのような諸問題のすべてが、社会問題としての解釈にもとづいて、施策の対象となるわけではない。個別の政策を策定する主体は、一定の政策目的とそれを支える問題解釈のありよう（意味づけ）にもとづいて社会問題、生活問題、社会的バルネラビリティ状態の一部分を切り取って（フレーミングして）政策の対象として措定するのである。したがって、社会福祉の対象についてより十分な議論を展開するためには、政策の策定過程に関与する人びと（アクター）の問題関心、政治的、経済的、社会的な利害、過去の政策の経過などの諸要因を視野に入れた議論が必要とされる。社会福祉の対象に関する議論においては、社会問題論としての大枠の議論とともに、肌理《きめ》の細かな議論が必要とされる。そのことについては、第3章において言及したところである。

三　現代社会の変貌と社会福祉

第3章第3節三項の社会福祉の歴史形成的、発展段階論的な研究を取りあげたところで、一九九〇年代初頭におけるソビエトロシア社会主義体制の崩壊とその意義について言及した。ちなみに、中華人民共和国が鄧小平の「白い猫でも黒い猫でもネズミを捕る猫はいい猫だ」という現実化路線にもとづき、社会主義的な計画経済路線から社会主義的な経済改革、実質的な資本主義経済化の路線に転換したのは、一九八〇年代初頭のことであった。

もとより、ここで社会主義や社会主義経済について論じようというわけではない。ソビエトロシア社会主義体制や時期的にそれに先行する中華人民共和国における経済の資本主義化が社会福祉学の研究にとっていかなる意味をもつのか、そのことについて改めて考察することがここでの目的である。その際、われわれは、社会主義の崩壊や変容という事態と裏腹の関係において資本主義社会の側において一九七〇年代後半から新自由主義が大きな影響力をもつようになり、経済のみならず、社会の全体に及んで総体社会のありようを方向づけてきたことに留意しなければならない。社会福祉学の研究にとっては、むしろ後者の新自由主義の趨勢、産業革命後の経済的自由主義、自由放任主義時代への先祖返りの趨勢こそが重要な意味をもつというべきであろう。

さて、第3章第3節三項で言及したように、わが国の段階論的な社会福祉発達史理解は、マルクス経済学による資本主義発達史の段階論を前提、下敷きにしてきた。マルクス経済学的な資本主義発達史は、資本主義の発展段階を生成期、発展期、没落（変容）期に区分することを基本とし、その最後の時期区分の没落期という名称が物語るように、終末期を迎えた資本主義社会はやがて必然的に革命を通じて社会主義社会に代位されるものとしてきた。明示的にあるいは暗黙裡に、近い将来における社会主義社会の到来を予定していたといってよい。社会主義体制の変化、なかでもソビエトロシア社会主義体制の崩壊は、この想定を根底から覆すものとなった。社会福祉の歴史研究は、かつての資本主義発達史を前提とする基本的な社会福祉発達史分析の基本的な枠組の崩落をどのように受けとめてきたのか。

第一のパターンは、下敷きになっているはずの資本主義の発展段階論的な把握に言及せず、社会福祉に内在的な独自の発展段階を設定するかたちで社会福祉の歴史を記述するという方法である。なかには、影響要因として背景にあるはずの資本主義的要素に一言も言及せずに、社会福祉の歴史を記述したテキストも多い。社会福祉それ自体の内側に新たな発展をうみだす自己組織的なダイナミズムが存在しているという仮説も意味がないわけではない。しかし、社会福祉を社会の全的機構のなかに位置づけてその存立根拠を問うという社会科学の観点からみれば、社会福祉の存立や歴史を内側からのみ把握するという方法には実りが少ないであろう。

第二のパターンは、一九九〇年代以降、やや遡れば七〇年代末以降の資本主義社会をかつての自由放任主義時代への先祖返りによる新たな資本主義のはじまりの時代として把握し、その潮流のなかで社会福祉のありようを捉えるという社会福祉史の捉えかたである。結論を先取りするかたちでいえば、八〇～九〇年代以降の社会福祉の展開についてのわれわれの捉えかた、社会福祉史にたいするスタンスは、このパターンに含まれよう。ただし、この議論を続けるには、その前提として、一九一七年のソビエトロシア社会主義体制の成立とその後の展開が社会福祉――ここでは最広義にソーシャルポリシー（社会的生活支援施策一般）の意味でもちいる――にたいしてもった意味について言及しておかなければならない。

簡潔にいってしまえば、一七年のソビエトロシア社会主義体制の成立を契機に、資本主義体制は、それ以前の産業革命以後帝国主義にいたる時代と世界を支配し、采配してきたいわば攻めの態勢から、社会主義にたいしてみずからの体制をいかに維持するかという守りの態勢に転じることを余儀ないものとされた。そのことを前提にすれば、第一次世界大戦以後のドイツにおける国民に社会権的生存権の保障を約束するワイマール体制の成立、第二次世界大戦初期のイギリスにおいて労働者たちに大戦終結後の生活の安定と保障を約束するベバリッジ報告の成立は、歴史的にはいずれも資本主義体制を維持存続させるための措置であった。第二次世界大戦後の米ソを中心とする冷戦の時代、この動向はさらに一般化し、資本主義諸国はイギリスを先頭に社会福祉を含むソーシャルポリシーの拡充に努めることになり、福祉国家体制が成立する。資本主義体制をとる国ぐににおける福祉国家政策の拡充は、いわば資本主義体制の内部において社会主義理念の実現を図るという意味があった。資本主義諸国は、福祉国家政策を拡充することをもって、人びとの生活の不安や不満に対処し、労働運動や社会主義運動などによる社会不安や緊張の拡大にたいする安全弁とし、資本主義体制の維持存続を図ろうとしてきた。資本主義諸国の政府は、国民にたいして、社会主義体制に移行せずとも、資本主義体制の内部において、充分に社会主義的理念の実現が可能であるということを示そうとしたのである。社会主義体制をとる国ぐにの存在は、資本主義諸国の内部においても社会福祉の推進力としての意味をもったのである。

ソビエトロシアの崩壊に象徴される社会主義諸国の崩壊は、資本主義諸国にとって、そのような社会福祉にたいする外在的、内在的推進力の減退、消滅を意味した。社会主義体制の崩壊は、計画経済の非効率の結果であり、資本主義的市場経済システムの歴史的優位性を物語るものと解釈された。このような社会主義体制の崩壊についての解釈は、すでに七〇年代なかばから資本主義諸国の内部で影響力を拡大しはじめていた新自由主義の渦と結合し、市場原理主義の拡大、浸透をもたらした。社会福祉の世界でいえば、ウエルフェア（welfare）からワークフェア（workfare）への転換、すなわち政府による生活の保障から自己の労働による貧困の克服、自立助長が求められるようになり、公助（政府の施策）にたいする依存から自助、互助、共助への移行が、国をあげて推進されることになった。その傾向は、二〇〇七年のアメリカのサブプライムローンの破綻に端を発する世界金融危機によってさらに増幅され、新自由主義への傾斜、かつての自由放任主義時代への先祖返りに一層の拍車がかかることになった。

われわれは、このような、すでに三〇年余にもなろうとする社会福祉の変貌を、社会福祉の歴史研究、さらには社会福祉の政策研究として、どのように捉えるべきなのか。そして、われわれは、近い将来、社会の振り子がもう一度逆に振れる時代、社会福祉の発展が期待できる時代を迎えることができるのだろうか。そのような時代がありうるとすれば、われわれは、そのような時代を具現化させる契機、推進力をどこに求めればよいのか。われわれは、いまや、未曾有ともいうべき大きな課題に直面させられているのである。

四　新たな視点と枠組の模索

一九九〇年代なかば以降、わが国はしばしば巨大地震、局地的な豪雨による山崩れ、浸水、家屋崩壊、インフラ崩壊などの激甚災害に襲われ、国民多数の人命が損なわれ、危機に瀕するような事態が続いている。周知のように、社会福祉は、そのような災害被災者の救援、生活再建に重要な役割を果たすことが期待されるようになり、活動の幅を広げてきている。そうしたなかで、その後の社会福祉のありように大きな影響を及ぼすことになる事象や活動が着目されてきた。一九九五（平成七）年の阪神・淡路大震災の折りには、学生や一般市民によるボランティア活動、復興過程における町内会や自治会の役割が話題になった。二〇一一（平成二三）年の東日本大震災の折りには、復興過程に関わって地域社会のもつ災害への対応、復興回復への意欲や力を分析し、記述する用語として、さまざまな環境・状況の変動にたいして適切に対処し、回復・復元し、生き延びる力を意味するレジリエンス概念が使用され、注目された。また、九〇年代以降、地域にみられる人びとどうしの信頼、価値や規範、助けあいのならわしやネットワークなどを意味するソーシャルキャピタルのありようやその蓄積にたいする関心が高まり、社会福祉においても地域福祉を支える重要な資源とみなされるようになった。

社会福祉政策の世界においても、二〇一七（平成二九）年以降、「地域共生社会」の実現によって、かつての地域社会における相互扶助や家族どうしの助けあいの活動にみられた支えあいの機能を再構築し、従来の制度・分野ごと（対象別・機能別）の「縦割り支援」、援助における「支え手と受け手の分断」を克服しようとする政策が推進されつつある。

このような、近年の地域組織、ボランティア活動、レジリエンス、ソーシャルキャピタルにたいする関心は、現代社会に有効な援助方法（手法）の開発か、あるいは新たな政策手段の導入か、はたまた政策手段の先祖返り——かつての「親族協救・隣保相扶」論、八〇年代の「福祉の含み資産」論への新自由主義的な先祖返り——を意味するのであろうか。多様な解釈が可能であろう。しかし、こんにちいまだ充分な議論は行われていない。

さらには、社会福祉の成立根拠への関心からいえば、近年の地域社会にたいする関心の大きな拡張はどのような意味をもつのであろうか。地域社会のもつレジリエンス、ソーシャルキャピタル、ボランティア精神、互助的地域組織などを基盤に、未曾有の変動の渦中にある現代社会にあって社会福祉の持続的な維持発展を想定し、実現することがはたして可能であろうか。

われわれは、ここでもう一度、第3章第3節一〇項の池田敬正の言説に戻ることにしよう。煩を厭わず、確認しておきたい。池田は歴史貫通的な福祉への志向を社会福祉史理解のキー概念として設定しているが、それは人類の属性である共同存在性の社会化である「社会共同」と友愛（愛他主義理念）を基盤としている。社会共同は、歴史的な「個の独立」と「社会の発見」を基準として、第一段階の「前近代の社会共同」、第二段階の「近代的な社会共同」、第三段階の「社会共同の再生」に区分される。この池田による社会共同の区分と序列、そして内容は、池田の文脈を踏まえ、イギリス社会福祉史を例にとれば、第一段階は産業革命以前の慈善事業と家父長主義的な救貧施策、第二段階は産業革命以後の慈善事業と自由主義的な救貧施策、第三段階は一八七〇年代以降の公私の社会事業、そして二〇世紀における社会福祉の展開における社会福祉を念頭にしたものであろう。

池田のねらいは、最終的には、彼のいう社会共同の位置づけとその変化を軸にしてイギリス社会福祉史の過程を説明することにある。池田は、市民社会以前の慈善活動や慈恵活動から一九世紀末二〇世紀初頭の社会事業、そして二〇世紀中葉以降の社会福祉を首尾一貫したものとして説明するために、歴史貫通的な社会的特性としての社会共同とその近代社会以降における三通りの形態を枠組として設定したものと解される(3)。このような池田の視点と枠組は、歴史貫通的な福祉という設定を別にすれば、先にみたような昨今の社会福祉の動向を分析し、考察する視点と枠組として一定の効用をもつものと思われる。

ここで視点を変え、社会形態の変容に関する著名な言説を思い起したい。周知のように、ドイツの社会学者テンニエスによるゲマインシャフト（共同社会）概念とゲゼルシャフト（利益社会）概念をもちいた社会形態の発展についての言説である。ゲマインシャフトは家族、村落、町のように人びとが欲望や愛着にもとづいた自然発生的な意志、本質意志のもとに、そこで生まれ、育ち、活動する社会をさし、ゲゼルシャフトは会社、大都市生活のように人びとが打算的で、合理的な判断、選択意志にもとづいて組織を造り、加入し、活動する社会である。テンニエスは、社会は、その近代化にともない血縁や地縁を紐帯とするゲマインシャフトから、商品や財貨の所有、交換、契約などの資本主義的な社会関係を紐帯とするゲゼルシャフトに発展するとした。ここまでは周知の言説である。しかし、テンニエスは、後にゲマインシャフトとゲゼルシャフトに加えてゲノッセンシャフト（協同社会）という概念を提起している。このことは余り知られていない。テンニエスの著書においても、一九一二、二二年につけられた付言のなかで、わずかにふれられているにすぎない。

テンニエスは、ゲノッセンシャフトの具体的な例として「多くは無産者からなる結社」、具体的には「商品を共同で購入する」大規模な購買組合や、必需品したがって使用価値を「自力生産」する大規模な生産組合をあげている。テンニエスは、「資本主義的・ゲゼルシャフト的世界組織は、みずから招いた恐ろしい混乱を経験せる後も、なお傍若無人にその破壊力を行使している。かかる現象に対して、『ゲマインシャフト』への声」が高まった結果として、生活の必需品を共同で購入し、さらには生活に必要な使用価値をみずから生産するというゲマインシャフト的な経済原理が有限会社というゲゼルシャフト的生活条件に適合する形態と結びついたところで、購買組合や生産組合がうみだされてきている、という。[4] すなわち、ゲノッセンシャフトはゲマインシャフトの性格とゲゼルシャフトの性格を併せもつ社会であり、そこに「ゲノッセンシャフトの自己保存」の理念が誕生する。ゲノッセンシャフトは、資本主義的・ゲゼルシャフト的組織のとどまるところのない自己増殖活動に対抗する組織、団体としての意味をもっている。

はたしてテンニエスが明確にゲノッセンシャフトをもってゲゼルシャフトについで出現する三つめの社会形態とみなしていたかどうか、さらにはゲマインシャフトからゲゼルシャフトへ、ついでゲノッセンシャフトという社会形態の発展を明確に想定していたかどうか、定かではない。しかし、そのことはそのこととして、われわれがテンニエスを取りあげた理由は、テンニエスがゲノッセンシャフトを資本主義の過酷な利潤追求行動に対抗する性格をもつ社会形態として位置づけていることにある。実際、一九世紀の後半なかでも一八七〇年代以降、イギリスにおいては多数の労働組合、生活協同組合、共済組合さらには社会主義団体が形成され、その活動や運動が世紀転換期の自由＝社会改良を推進する力の一つとなったことを思いあわせるとき、ゲノッセンシャフトのもつ意味は非常に大きなものとなる。

テンニエスのいうゲマインシャフト（共同社会）、ゲゼルシャフト（利益社会）、そしてゲノッセンシャフト（協同社会）という社会形態を静態的な類型としてではなく、ゲマインシャフトから、ゲゼルシャフトへ、そしてゲノッセンシャフトへという動態的な変化として捉えると、われわれは三通りの社会類型のあいだに弁証法的な発展を想定することができる。ゲゼルシャフトのもたらした混乱や弊害に対処して形成されるゲノッセンシャフトは単なるゲノッセンシャフトへの回帰ではない。ゲマインシャフトのもつ共生的、共同的な特性を再生させることによってゲゼルシャフトの混乱、弊害を克服するところに形成される新しい社会、それがゲノッセンシャフトである。

このように並置してみると、われわれは、池田の社会共同の三段階説とテンニエスの三つの社会形態とのあいだにある種の類似性を見出すことができる。むろん、池田がテンニエスの社会形態の議論、なかでもゲノッセンシャフトに関する議論を意識していたかどうか、定かではない。しかし、われわれは、池田とテンニエスの社会類型の動態についての見解のうちに、社会福祉の展開を分析する視点と枠組としての有用性を期待することができるように思われる。

五　基層社会の自己復元・自己防衛としての社会福祉

つぎに、テンニエスに三〇年程遅れて経済史家として活躍したポランニーを取りあげてみたい。ポランニーは、二〇世紀の初頭から中葉にかけて、世界的な経済的政治的な不安定、危機の時代に、ハイエクやフリードマンらの新経済的自由主義（ネオリベラリズム）に対抗して「擬制商品市場」論、「二重運動」論を提起し、社会の抜本的な改革の必要性を主張した。ポランニーによれば、市場社会にとって決定的な意味をもつ制度は、労働（労働者）、土地（必需品、居住地、文化、資源、自然環境などを含む）、資本（資本市場、株式会社、通貨や国債など）が、本来的に市場における販売を前提とする商品ではないにもかかわらず、一般の商品であるかのように、取引の対象として扱われていることである。この擬制のゆえに、市場経済の拡大、機能不全は、それに対抗する「社会の自己防衛」を引き起こすことになる。産業革命期以来の市場経済の拡大は、労働力の商品化にともなう弊害を除去することを目的とする工場法、労働関係立法、社会保険、救貧制度などの社会的施策、自然資源や農村保護のための土地立法や農業関税、資本の擬制的な取引きによる破綻や倒産を防止するための中央銀行制度や通貨制度の導入をもたらし、市場経済とそれら「社会の自己防衛」との拮抗関係が拡大することになった。

こうして、ポランニーによれば、一九世紀末にはじまる各種社会保険や救貧法の改正、さらには慈善事業の科学化、専門職化を含む社会事業の成立は、いずれも市場経済の拡大とそれがもたらす弊害に対抗する「社会の自己防衛」の具現化として理解される。それでは、何がそのような「社会の自己防衛」を発動させたのか。ポランニーによれば、それは市場経済の不全が擬制商品市場を不安定と混乱に陥れたこと、なかでも貨幣市場における混乱、財政破綻や通貨危機への恐怖が人びとの「集合的存在としての意識」を強烈に刺激したことの結果であった。[5] もとより、そのような人びとの集合的存在、つまり社会としての危機意識、それに起因する抵抗活動や自主的対応策は、一九世紀末の世紀転換期にはじまるものではない。産業革命期の児童労働を制限する初期の工場法、友愛組合（共済組合）の発展、ロバート・オーエンによる生活協同組合や性格形成学院（保育所）の設置なども、そのような「社会の自己防衛」の初期の現れとして、これを理解することができる。

ここまで、テンニエスのゲノッセンシャフトについて論じ、ポランニーの社会の自己防衛について論じてきた。ゲノッセンシャフトと社会の自己防衛に限定していえば、両者の言説はほぼ重なりあっている。両者による言説の基盤には、世紀転換期イギリスの市場経済と社会的施策の発展があり、したがって当然のことながらゲノッセンシャフトの具体的な例示であった消費協同組合や生産協同組合と社会の自己防衛の具体的例示である社会的施策とは、部分的にではあれ重なりあっている。違いは、テンニエスのみた時代が幾分早かったということであろう。テンニエスのみたゲノッセンシャフトは、いまだ萌芽的な形態にあったといってよいであろう。また、テンニエスとポランニーがそれぞれゲノッセンシャフトと社会の自己防衛の起点として、ゲマインシャフトへの関心の高まりと集合的存在の意識が刺激されたことをあげていることにおいても、重なりあいがみられる。ゲマインシャフトの根底にあるのは、人びとの集合的共生的存在としての本来的な意識や行為である。それが、資本主義的・ゲゼルシャフト的組織のもたらす危機に刺激され、社会がみずからを護る自己防衛策を惹起するトリガーとなる。人びとの共生的集合体としての社会それ自体がみずからの保護を意図する社会的な活動や運動を引き起こし、最終的にはそれらを社会立法として具現化させることになったのである。その意味において、ゲマインシャフトへの関心の高まりは、単に歴史的社会としてのゲマインシャフトへの回帰志向ではない。ゲマインシャフトからゲゼルシャフトへ、さらにはゲノッセンシャフトへという社会形態の歴史的な変化を超えて、その基底には時間を超えて底流する何ものかが存在するのではないか。

これまで再三引用してきたように、池田敬正は、社会形態の歴史的な変化を把握するために、最初に社会貫通的な社会共同を設定し、ついで「前近代の社会共同」「近代的な社会共同」「社会共同の再生」という歴史的な変化を論じている。ここで再度着目するのは社会共同である。池田は、社会共同について人類の属性としての共同存在性の社会化されたものとしている。しかし、それ以上の議論はなされていない。社会共同は、社会的な共同性をさしているのか、集合的な存在性なのか、社会的な集合体なのか、いま一つ明確ではない。われわれは、社会共同に代えて、われわれの社会に底流する、人類として生物学的に共同存在であることを基底に、それを超えて社会的なつながり、関係、組織をもち、一つのシステムとして機能している人びとの集合体を基層としての共同体、すなわち基層社会（プロトコミュニティ）として把握することにしたい。そのうえで、歴史的な共同社会の形態として前近代的共同社会（ゲマインシャフト）、自由主義的利益社会（ゲゼルシャフト）、社会主義的協同社会（ゲノッセンシャフト）を区分することにしたい。なお、ここでいう社会主義は、いわゆるイデオロギーとしての社会主義、資本主義の対概念としての社会主義ではない。それを構成する人びとの社会権的基本権の確保、生活の安全、安心、成長、発展などを基本的な価値、規範、行動原理とする社会の実現を志向し、行動するありようをさして社会主義としていることに留意しておきたい。

随分と回り道をしてきたが、われわれは、まず、自己組織性、自己保存性、自己防衛性、レジリエンス（自己復元性）、互助、共助、ソーシャルキャピタルなどの傾向性や理念を基層としての共同体（基層社会）に淵源をもつ特性として位置づけよう。そのうえで、それらが歴史的社会としての総体社会の経済的、社会的、政治的、文化的などの多様な要因に規定されつつ、前近代的共同社会から社会主義的協同社会に至る共同社会の歴史的な形態において、近代以前の互助、共助、慈善活動から近代の慈善事業・救貧事業、社会事業、そして社会福祉にいたる多様な活動、事業、施策をうみだす原動力、推進力となってきたと考えたい。そのように位置づけることによってはじめて、われわれは前近代的共同社会への先祖返りに陥ることを回避しつつ、現代社会のもつ諸条件に対応しうる新たな社会福祉施策のありようを考察し、実現を求めることができるのである。

もとより、基層社会の自己組織、自己保存、自己防衛、自己復元の傾向性、力によって自動的に、あるいは自己組織的に社会的施策が成立するわけではない。当事者や支援者、社会運動家たちの精神や意志が自動的、自己組織的に社会的施策を成立させるわけではない。自己保存や自己防衛の精神、運動が政策化するには、当事者、支援者、専門職者、事業経営者、社会一般による活動、運動、支援が必要とされる。施策が企画、立案、決定され、実施に移る過程は、施策ニーズと市場社会、政治世界、行政吏員など多様なステークホルダーの利害や思惑が交錯し、交渉、妥協、取引などの紆余曲折をたどることが通例である。

社会福祉の成立の根拠を明らかにし、そのありようについて的確に把握し、将来を展望するためには、以上のような社会福祉とマクロ環境との関係、そこにおける諸要素間の規定関係のメカニズムとダイナミズムを総合的に捉え、分析することが必要とされる。

第2節 社会福祉のメゾ環境——社会福祉のL字型構造

われわれは、これまで社会福祉の基本的な特性を考察する視点ならびに枠組として、社会福祉のL字型構造という概念を提起してきた。L字型構造についてはすでに一九九八（平成一〇）年の拙稿「社会福祉理論のパラダイム転換」において萌芽的に取りあげている。(6) しかし、社会福祉が一般施策（社会的生活支援施策）にたいしてL字型構造という位置関係にあるという認識はそのまま継承しているが、一般施策の内容については、幾つか新しい施策を追加してきた。そのことを前提に、ここでL字型構造について再度整理しておきたい。

周知のように、従来の議論においては、社会福祉と一般施策（一般対策）との関係を取りあげるにしても、社会福祉の側から考察するという方法をとってきた。しかし、ここで再整理を試みるにあたっては、伝統的な議論の仕方を振り返るとともに、社会的生活支援施策群の全体について、それらの現代社会における位置づけや特性についても考察することにしよう。そのうえで改めて、一般施策との関係のなかで社会福祉の特性について考えてみたい。

一　社会福祉と社会政策

社会福祉と他の社会的生活支援施策との関係ということでいえば、原点は社会福祉と社会政策との関係ということになろう。周知のように、社会福祉と社会政策との関係は、大河内一男によるいわゆる昭和一三（一九三八）年論文以来、近年にいたるまで、語句や内容に多少のバリエーションはあるにしても、社会福祉（歴史的には社会事業であるが、煩を避けるため、歴史を記述する場合を除いて社会福祉という。以下同じ。）が社会政策を代替（代位）、補充、あるいは補完する関係として理解されてきている。

もとより、こんにちでは、社会福祉について考察するにあたって、その起点あるいは基準になる施策として社会政策を設定する研究者は、少数にとどまるであろう。寡聞を恐れずにいえば、欧米の社会福祉研究において、わが国と同様の意味において社会政策との関係を論じた例はないように思われる。ただし、ここでいう社会政策は、ソーシャルポリシーではない。わが国の戦前来の伝統でいう社会政策ゾチアルポリティークは、原初的には賃金ならびに労働条件に関する労働政策のことを意味していた。それが、戦後になって社会保険を含むやや包括的な概念に変化してきたという経緯がある。

したがって、社会福祉と社会政策との関係といっても、労働施策に限定されている社会政策との関係で考察するか、社会保険を含む社会政策との関係において考察するかによって、議論の内容は違ったものにならざるをえない。大河内一男と孝橋正一の言説は、その点においても異なっている。大河内のいう社会政策はそのまま労働政策として理解することができるが、孝橋の社会政策には社会保険が含まれている。しかも、孝橋は、被用者を対象とする社会保険は社会政策であるが、地域住民を対象とする社会保険（国民健康保険や国民年金保険）は社会福祉であるという。[7] 議論は煩瑣にならざるをえず、ここではこの点については深入りしない。

大河内の社会政策論においては、社会政策は資本主義社会の経済秩序内的な存在、すなわち生産的要素としての労働力商品の所有者としての労働者であり、その限りにおいて社会福祉の対象である失業者やその家族、窮乏した庶民が社会政策の対象になることはありえない。しかし、社会政策が存在しない、あるいは未成熟な状況にあっては、一時的に経済秩序から離脱した失業者や窮乏者、あるいはそれに参加しえない子どもなどは、実質的には経済秩序と無関係な存在であるとはいえず、社会福祉による対応が要請される。社会福祉はその限りにおいて社会政策に代位する施策となり、資本主義社会の全的機構にかかわる施策のうちに位置づけられることになる。そして、そのことのゆえに、社会政策が一度成立し、成熟することになれば、社会福祉が経済秩序内的な存在、生産的要素である労働者にかかわる必要性は認められない。大河内のいう社会政策成立後の社会福祉が、社会教育や文化政策に類した施策として位置づけられていたことはすでに第3章においてみた通りである。大河内の言説の場合、端的にいえば、社会政策が成立し、成熟してしまえば、社会福祉と社会政策の関係は取りあえず消滅してしまう。

孝橋正一についてはどうであろうか。孝橋の場合、社会福祉の対象は労働問題から関係的派生的に生起する社会的問題として位置づけられている。したがって、労働者も「国民＝労働者大衆」というかたちで社会福祉の対象となる。孝橋においては、社会政策が成立し、成熟しても社会福祉との関係が消滅したり、社会福祉との関係が変質したりすることはない。ただし、労働問題と社会的問題からなる社会問題対策の主役が社会政策であることは大河内と変わるところがない。孝橋は、資本主義の体制をとる社会においては、社会政策には、理論的にも実態的にも乗り越えがたい限界があり、そのことのためにそれを代替し、あるいは補充する社会福祉が必要になるという。孝橋が、社会政策が理論的に限界をもつ根拠としているのは、資本が平均利潤率を超えて譲歩することはありえない、ということである。[8] しかし、平均利潤率は、時期や社会を定めたうえで、一定期間の経済活動（利潤増殖活動）を総括し、その結果として算定されうるものであって、あらかじめ事前に算出しうるというものではない。社会福祉の政策策定に際して何らかの根拠になりうるというものではない。一般的にいえば、剰余価値が期待されえない水準まで、賃金の水準が引き上げられたり、社会政策が拡充されることはありえない、ということであろう。いずれにしても、社会政策には一定の限界があり、それを代替し、あるいは補充する社会事業が不可避的に必要となる。

それでは、そのような社会事業と社会政策以外の施策との関係はどうであろうか。たとえば、文化・教育政策、保健・衛生政策、児童・婦人政策、行刑・犯罪政策については、孝橋は、社会政策が一定の効果をもてば、つまり賃金水準が上昇し、その分労働者たちの購買力が拡大すれば（対象者における家計状態が改善されれば）、それによって健康の維持や知識の獲得に必要とされるサービスを確保し、活用することが可能となる、という。したがって、孝橋によれば、重要なのは、社会政策やそれを代替し、あるいは補充する社会事業のありようであって、社会福祉と医療や教育などの一般施策との関係を直接的に議論する必要性は存在しない[9]。

大河内や孝橋の議論には、社会政策との関係を超えて、社会福祉（社会事業）と一般施策との関係を議論する契機は含まれていないのである。

二　社会福祉と一般生活支援施策との関係

つぎに、社会福祉と教育、住宅、保健、医療などの一般生活支援施策（以下、一般施策という。）との関係について、まず、従来それがどのように取りあげられてきたか振り返っておきたい。議論の仕方は、四通りに区分することができる。第一には、社会福祉が一般施策を先導する場合についての議論である。第二に、一般施策が社会福祉の基盤になるという議論である。第三には、社会福祉が一般施策を補充する、その仕方についての議論である。第四には、一般施策と市民（生活者）の社会関係に着目する議論である。

第一の議論に相当するのは、たとえば、こんにちの児童手当制度や高齢者医療制度は、地方自治体による社会福祉施策の実施が国による施策の出発点となっている。児童手当制度のはじまりは一九六七（昭和四二）年の久慈市による児童手当、武蔵野市の児童扶養手当であり、高齢者医療制度のはじまりは一九六九（昭和四四）の東京都による老人医療費無料化制度に遡及することができる。第二次世界大戦以前に遡れば、大正期末の社会事業成立期において失業対策事業は社会事業として実施されていた。社会保険側からいえば失業対策事業は社会政策を代替する施策として位置づけられることになるが、社会福祉の側からいえば社会政策としての失業対策を先導する事業にほかならなかった。

第二の議論は、たとえば、地域福祉と居住（住宅）政策との関係である。地域福祉のサービスが成果をあげるためには、人びとの居住の環境が整っている必要がある。高齢者や障害者の場合には、居宅の確保のみならず、段差の解消、手すりの設置などユニバーサルな居住環境の整備が不可欠である。その意味では、居住施策は社会福祉の単なる関連施策ではない。それがなければ社会福祉が充分に機能しえないという位置づけの施策、社会福祉の基盤となる施策としてこれを理解することができる。

第三の議論は、社会福祉と一般施策についての仲村優一の言説である。仲村は、社会福祉と一般施策（仲村の用語では一般対策）との関係を三通りに分類している。並列的補充性、補足的補充性、代替的補充性である。三者のうち、並列的補充性は社会福祉独自の領域における社会福祉のありようをさしており、ここでの議論の対象ではない。補足的補充性は一般施策の周辺領域における社会福祉のありようであり、医療、教育、司法の各領域における医療社会事業、就学奨励事業、保護観察事業が例示されている。代替的補充性は所得、医療、雇用、住宅などの一般対策の領域における社会福祉のありようを意味しており、福祉年金、生活保護が例示されている。総じていえば、その意味するところに若干の違いがあるものの、社会福祉は所得、医療、教育、雇用、住宅、司法などの一般施策にたいしてそれらを補充するという位置関係にある、ということになる。大河内や孝橋に比べると、一般対策の範囲は大きく拡大させられているが、関係のありようについての理解、すなわち補充性という位置づけについてはかわるところがない[10]。

第四の議論は、生活者と社会制度とのあいだに形成される社会関係に焦点化する議論、すなわち岡村重夫の言説である。岡村によれば、すでに言及してきたように、人びとはその生活上のニーズを充足するためにはそれぞれのニーズと対応する社会制度とつながりをもたなければならない。岡村は、そのつながり、すなわち個人と社会制度との関係を社会関係とよんでいる。この岡村の独特の社会関係には、客体的側面と主体的側面がある。客体的な側面においては、個人が社会制度の設定する条件に適合することが求められる。社会制度は、それを利用する資格、要件、時間などについてあらかじめ条件を設定し、それに適合する者に限定して、ニーズの充足を可能にする。逆にいえば、その条件に適合しえない者については、社会制度の利用が困難であったり、阻害されたりする。社会制度それ自体が存在しなかったり、社会制度に欠陥がある場合も存在する。岡村の社会福祉は、そのような社会関係の主体的側面における不調和、社会関係の欠損や欠陥に対応することを固有の機能とする。したがって、岡村の場合、社会福祉と関連する施策は、いわゆる一般施策のすべて、ということになる。ただし、一般施策が議論の対象になるのは、社会関係の主体的側面における不調和、社会関係の欠損や欠陥があるという限りのことであって、一般施策の全体や個別の一般施策の目的、内容、性格そのものは議論の対象になっていない[11]。

いずれの議論も、社会福祉を起点に、社会福祉と一般政策との関係を論じることにおいて共通している。それぞれの議論は、社会福祉と一般施策との関係についての議論としてそこに一定の意味をもっている。しかし、一般施策そのものについての議論は、関心事になっていない。一般施策それ自体がどのような目的と内容、性格をもっているのか、そのことを含めて考察するのでなければ、社会福祉と一般施策の関係を論じたことにはならない。

三　社会的生活支援施策の構造と機能

われわれはかねて、社会福祉のL字型構造という概念を提起し、現代社会における社会福祉の位置づけ、基本的な性格を明らかにしようと試みてきた。L字型構造という概念を提起した趣旨については、すでにそれなりの理解がえられてきたように思える。しかし、われわれがL字型構造と称する場合の一般施策（社会的生活支援施策）の名称、範囲、種類、記載の序列などについては、こんにちなお確定しえていない。年代や著書によって、あるいは講演で使用したパワーポイント資料などによって、名称、範囲、種類、序列もさまざまであり、一部に混乱を招いていることは承知している。一定の整理が必要な状況にあることは事実であるが、率直にいってなかなかの難題である。

図4－4「社会福祉のL字型構造」は、本章の執筆のために改めて作成しなおしたものである。まず、図中の各施策を総括する欄の名称である。ここでは社会的生活支援施策としているが、この名称は例えば公共政策であってもよいし、ソーシャルポリシーであってもよい。図中の施策群をどのような観点から捉えるかによっておのずとその名称は異なることになる。公共政策は、公共に解決すべき課題にたいする政策という意味であるし、ソーシャルポリシーは同様に社会的に対応すべき課題にたいする社会的な政策ということになろう。同時に、公共政策にもソーシャルポリシーにも、例えば金融政策や産業政策などの経済政策や政治組織や選挙などに関わる政治政策とは区別される独自の政策領域であるという主張が込められている。

同様に、社会的生活支援施策というネーミングは、われわれが図中の施策群を個人、家族、地域社会などを対象に生活の支援を目的として行われている社会的、公共的な施策として捉えるということを意味している。ちなみに、生活支援という用語は、かつて二〇〇七（平成一九）年にわれわれが生活支援施策という概念を提起[12]した時期には、専ら援助技術の領域において、例えばホームヘルプサービスのように、個人や家族の日常的な生活を支援するという意味で使用されてい

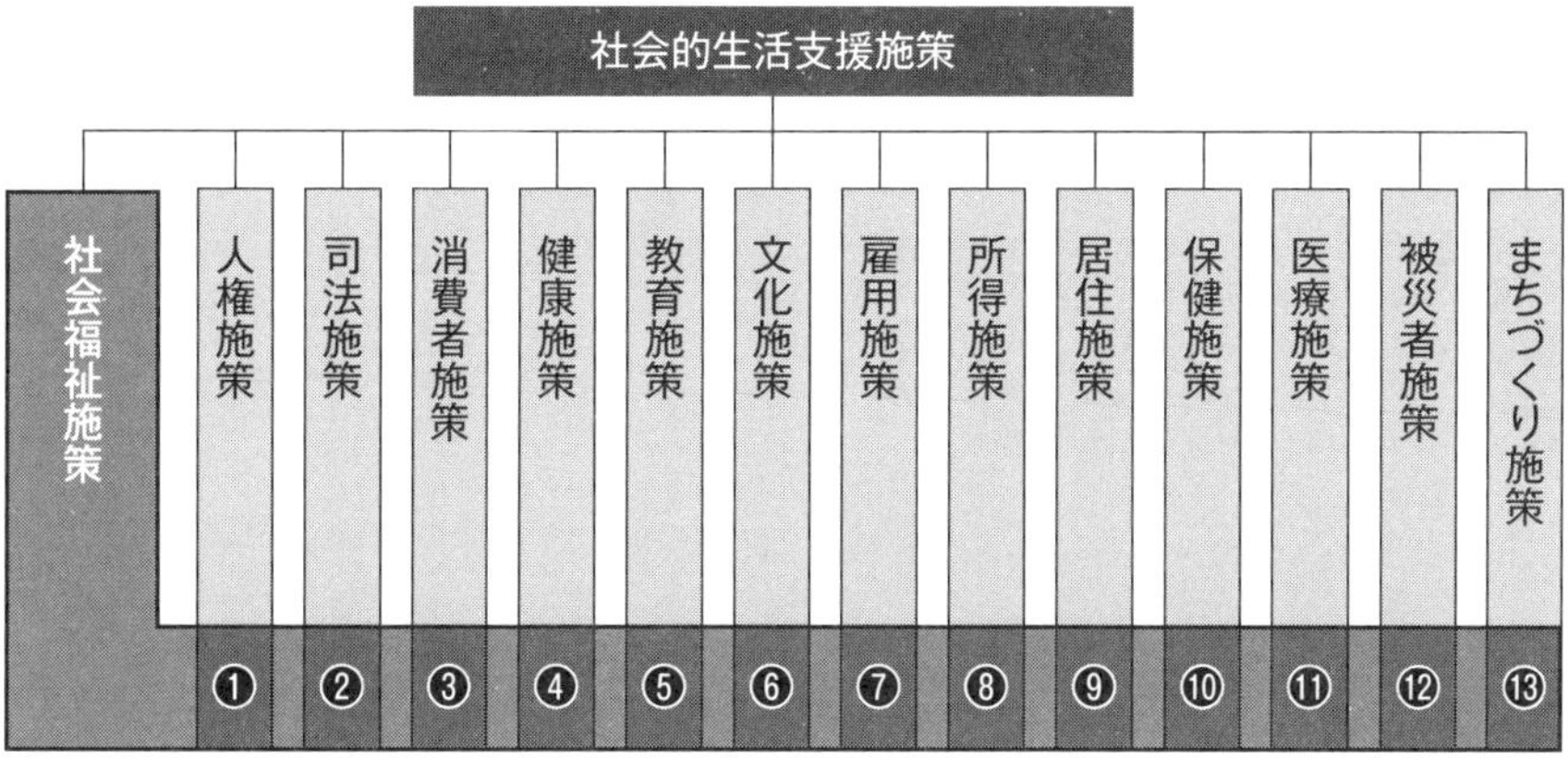

※横棒部分の例示
①人権生活支援＝被差別支援／虐待支援／権利擁護／法律扶助
②司法生活支援＝司法福祉／更生保護／家事調停
③消費者生活支援＝高齢者・未成年消費者支援
④健康生活支援＝健康相談／高齢者スポーツ／障害者スポーツ
⑤教育生活支援＝障害児支援／病児支援／学習支援／スクールソーシャルワーク／教育扶助
⑥文化生活支援＝児童文化支援／障害者文化支援／福祉文化支援／レクリエーションワーク
⑦雇用生活支援＝高齢者・障害者・母子・若年者・ホームレス就労支援
⑧所得生活支援＝生活保護／児童手当／児童扶養手当／特別児童扶養手当
⑨居住生活支援＝低所得者住宅／高齢者・障害者・母子住宅／ケア付き住宅／住宅改良
⑩保健生活支援＝育児相談／妊産婦相談／精神保健福祉相談／難病相談
⑪医療生活支援＝低所得者医療／医療扶助／医療ソーシャルワーク／精神保健福祉
⑫被災者生活支援＝災害時要援護者支援／生活再建／生活相談／災害ボランティア活動／コミュニティ再生
⑬まちづくり生活支援＝福祉のまちづくり／つながり支援／社会参加支援／ユニバーサルデザイン

図 4-4　社会福祉のL字型構造　※図 1-2 の再掲

た。しかし、こんにちでは、より広義に、社会福祉の領域を超えて人びとの生活の多様な位相に関わって実施されている支援施策を意味する用語として定着している。さらに、施策という用語であるが、公共政策学などでは施策を政策の下位概念、政策を構成する個別プログラムの意味でもちいるのが一般的なようである。しかし、われわれは、後に詳述するような理由から、政策から制度（プログラム）の運営、援助の実施にいたる過程の総体を施策という用語によって捉えることにしている。

さて、われわれが、社会福祉を的確に捉えるという目的のもとに、社会的生活支援施策として位置づけている施策群は、図中にみられるように、人権施策、司法施策、消費者施策、健康施策、教育施策、文化施策、雇用施策、所得施策、居住施策、保健施策、医療施策、被災者施策、まちづくり施策であり、社会福祉施策をいれると全体として一四種類になる。第1章においても言及したところであるが、生活支援施策の範囲については、明確な範域を設定していない。その理由は端的にいえば設定が困難だということである。しかし、そのことよりも、理由はむしろ時代や社会によって、さまざまな施策が生活支援を目的とする施策として認識されてきたこと、あるいは新たな施策が追加されたり、除去されたりしてきたことにある。そのため、範囲についてはむしろオープンエンドの体系として捉えることが望ましいと考えている。社会福祉それ自体についても同様に時代や地域によって範囲が異なるため、オープンエンドの体系として考えている。また、図中の施策のうち、たとえば司法施策については、社会的生活支援施策の範疇に加えることに疑問が生じることもありうると思われる。しかし、それは後に示すように、司法施策の一部分を構成する司法福祉や更生保護事業について、それらを生活支援施策として捉える議論を予定しているからである。

また、社会福祉と一般生活支援施策との関係についての議論をわかりやすいものにするため、以後、**図4−4**「社会福祉のL字型構造」の縦棒の部分に位置する人権施策、司法施策、消費者施策、健康施策、教育施策、文化施策、雇用施策、所得施策、居住施策、保健施策、医療施策、被災者施策、まちづくり施策と、社会福祉施策の横棒の部分とが交錯し、重なりあう部分に展開している施策を、人権生活支援施策、司法生活支援施策、消費者生活支援施策、健康生活支援施策、教育生活支援施策、文化生活支援施策、雇用生活支援施策、所得生活支援施策、居住生活支援施策、保健生活支援施策、医療生活支援施策、被災者生活支援施策、まちづくり生活支援施策とよぶことにした。たとえば、権利擁護事業や障害者差別防止事業などの人権生活支援施策は人権施策の一部分であるが、同時に人権領域における生活支援施策として社会福祉の一部を構成する事業ということになる。

四　総体社会と社会的生活支援施策

このように、現代社会において、社会福祉は、われわれのいう固有な社会的生活支援施策として、同時に多様な生活支援施策の一部分を包摂するかたちで、存立している。そのような社会福祉の性格をより十全に理解するためには、生活施策群がどのような意味をもって現代社会（総体社会）のなかに存立しているかを尋ね、その意義を解明する必要がある。われわれは、社会福祉のメゾ環境を構成する要素として多様な生活支援施策群を位置づけることから出発してこんにちに及んでいるが、ここでいま一歩踏み込んでおきたい。

われわれのいう社会的生活支援施策は、社会福祉を除いて、❶規整的施策、❷促進的施策、❸補完的施策、❹環境整備的施策の四通りにこれを類型化することが可能である。❶規整的施策に属する施策は、人権施策、司法施策、消費者施策である。❷促進的施策に属する施策は、健康施策、教育施策、文化施策である。❸補完的施策に属する施策は、雇用施策、所得施策、居住施策、保健施策、医療施策である。❹環境整備的施策に属する施策は、被災者施策、まちづくり施策である。

このような社会的生活施策は総体社会のなかでどのような意味をもっているのか。そのことを論じるためには、総体社会とそれを構成するそれぞれの位相についての考察が必要となる。われわれは、すでに社会福祉のマクロ環境の分析において提示してきたように、社会の総体、すなわち総体社会を四通りの位相、共生システムとしての共同社会、経済システムとしての資本主義社会、政治システムとしての市民社会、規範（価値）システムとしての文化社会から構成された社会として把握してきている。

総体社会のそれぞれの位相は、それぞれがサブシステムとして、相互に規定しあい、影響しあいながら全体としての総合社会を構成するという関係にあるが、各位相についてみるとそれぞれの位相によってそれを構成する原理や構成員の資格に違いがみられる。そのような構成原理の違いや資格の違いをもつ四通りの社会がより集まって、総体社会が一つの社会として成り立っている。そこには、それぞれの位相において、また位相相互において織りなされるメカニズムやダイナミズムがある。そこに多様な内容をもつ社会的生活支援施策が必要とされ、成立する基盤がある。

まず、総体社会の全体にたいして、その拠って立つ基盤となっている社会（位相）が共同社会である。共生システムとしての共同社会の基本的な性格は、人類に本源的な属性としての共同存在性である。すでにみてきたように、共同社会は、歴史的社会としてはテンニエスのいわゆるゲマインシャフトであり、その構成員は自分の意志に関わらず、そこに生まれ、そこで成長し、やがてそこで生命を終える。共同社会の構成員は、最初から所与の社会の一員として誕生し、そこで生活する。共同社会を構成する人びとは、いわば生身の人間としてそこに存在し、行動している。人びとは、人種、民族、性、年齢、健康状態、能力、資力など、そのさまざまの側面において個別性、多様性をもちながらそこに存在している。さらに、乳幼児、高齢者、傷病者などの生理的弱者を含め、人びとは、生活し、生きるためには、相互に依存しあい、助けあわなければならない。このことは、共同存在性とともに、友愛あるいは利他性が人類に本源的な属性、共生原理として機能する必要があることを意味している。これら人間的存在に本来的な属性である共同存在性と相互依存性は、時代により社会によりさまざまな社会制度に組み込まれ、規定されつつ、共同社会の原基、基層として底流している。それらが、共同社会のもつ自己組織力、自己保全力、自己防衛力、自己復元力の起点となる。われわれは、そのような共同社会の原基となっている人びとの集合体を基層社会として把握してきた。

　経済システムとしての資本主義社会（市場社会）や政治システムとしての市民社会の位相は、構成の原理や資格において共同社会とはそのありようを異にしている。ここにおいても、議論の手掛かりとしていえば、資本主義社会も市民社会も、テンニエスのいうゲゼルシャフトにある。資本主義社会の構成員は、みずからの意志のもとに、生産や生活のために必要な商品（物品やサービス）の販売者あるいは購買者として市場社会に登場する。資本主義社会においては、人びとは、各人が利潤達成動機にもとづき、自分自身の意志と合理的な判断にもとづいて契約し、行動する人間、経済人（ホモエコノミックス）として、そこに存在している。ただし、市場社会を構成する経済人の大多数は、実質的には、みずからの労働力をみずから所有し、処分しうる唯一の商品とし、それを資本家（雇用主）に販売する以外に生命と生活を維持再生産することのできない労働者である。

　一方、市民社会は、自由、平等、私的所有という市民権的基本権の法的主体としての市民から構成される。市民とは、自立的に生活を維持し、自己の判断と責任において自律的に行動する法的な主体として、市民社会に参加する人びと（ホモポリティクス）である。市民社会は、それを構成するすべての人びとにたいして相互に公正と公平を旨として行動し、法と秩序を維持することを求める政治システムであり、民主主義をその基本的な行動原理とする。そのためには、市民社会を構成する市民は、まずその基礎資格として、自分自身の合理的な判断にもとづいて行動し、その結果に責任をもつことのできる能力の所有者であること、すなわち通常は一定年齢以上の年齢に達している者であることが求められる。さらに、そのような市民社会は、一九世紀後半以降、国民国家としての装いをもつようになる。国民国家のもとにおいては、国籍、出生地、居住権、選挙権などが、市民としての基礎資格につけ加えられる。

文化社会は、他の位相に比較すると共同社会と重なりあう部分が多い。文化社会に参加するには、年齢、性別、居住期間、判断能力などの特別の資格がもとめられることはない。文化社会を構成しているのは、人びとの生活や行動の意識や様式、生活の習慣、価値観、倫理観、規範、思想などであり、またそれらがうみだす各種の財である。それらは、人びとの生の営み、生活や行動のなかで自然発生的に形成され、継承されるものであり、通常規制力をともなうものではない。しかし、人種、民族、年齢、性別、心身の特徴、言語、習慣、行動様式などの特性は、しばしば、数の大小、普遍と偏り、宗教やイデオロギーの違いなどを背景に、偏見、差別、排除などの特有な意識や行動に結びつき、そこに社会的な規制力や強制力がうみだされる。

われわれのいう社会的生活支援施策は、総じていえば、このような特性をもつ四通りの位相が相互に規定しあい、複雑に交錯するなかで、総体社会を構成する人びとの生活の安全、安心、安寧、人権などを確保し、かつ社会の安定と秩序を維持し、統合性、求心性を高めることを目的に形成されたものである。

第一の規整型施策は、年齢、性別、心身の状態、社会的な状況など多様な属性をもつ人びとの社会への参加を促進し、社会との関わりのなかで逸脱や偏倚、不利益や不公平などが生じないように総体社会を規整（レギュレイト）することを課題とする施策である。そのなかには年齢、社会的な位置、心身の状況、知識や判断能力の非対称性などのために、社会的な不利益や不公平を被りやすい人びと（バルネラブルな状態にある人びと）にたいする保護的な施策（事業や活動）が含まれている。

第二の促進的施策は、総体社会の発展を促進するための施策である。産業革命後、経済システムが産業資本主義から独占資本主義に移行する段階、政治システムのレベルでいえば、国民国家が成立し、帝国主義政策が推進されるという状況のもとにおいて、総体社会は、その維持発展を期し、人びとの疾病の予防、健康状態の向上、労働者や兵士としての知識や技術の向上、さらには国家としての統合性、求心性を高めることを目的に、保健（公衆衛生）、健康、教育、文化にかかる諸施策が導入される。そのような施策群の一部には、労働力や兵力の増進や質的向上への参加が期待できない人びと、たとえば障害のある人びとを促進的な施策から除外したり、誕生を防止することを意図した施策が含まれている。

第三の補完的施策は、産業革命期以降資本主義が確立する時期以降において、資本主義社会に不可欠な生産的要素としての労働者の確保を目的に導入されてきた施策である。補完的施策は、労働力商品の所有者として資本主義的な経済秩序に現に組み込まれている人びとを除いて、その周辺に位置する人びと、かつて生産的要素として資本主義的な秩序に組み込まれていた高齢者、また将来的な労働力としての子どもたちを適用対象として、労働者の対資本家交渉力の補強、一時的な失業時の生活維持、退職労働者の生活維持、乳幼児や妊産婦の健康の維持などを目的に導入されてきた。したがって、端的にいえば、補完的施策は、いずれも生産的要素としての労働者の維持再生産に寄与し、経済的社会的秩序の維持存続をはかることを目的とするものであって、そこにはおのずと限界が生じることになる。しかし、たとえ生産的秩序の外にあるとされた人びとであっても、共同社会の重要な一員であることに変わるところはない。そのような人びとを含めて、共同社会を構成するすべての人びとの生命と生活を確保し、保障することは、総体社会の維持存続にとって重要かつ不可欠な課題となる。

第四の環境整備的施策は、災害時の救助や破壊された生活の自然的物質的な基盤の再構築を促進する施策、災害による自然的物質的環境の破壊に対処する予防的施策を含め、自然的物質的環境条件の改善、街路、建築、住居のユニバーサルデザイン化などにより、生活の場としての地域、むらやまちの安全、安心を確保し、好適な生活環境を構築する施策から構成されている。人びとの生活は、生態学的にいえば、環境のなかで成り立ち、人びとの生活のありようが環境を規定する。もとより、ここでいう環境は社会的、社会関係的な環境だけではない。自然的、物質的な環境、居住的環境を含めてのことである。人びとの生活再建の促進、その場としての住居や地域、むら、まちの環境整備には、マクロの視点とともに、人びとの生活のもつ多様性、個別性に対応するミクロの視点が不可欠とされる。

五　生活支援システムとしての福祉社会

これまでみてきたように、現代社会は社会福祉を含め、多様な社会的生活支援施策からなる生活支援システムを構築してきている。ここでは、さらにそのような生活施策の構造と機能についての理解を深めるため、そのような社会的生活支援施策を基盤として構築される特有のシステムを福祉社会として捉える視点と枠組を設定しておきたい。むろん、ここでいう福祉社会は、日本型福祉社会のように、福祉国家と対置される社会ではない。社会福祉を含む社会的生活支援施策の基盤となり、社会的生活支援施策の持続的な発展をめざす社会である。われわれは、ここで福祉社会を、総体社会に組み込まれて存在する生活システムの一翼を担う生活支援システムを基軸に、人びとの生活の維持、支援に関わる価値、思想、活動、運動などの総体として構成される、あるべき社会、追求されるべき社会として設定してきた。そのような意味での福祉社会は、総体社会の一部分としてそのなかに組み込まれつつ、総体社会の向かうべき社会、理念とすべき社会として位置づけられる。

現代社会において、生活支援システムは、社会福祉を含めて、生活支援に関わる一四の社会的公共的な施策群、すなわち社会的生活支援施策群から構成されている。そのことについてはすでに示した通りである。それらの施策群に共通する基本的な性格、特徴は、それらが広く人びとの生存、生活、人生の安全、安心、安寧の実現、尊厳、健康、発達、教育の保障、雇用、居住の確保など、総じていえば福祉志向的な諸価値の実現、保障、確保をめざして形成され、展開されていることに求められる。

福祉社会は、そのような社会的生活支援施策によって構成される生活支援システムを基軸として、それら施策の利用者、関連する政策の策定者、制度の運営者、援助の提供者、機関・施設の経営者、援助専門職、ボランティア活動参加者、生活支援にかかる価値（福祉価値）、理念、目的や目標、知識や技術、さらには財源を提供する納税者、地域住民、一般市民、地域の産業や政治に関わる団体や企業、従業員や労働者、政治家などの多数の利害関係者（ステイクホルダー）の利害や意識、地域の生活習慣や文化などの諸要素から構成され、特徴づけられる社会として規定することができる。

このような性格をもつ福祉社会は、共生システムとしての共同社会を基底に、経済システムとしての資本主義社会、政治システムとしての市民社会、規範システムとしての文化社会とともに、総体社会を構成する位相の一つ、総体社会を構成する社会の一つである。しかし、その性格は、他の位相と基本的に異なっている。共同社会、資本主義社会、市民社会、文化社会という四つの位相は、いわば地生えの社会である。人類の誕生とともに徐々に形成されてきた社会であり、それが発展する過程で分化した位相である。それにたいして、福祉社会は、総体社会が近代市民社会を形成し、資本主義社会として確立する過程において社会の基盤としての共同社会そして文化社会を支配し、蚕食するという状況のなかで、基層としての共同社会のもつ自己組織力、自己保全力、自己防衛力、自己復元力の社会的な表出として徐々に成熟し、制度化されてきた社会である。テンニエスにちなんでいえば、福祉社会は、ゲマインシャフトとしての共同社会がゲゼルシャフトとしての利益社会による過酷な支配、蚕食を克服して形成するゲノッセンシャフト、協同社会の実現すべき理念、到達目標として位置づけることができる。

さらに、ルボウとウイレンスキーによる社会福祉類型論を援用していえば、われわれのいう福祉社会は、総体社会の発展の過程で残余的な位相として生成し、やがて総体社会に不可欠な位相として制度的に総体社会のなかに組み込まれるようになった社会である。[13] こうして、こんにちにおいては、福祉社会は、協同社会を基盤に総体社会のむかうべき、理念、目標となる社会のありようを意味するものとして位置づけられることが可能である。そのような福祉社会の生成、発展、展開の過程とそれをもたらした論理とメカニズム、そしてダイナミズムを解明すること、そこに社会福祉に迫る重要な端緒が含まれている。

六　社会的生活支援施策のなかの社会福祉

つぎに、ここまでの議論を踏まえて、社会福祉の固有性、独自性について取りあげる。ただし、そのことについては、これまでさまざまな機会に論じてきたことであり、ここではそれを再確認するという作業にとどめることになろう。

さて、社会福祉は、社会的生活支援施策の一つであることを前提に、❶領域としての固有性と、❷アプローチ（接近方法）としての固有性という二通りの固有性を有している。まず、❶領域としての固有性について検討する。領域としての固有性はさらに二通りの固有性から構成されている。領域としての固有性の第一は、❶—ⓐ並立的固有性である。社会福祉以外の一般社会的生活支援施策（以下、一般生活支援施策）にたいして縦に並立している部分に認められる。領域としての固有性の第二は、❶—ⓑ先導的・相補的固有性である。社会福祉が一般生活支援施策と重なりあい、それらを先導し、あるいはそれらと相互に補完（相補）しあうという関係にある部分に認められる。社会福祉のL字型構造にあてはめていえば、L字の縦棒の部分に該当するのが❶—ⓐの並立的固有性であり、L字の横棒部分に相当するのが❶—ⓑの先導的・相補的固有性である。

並立的固有性にあてはまる事業としてもっとも理解しやすいのは、市民社会において個人や家族に期待されている自己責任（自助）原則を部分的ないし全面的に解除し、生活維持に必要とされる生活資料（衣食住などの生活必需品）と生活サービス（家事、身辺介助、養育、介護、教育、看護などにかかる人的サービス）を一つのシステムとして総合的に提供する事業である。貧困者、子ども、障害者などが利用する入居型の施設や在宅サービスがそれにあたる。施設入居による生活の保障は、社会福祉の原型となる事業である。ただし、この事業は社会保険や社会手当による所得保障制度が整備される段階になると一旦縮小する。衣食や住については所得がそれなりに保障されれば、市場を通じて獲得することが可能だからである。しかし、生活サービスのかなりの部分、身辺介助、養育、介護などにかかる人的サービスのなかには、いかに所得があっても市場で入手することが困難なものがあり、在宅福祉サービスの現物による（リアルなかたちでの）提供が必要とされる。所得保障があっても、重い認知症などのため自活ができない高齢者や重度の障害者には居住施設における介護（介助）をともなう生活の保障が必要となる。こうした事業は、所得施策、医療施策、住宅施策には期待し難い、社会福祉に固有の事業であり、近年とみに拡大する傾向にある。

他方、近年においては、先にも触れたように、家族関係や社会関係のひずみに起因する緊張や不安、引きこもり、養育や介護の拋棄（ネグレクト）など、社会福祉による支援を必要とするケースが拡大してきている。心理相談的な支援が有効な場合も多々みられる。しかし、ひずみや緊張が生活の土台である経済生活の不安定や社会関係の不調に関わっているような場合には、生活の全体性、統合性を視野に入れた社会福祉固有の支援が必要とされる。

つぎに、社会福祉の先導的・相補的固有性である。まず、社会福祉は他の一般生活支援施策にたいして先導性をもっている。従来、社会福祉は多様な一般生活支援施策なかでも雇用施策（社会政策）にたいして代替性や補充性をもつといわれてきた。しかし、そこでいわれる代替性は、雇用施策を基軸にした、雇用施策の側からの捉え方である。社会福祉を基軸にして捉えなおせば、社会福祉が雇用施策にたいして先導性を有していたのである。

他方、社会福祉は雇用施策以外の一般生活支援施策にたいしても補充性をもつと主張されてきた。以下、社会保険技術による所得施策（以下、社会保険という）によって一般生活支援施策を代表させることにしよう。社会保険が成立したとき、それは救貧施策である救貧法にたいして防貧的な性格をもつ施策として歓迎された。しかし、一般的、普遍的な施策として設計されている社会保険には、受給の資格、給付の期間、給付の額などについて一定の制約があり、すべての国民にたいして従前生活さらには最低生活を保障することは不可能である。社会保険によって最低限度の生活の保障が不可能な場合、救貧法の発展形態としての生活保護が適用される。

このような文脈でいえば、生活保護は社会保険を補充する施策という位置づけになる。しかし、社会保険と生活保護の関係は相互に補完しあう関係である。社会保険は、他方における生活保護の存在を前提にすることによってはじめて、一般的、普遍的な生活支援施策として受給資格、給付期間、給付額などに制限を設けることが可能となる。逆に、生活保護は、社会保険の存在を前提にすることによってはじめて、受給資格、給付期間、給付額などに制限を設けずに、最低生活の保障に専念することが可能となる。

このような、社会福祉にみられる先導性と相補（相互補完）性は、生活保護と社会保険技術による所得施策との関係だけにみられるものではない。社会福祉の一部である相談援助サービス、生活再建サービス、介護サービス、就労支援サービスなどは、保健施策、医療施策、教育施策、雇用施策、居住施策などを補完するプログラムである。逆に、保健施策、医療施策、教育施策、労働施策、居住施策などは、社会福祉を導入することによってより効果的、効率的なものとなり、成果を高めることが可能となる。

こうして、社会福祉が他の一般生活支援施策と重なりあう部分には、社会福祉と一般生活支援施策との中間に位置するような、あるいは社会福祉の性格と一般生活支援施策の性格をあわせもつような多数の事業、プログラムが形成される。それらのプログラムが、社会福祉のL字型構造の横棒に相当する部分を構成している。

さらに、アプローチにみられる固有性である。社会福祉は、領域としての固有性に加えて、アプローチのしかた（接近方法）においても固有性をもっている。この意味での社会福祉の固有性は、❷—ⓐ個別性と統合性と❷—ⓑ連携性（媒介性・調整性・協働性）と開発性（先導性・試行性）に区分することができる。

社会福祉のアプローチのうち、❷—ⓐの「個別性と統合性」の固有性は、問題（生活支援ニーズ）にたいして個別的に対応するという側面と統合的に対応するという側面に認められる固有性である。まず個別的な対応という側面について取りあげる。昨今、グローバル化、雇用形態の変化、人口構造・家族構造の変化にともなう大きな社会変動のもとで生活支援ニーズの多様化、複雑化、高度化が指摘されている。しかし、生活支援ニーズの多様性や複雑性は必ずしも近年にはじまったというものではない。生活支援ニーズの多様性や複雑性の根拠は、それが生活そのものの個別性、多様性にもとづき、本来的に個別的に、多様な様相をもって生起するというところにある。近年における生活支援ニーズの多様化、複雑化、高度化というのは、そのような生活の個別性、多様性がより一層増進し、複雑化しているということであり、画一化され普遍化された施策では対応が難しい状況になってきているということである。社会福祉の固有性❷―ⓐの第一「個別性」は、そのような生活支援ニーズにたいして個別的（パーソナル）にアプローチするということである。すなわち、社会福祉のアプローチとしての固有性❷―ⓐ「個別性」は、まず第一に生活支援ニーズを個別的に捉え、個別的にアプローチして充足、解決、緩和を試みるということに求められる。

そして、この個別的対応という特性は、他方において、生活の統合性に留意し、生活支援ニーズにたいして統合的にアプローチするという特性、すなわち❷―ⓐにいう「統合性」と結びついている。ここでいう統合的アプローチは、生活支援ニーズの個別性を認めたうえで、それを個人や家族の生活の全体性に関わる問題として捉え、その充足、解決、緩和のために社会福祉をはじめ関連する施策の事業を多様、多角的に動員し、それらを統合してアプローチすることを意味している。多様な施策、事業を多角的に調整し、統合したかたちでサービスを提供する統合的アプローチ、それが社会福祉のアプローチのもつ第二の固有性である。

社会福祉において統合的なアプローチが必要とされる根拠は、生活のもつ分節性と全体性（統合性）に求められる。人びとの生活は、家計、居住、家事、健康、養育、教育、介助、介護、職業、趣味、社会活動など、さまざまな領域に分化している。それが生活のもつ分節構造性である。しかし、他方において、人びとの生活は全体としてのまとまり、全体性をもっている。つまり、生活は、一方において分節性をもちつつ、他方において全体性をもっている。それら二つの特性が相まってはじめて、人びとの生活は自律的に維持され、再生産され続けることが可能となる。生活支援ニーズは多様に分節した生活領域のどこかで形成される。しかし、やがてそれは別の領域に浸透する。浸透のしかたは、生活支援ニーズを引き起こすリスクの種類や程度と生活領域を区分する境界（壁）の厚さや強さによって異なったものとなる。こうして、社会福祉においては、生活支援ニーズの個別性や多様性に対応する個別的アプローチと、生活の分節性と全体性に対応する統合的アプローチの両方を、同時的に実施、展開することが求められることになる。

社会福祉のアプローチとしての固有性の第二の部門❷—ⓑは、「連携性」と「開発性」である。まず連携性（媒介性・調整性・協働性）という特性であるが、これはさきほどの統合的なアプローチと関連している。近年のように社会的な生活支援施策の専門分化が進行し、多様化する社会において、統合的なアプローチを実現するためには、施策間の連携という手続きが不可欠である。連携がなければ統合的アプローチを推進することは不可能である。

社会福祉サービスの原型ともいえる社会福祉施設においては、居住している利用者の生活の維持に必要な衣食住、介助、介護、生活指導、就労指導、教育、医療などのサービスが一括して提供されていた。事実上、統合的に提供されてきた。しかし、社会福祉が発展する過程において、施設保護は徐々に縮小し、居宅を前提とする保護が一般化する。当初のうち、居宅保護は自立的かつ自律的な生活処理能力をもつ困窮者に限定して適用されていた。しかし、やがて認知症の高齢者や重度の障害者など身辺処理能力や判断能力の低位な人びとについても、居宅保護が原則となる。施設保護と居宅保護の中間に位置する通所サービスも一般化することになる。他方において、保健施策、医療施策、居住施策などの関連する施策も拡大する。後見制度や消費者保護施策などのように、従来社会福祉と直接的な関わりをもたずに形成されてきたプログラムを活用する機会も増加してきた。

こんにち問われていることは、社会福祉の多様なニーズをもつ利用者たちに、このような多様に存在する社会福祉のプログラムや関連生活支援施策のプログラムのなかから、なにをどのように選択し、関連づけて提供すれば、生活支援としての成果をあげることができるか、ということである。効果的なプログラムの選択と関連づけ、多様な事業者による生活支援サービス提供の成否は、関係者の連携活動、連携アプローチの成否にかかっているといっても過言ではない。

その連携には、媒介、調整、協働という活動が含まれている。媒介は、社会福祉が準備している各種のプログラムや、関連する施策によって提供される多様なプログラムを、生活支援ニーズの内容、種類や程度、利用者の判断能力、家族の状況などに応じて、利用者に適切に結びつけるという活動である。調整は、利用者の必要とする各種のサービス、プログラムの提供過程において、重複を避け、あるいは日時の重なりあいを回避するなど、あらかじめ最適の組みあわせを模索する活動のことである。協働は、社会福祉の支援担当者が異なったプログラムの担当者や、関連施策によるプログラムの担当者と協働して、あるいはチームを組み、より効果的な支援活動を展開することを意味している。

社会福祉に固有なアプローチの第二の部門❷—ⓑを構成するいま一つの特性は、開発性（先導性・試行性）である。社会福祉の領域においては、社会資源活用の必要性と重要性が強調される。ここでいう社会資源には、社会福祉に関連する各種の施策による各種のプログラムはもとより、社会福祉と異なる目的をもつ施策やプログラム、近隣の人びとや団体、近隣の寺院や神社、教会を含め、生活支援活動のリソース（資源）として利用可能なものであれば、すべてが社会資源となる。しかしなお、活用可能な社会資源をみいだしえないという状況も十分にありうることである。その場合には、必要な社会資源を先導的、試行的に開発することが求められる。ここでいう社会資源の開発のなかには、地域資源の開発のみならず、社会福祉の新しいプログラムの開発、新たな施策の創設を求めるソーシャルアクションや社会福祉運動が含まれる。

第3節 社会福祉の内部環境——社会福祉の構造と機能

ここまで、第1節と第2節を通じて、社会福祉をその外部環境との関係において把握する方法とそこからえられる二、三の知見について論じてきた。しかし、すでに各所で論じてきたように、外部環境との関係において社会福祉がいかなる位置にあり、どのような特徴をもつかを明らかにしえたとしても、それだけでは社会福祉の何たるかを明らかにしたということにはなりえない。社会福祉とよばれる存在、社会的な事象それ自体がどのような構造――内部環境――と内容をもつのか、そのことが明らかにされなければ、社会福祉を理解したことにはならないのである。そこで、つぎには、社会福祉に関わる政策と援助、ソーシャルポリシーの側面とソーシャルワークの側面がどのように結びついているのか、それをどのような研究方法論によって明らかにするのかという課題を切り口として、社会福祉の内部環境を捉える視点と枠組について論じることにしたい。

なお、ここで話題にするのは、まずは社会的実態としての政策と援助、ソーシャルポリシーとソーシャルワークである。社会的実態としての政策と援助、ソーシャルポリシーとソーシャルワークがどのような関わりにあるのか、それをどのように把握するかという、実態分析のレベルにおける研究方法論を最初に取りあげる。政策と援助、ソーシャルポリシーとソーシャルワークの関係を科学、学問の方法論というレベルにおいてどのように捉えるかという課題については、最後に項を新たにして論じることにしたい。

一　社会福祉の二定点構造説

まず、第一の言説は、社会福祉には政策と援助、あるいはソーシャルポリシーとソーシャルワークという構成単位（ディビジョン）があり、その両者を包摂する全体をもって社会福祉とする、という見解である。それを図式化すれば、**図4−5**のようなことになろう。

図4−5は社会福祉が政策と援助という二つの中心を有する二定点構造をもつことを物語っている。そこに表現されている社会福祉、政策、援助という三者の位置づけは、いわば社会福祉の実態をそのまま反映させたものである。その限りにおいて、図示のしかたに異論が生じることはないであろう。しかし、**図4−5**において、社会福祉を示す外枠（楕円）のなかに小円として示されている政策と援助、ソーシャルポリシーとソーシャルワークがそれぞれに自己完結していると

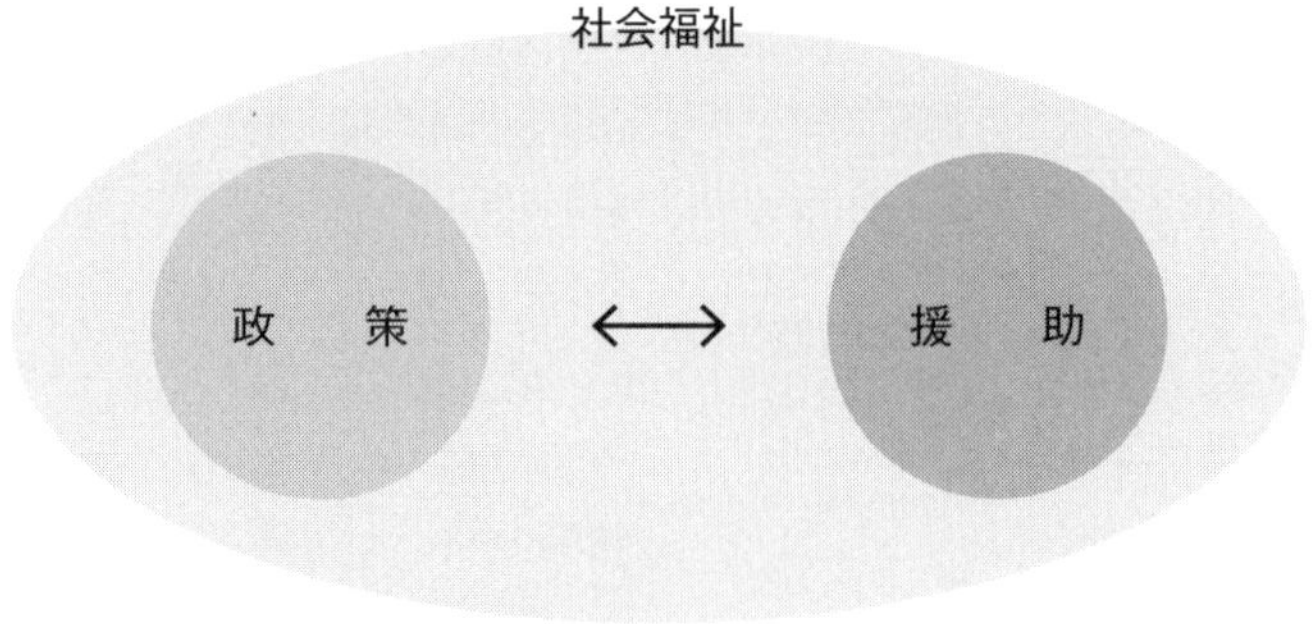

図 4-5　社会福祉の二定点構造説　古川孝順　作成

いう認識を前提にするのか、相互に開かれ、影響しあい規定しあう関係にあるものという認識を前提にするのか、いずれの前提をとるかによって外枠として示されている社会福祉の輪郭は明確に異ったものとなる。

まず、小円として示されている政策と援助、ソーシャルポリシーとソーシャルワークを相互に鎖された自己完結的な体系として理解する立場をとれば、外枠（楕円）として示されている社会福祉の輪郭は、ほとんど存在の意義をもたないことになる。その時には、二つの小円のあいだの相互に向かい合う矢印は不要なものとなる。先に第3章第2節の四項でみた三浦文夫や星野信也の政策と援助、ソーシャルポリシーとソーシャルワークを区別しようとする言説は、そのような認識を前提にしている。三浦と星野にとって、政策と援助、ソーシャルポリシーとソーシャルワークは、相互に交わるところのない別の系に属している。ただし、三浦には実態においては両者は結びついているという認識がないわけではない。さりとて、両者を結びつける視点や枠組を準備しているというわけではない。両者は制度的枠組のなかで統合されているという指摘にとどまっている。[14] 他方、星野の場合には、統合の視点や枠組の追究どころかそのような方向を模索する研究教育のありようは、欧米には類例のないわが国だけにみられる独特の状況であり、研究方法論上基本的な錯誤であるという指摘になる。そこでは、政策と援助、ソーシャルポリシーとソーシャルワークを包摂する、あるいはそれらを構成要素とする社会福祉という観念それ自体が成り立たないのである。

しかし、社会福祉の現実を直視し、その実態に則して捉えると、政策と援助、ソーシャルポリシーとソーシャルワークは繋がっている、社会福祉は政策と援助、ソーシャルポリシーとソーシャルワークの両者から構成されているといわなければならない。現代社会を前提にその繋がりかたをみると、それは概ねつぎのようなものである。周知のことであるが、現代社会においては、政策としての社会福祉、あるいは社会福祉に関わる政策がまず策定される。それは通常法令のかたちをとり、それに依拠して各種の事業が創出、実施される。そして、その過程はさまざまな知識や技術をもった専門職によって担われている。この実施過程を担う専門職の活動をソーシャルワークとよんでよければ、社会福祉の政策つまりソーシャルポリシーと援助すなわちソーシャルワークは政策の実施過程において密接に繋がっている。ただ繋がっているという以上に、社会福祉の政策はソーシャルワークなしにはその目的を達成することができないのである。独立型社会福祉士などを例にソーシャルワークの専門的援助技術としての自立性を指摘するむきもないではないが、その場合においても、社会福祉の制度的枠組なしには、事業活動はなりたたないのである。社会福祉士の資格制度はまさに政策として設けられた。

ただ、事柄はそれほど簡単ではない。第3章第2節の六項において取りあげた池田敬正の所説を借りれば、こんにちの社会福祉は、社会保障（池田にとってソーシャルポリシーないし政策にあたる）とソーシャルワークの統合体として成立する。社会保障を構成する社会保険や公的扶助は、ソーシャルワークがあってはじめてその目的を達成することができる。両者は実態として相互に結びついている。しかし、その統合はなかなか実現しなかった。それは、イギリスを例にしていえば、両者は理念を同一にしながらも異なった原理、社会保障は集団主義を原理に、ソーシャルワークは個人主義を原理として成立したため、実態としては結びつきながらも、長年その統合は容易に実現しなかった。池田は、そのような両者の統合を進展させたのが一九六八年の「シーボム委員会報告」によって提起され、七〇年に法制化されたパーソナルソーシャルサービス（個別的社会サービス）であったという。[15]

池田によれば、パーソナルソーシャルサービスは、それまでに制度化されてきた年金保険、国民保健サービス、国民扶助、青少年サービス、児童福祉サービス、教育政策などの社会的施策と伝統的に地域社会をベースに展開されてきたソーシャルワークをコミュニティケアという形態において統合するものであった。いわば、政策と援助、ソーシャルポリシーとソーシャルワークの統合を支え、推進する政策的、制度的装置がパーソナルソーシャルサービスであったということになろう。

二　社会福祉の三層構造説

こうした池田の見解は、政策と援助、ソーシャルポリシーとソーシャルワークの統合にかかる議論を一歩前進させたという意味をもつといってよいであろう。しかし、統合の外枠はできたとしても、統合の形態あるいは統合の構造や統合によって実現されるサービス提供の方法やそのプロセスについては、池田は何事も書き記していない。

池田の統合言説、イギリスに範をとった個別的社会サービスによる社会保障とソーシャルワークの統合という言説が形成されたのは一九九〇年代の後半であったかと思われる（ここで紹介の出典になっている池田敬正の『現代社会福祉の基礎構造』（ミネルヴァ書房）の刊行は一九九九年）が、わが国においては、それに先立って一九八〇年代末から九〇年代の初頭にかけて、社会福祉をマクロ、メゾ、ミクロからなる三通りの階層（レベル）に分けて理解するという方法が提起されている。**図4―6**「社会福祉の三層構造説」はその簡略な概念図である。

図4―6の趣旨は、政策と技術（援助）問題について、分割か直接的な統合かという伝統的な手法とは別に、社会福祉をマクロのレベル、メゾのレベル、ミクロのレベルという各階層ごとに視点を設定し、それぞれの視点からみえる社会福祉の姿を記述し、その結果を結合することによって社会福祉の全体像に接近するという新たな研究方法を提起することにあった。

当初、この方法は、いわば社会福祉の外側に階層的に視点を設定し、それぞれの視点からみえる社会福祉、すなわちマクロレベルの社会福祉、メゾレベルの社会福祉、ミクロレベルの社会福祉をただ合算することによって、社会福祉の全体像に接近しようとする、いわば直感的、経験的な研究方法として出発したといってよい。しかし、その後、マクロ視点に

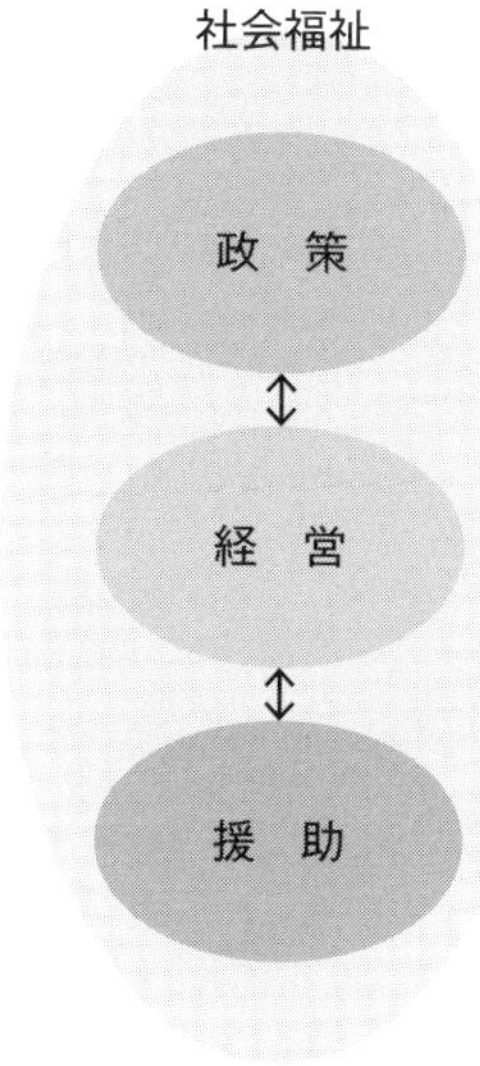

図 4-6　社会福祉の三層構造説　古川孝順　作成

おける社会福祉の分析は社会福祉の政策研究を、ミクロ視点における社会福祉の認識は社会福祉の援助研究を意味するようになる。さらには、メゾ視点における社会福祉の分析はマクロレベルの社会福祉とミクロレベルの社会福祉の中間に位置して、しかも相対的に独立した領域として認識されるようになる。経験的な視点の設定からはじまって、次第にマクロレベルの社会福祉の政策、ミクロレベルの社会福祉の援助、そしてメゾレベルの社会福祉の経営（運営）という分析の枠組が形成されていったのである。

こうして形成された三層構造説には、三通りの仮説が含まれている。第一に、社会福祉そのものが複数の層から構成されつつも一つのまとまりをもった全体として存立しているという仮説が想定されている。第二に、政策と援助、ソーシャルポリシーとソーシャルワークという相互に独立した領域として存在しており、それら二領域の統合体として社会福祉を把握するという方法が退けられている。まず社会福祉なるものが存在しており、政策も援助もそれを構成する内在的な要素の一つであるとする仮説が含まれている。第三には、そのような政策と援助は直接的に結びついているわけではない、政策と援助のあいだに経営ないし運営という相対的に独立した領域が存在しており、それを介して政策と援助が結びつき、社会福祉という総体を構成しているという仮説が包摂されている。総じていえば、政策、経営（運営）、そして援助が社会福祉を構成する三通りの要素であり、それらが相互に結びつき、規定しあう関係において社会福祉という総体を構成しているという仮説が想定されているのである。

このような三層構造説、なかでもメゾレベルの経営（運営）論的視点の導入には、第3章第2節の九項でみた三浦文夫らの社会福祉経営論の強い影響がみてとれる。三浦らは、従来の外部環境との関係を重視するいわゆる政策論的アプローチを批判し、社会福祉それ自体にかかる個別の政策や社会福祉事業（プログラム）の研究を社会福祉研究の中心的な課題として設定した。計画論的な政策の策定や運用に関する研究へのシフトである。経営（運営）という視点の設定は、そのような三浦らを軸にする研究の動向を反映したものと考えてよい(16)。社会福祉の総体とその動態を構造的に把握するという観点からいえば、確かに経営（運営）というレベルの設定は妥当かつ有効な選択肢であった。

ただし、三浦についていえば、すでに指摘しておいたように、政策と援助をそれぞれに別個の原理に依拠する存在とみなしており、統合というよりも政策と援助を別個の領域として取り扱うことを提案していた。そのことを前提に、三層構造説に戻っていえば、三浦の議論は、マクロの政策のレベルとメゾの経営（運営）のレベルを中心にするものであった。三浦は、政策レベル、経営（運営）レベル、援助レベルという三通りのレベルを設定して社会福祉の総体に接近するという提案それ自体については、あるいは同意したかもしれない。しかし、三浦には、社会福祉の政策レベルから制度（運営）レベルを介して援助レベルにいたる過程を連続性をもって変化する一つのプロセスとして一体的に捉えるという視点についてはどうであろうか。三浦の立論からすれば、そのような視点は議論の課題にならなかったであろう。

ここでもう一度池田敬正の施策統合説に戻ることになる。結論から先にいえば、池田の議論には三層構造説の影響は認められない。先にみたように、池田によれば、政策に相当する社会保障と援助に相当するソーシャルワークは、成立の時代や背景を共有している。しかし、社会保障とソーシャルワークは成立の契機となる原理も、生成の経緯や過程も、相互に異なっている。社会保障は集団主義にソーシャルワークは個人主義に立脚している。そのことを前提にしたうえで、池田は、社会保障は、その課せられた目的を達成するためには、その実施の過程をソーシャルワークに委ねざるをえない。平均的、画一的に構成されている社会保障は、その効果的な実施を個別的な支援を特性とするソーシャルワークに期待せざるをえない、という。これは、社会保障とソーシャルワークが実際上結びついていることについての言及といってよいであろう。けれども、政策上ないし制度上の統合は容易に進捗しない。

池田によれば、イギリスにおける政策と援助、社会保障とソーシャルワークの統合は、一九七〇年の個別的社会サービスの導入によって実現されることになった。個別的社会サービスによって社会保障とソーシャルワークの統合が実現したという判断、もう少し一般化すれば、社会福祉の地域化の促進が政策と援助の統合を促進する契機になったという池田の判断は、一定の妥当性をもつといってもよいだろう。しかし、再三の繰り返しになるが、池田は、そこで実現した統合の構造や政策と援助を結びつける運用過程のメカニズムやダイナミズムについて解明しているわけではない[17]。

池田の地域福祉（個別的社会サービス）による社会保障とソーシャルワークの統合という立論には、外形的には三層構造説に通じるところがある。社会保障、地域福祉、ソーシャルワークという構造である。池田は、地域福祉が媒介項になりうる根拠について、地域社会を基盤とする地域福祉が制度化されたことによって、社会保障とそれまで地域社会において展開されてきたソーシャルワークとが統合されることになったという。統合のキーワードは地域社会ということになる。しかし、地域社会が媒介項になるという指摘だけでは、統合の説明としていかにも不十分であろう。地域福祉を媒介として実現したとされる社会保障とソーシャルワークの統合の構造やその運用過程のメカニズムやダイナミズムについての解明が必要であった。

なお、この時期に刊行された三層構造説に関連する業績としては、高澤武司による『社会福祉のマクロとミクロの間――福祉サービス供給体制の諸問題』[18]や京極高宣による『社会福祉学とは何か』[19]がある。高澤の『社会福祉のマクロとミクロの間』は、福祉サービスの供給体制を媒介項として政策とソーシャルワークを一体的なものとして理論的に把握しようとした初期の有力な試みの一つであった。京極は『社会福祉学とは何か』において、高澤のいう「マクロとミクロの間」にある存在を一歩進めて体系化し、社会福祉学を福祉政策学、福祉経営学、福祉臨床学という三通りの研究領域から構成されるものとして展開している。「社会福祉実践の三層構造」という構想である。なお、京極のいう社会福祉実践は福祉サービスを意味している。京極の言説をわれわれのいう三層構造説に対応させれば、福祉政策学は社会福祉のマクロレベルに、福祉経営学はメゾレベルに、福祉臨床学はミクロレベルに、それぞれ焦点化した研究ということになる。さらに遡及すれば、福祉政策学はソーシャルポリシー論、福祉経営学は社会福祉経営論、福祉臨床学はソーシャルワーク論の研究に対応するということになろう。

われわれのここでの関心からいえば、京極の「三層構造」説は興味深い。京極は、社会福祉学が福祉政策学に加え、福祉経営学と福祉臨床学を必要とする理由について、傍証的に、医療領域における病院経営論、教育領域における学校経営論の存在をあげている。ただし、福祉政策学、福祉経営学、福祉臨床学の区分やつながりについての議論は、必ずしも充分に展開されているわけではない。その後の京極による福祉経営学の研究も、高齢者福祉にかかる公私の事業や施設の経営問題を中心に展開されている。社会福祉にかかる政策、経営、臨床という各レベルの関係を一つのプロセスとして捉え、そのメカニズムやダイナミズムを明らかにするという議論の展開にはなっていない。

三　政策・制度・援助の三位一体構造説

結論を先取りするようなかたちでいえば、われわれは前掲の『社会福祉原論』において、**図4－7**「政策・制度・援助の三位一体構造説」に示すような分析枠組を提起した。**図4－7**には、二つのねらいが込められていた。第一のねらいは、従来の政策（マクロレベル）、経営ないし運営（メゾレベル）、援助（ミクロレベル）という三層構造説をさらに発展させることである。特に、政策、経営（運営）、援助の結びつき、規定関係のありようを構造的に把握し、分析する枠組を構築し、政策、経営（運営）、援助を三位一体構造的に把握するという手法に道をつけることにあった。第二のねらいは、

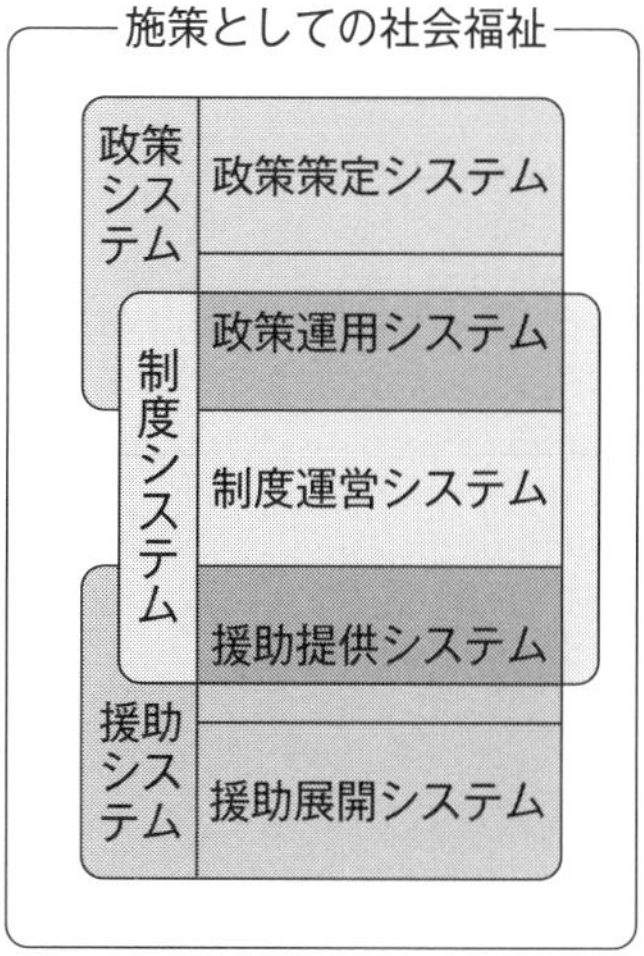

図 4-7　政策・制度・援助の三位一体構造説　古川孝順　作成

そのような三位一体構造的な把握の方法を設定することを通じて、社会福祉を政策の策定、政策の実施、政策の評価、政策の改善……という一連の過程、時系列的なサイクルとして把握するという手法に道をつけることにあった。より社会福祉の実態に即するかたちでいえば、社会福祉にかかる政策の実施の過程を、❶政策の策定と運用の過程、❷社会福祉にかかる個別事業（プログラム）の集積としての制度の設定ならびに運営の過程、そして❸具体的な援助の提供の過程に分離し、社会福祉の総体を、社会福祉にかかる政策の企画・立案・決定、制度（事業）の設定と運営、援助の提供、政策評価と改善の過程として一体的に把握する手法を開発することにあった。すなわち、社会福祉の総体を施策として捉え、そのもとにおける政策の策定と運用の過程を政策過程、政策の制度化と運営の過程を制度過程、援助の提供と展開の過程を援助過程として位置づけ、そのうえで全体を三位一体的な構造において把握する枠組とすることを意図したのである。

図4−7にみるように、われわれの三位一体構造説の特徴は、まず政策、運営、援助という三層のうち、運営の部分を制度（運営）に置き換え、そのうえで政策システム、制度システム、援助システムという名称を付していることである。システムとしたねらいは、政策、制度、援助という名称を付与した事象の構造と機能をシステムという視点から把握し、それぞれをそれ自体が一つのシステムをなす社会福祉

（トータルシステムとしての社会福祉）のサブシステムとして位置づけるということにある。図4－7では、加えて、政策システム、制度システム、援助システムのもとに幾つかのサブシステムを設定している。政策システムは、政策策定システムと政策運用システムという二つのサブシステムから構成されている。同様に、援助システムは、援助提供システムと援助展開システムから構成されている。これにたいして、制度システムについては、直接的に対応するサブシステムとしては制度運営システムのみであるが、逆に政策システムのサブシステムである政策運用システムと援助システムのサブシステムである援助提供システムを内側に取り込んだ構成になっている。制度システムは、制度運営システムを機軸に、政策運用システム、援助提供システムという二通りのサブシステムを含め一体的に構成されている。

こうして、図4－7にみられるように社会福祉の三位一体構造は、制度システムがそのサブシステムである制度運営システムを軸に両側の政策システムと援助システムにブリッジを架けるという構造になっており、そのことによって社会福祉総体の三位一体的な把握が可能になるのである。

このような分析枠組の設定は、単なるイメージ図上の工夫ではない。議論を出発点に戻せば、それは、伝統的に政策（ソーシャルワーク）と援助（ソーシャルワーク）として二者択一的ないし二者分離的に議論されてきたものを、それぞれがそれぞれに別の論理、メカニズムとダイナミズムにおいて運動する事象であることを踏まえつつも、両者が一体となって社会福祉の総体を構成しているという実態、現実に即して認識し、議論するための枠組を構築しようとする試みにほかならない。政策と援助は、そのままのかたちでは、あるいは直接的には繋がらない。しかし、それにもかかわらず、社会福祉の実態、現実に即してみれば、それは一体として実施されている。社会福祉の内部には政策と援助を結びつけている構造体が明らかに存在し、それによって政策と援助は結びつけられている。そこに着目したのが三位一体構造説である。

三層構造説は、萌芽的にこの政策と援助を架橋してきた部分、伝統的には社会福祉行政とよばれてきた部分に着目し、そこに単なる社会福祉法制の実施過程を意味する社会福祉行政の域を超える一定の論理、メカニズムとダイナミズムのあることを見出し、それによって政策と援助を結びつけるという新たな構想を創出しようとしていた。われわれのいう三位一体構造説は、それをさらに進め、政策、制度（運営）、援助という三層を、それぞれが一つのシステムを構成し、それぞれの論理、メカニズムとダイナミズムをもちながら、それぞれに規定しあい、拮抗しあいつつ、一体的に社会福祉を構成するという構造と機能において社会福祉を捉えようとするものである。ただし、それは、政策、制度（運営）、援助が単に三つ巴の関係にあるということではない。社会福祉には、政策の策定からその制度化、援助の提供、評価から改善にいたる一連の過程、サイクルとして捉えられるべき論理がある。そのことも含め、三位一体構造の詳細については次節においてさらに議論を重ねたい。

四　科学としての統合

この節で最後に残している議論は、政策と援助、さらに制度（運営）に関わる議論を科学、学問の方法としてどのようにして統合するかという問題である。

このことについては、これまでの議論のなかでも幾度か言及してきており、その再確認を含めながら、改めて考察しておこう。まず、最初に再確認しておかなければならないことは、実態としてある政策と援助、換言すれば観察の対象としてそこにある政策と援助を統合するという問題と、政策や援助に関する科学、認識の方法を統合するという問題を明確に区分して取り扱う必要があるということ、そのことである。

従来の社会福祉研究は、この両者、二通りの研究課題の区分を明確に行わないままに展開されてきた。そこに混乱の原因があったといわなければならない。歴史的にみれば、こんにち政策、援助といわれているものが、少なからず異なった基盤、土壌のなかから生成し、相互に拮抗しあいながら展開してきたことは事実である。しかし、そのような政策と援助も、欧米においては一九世紀から二〇世紀への世紀転換期以降、わが国の場合にも大正後半期以降になると、相互に接近し、一体化する。第二次世界大戦以降になると、政策と援助はまさに一体的なものとして展開するようになった。政策は、援助なしにはその目的を遂行し、達成することは不可能である。逆に、援助もまた、自主的、先導的な活動をそのうちに包含するとはいえ、政策的な枠組（法的な認証、事業（管理）委託、補助金、助成金など）なしには、自立的にその活動を維持存続させることは不可能である。

こうして、政策と援助は、歴史的にも、実態的にも、相互に依存しあい、規制しあうという関係のなかで一体化し、社会福祉という施策を構成するにいたったのである。政策と援助のあいだに制度という媒介項を設定して観察してみれば、政策、制度、援助が一体となって施策としての社会福祉を構成していることは、誰の眼にも明らかな事実であり、その事実に眼を瞑ることは、非現実的であり、かつ不可能なことである。

しかしながら、そのような事実を科学、学問としてどのように捉え、分析するかという問題になると事態は一転してカオス的状況がうみだされる。すでに言及しておいたように、かつて、一九五〇年代の社会福祉学の黎明期において、戦前以来の社会政策論の系譜を継承する孝橋正一の政策論は、マルクス主義的な社会科学の方法論を適用し、その射程の届かない援助の部分を社会福祉（社会事業）の埒外にあるものとして扱おうとした。逆に、援助の過程に焦点化した竹内愛二の援助（技術）論は、アメリカから移入したソーシャルワーク論を適用し、その射程の届かない政策の部分を所与のものとして、あるいは埒外にあるものとして扱おうとしたのである。この伝統はその後も継承され、一九八〇年代、九〇年代の社会福祉学研究を牽引した三浦文夫や星野信也は、政策と援助の統合を非現実的な試みとして批判し、両者を分離することを主張した[20]。

三浦や星野が政策、制度、援助の実態とその捉え方の問題を意識的に区別していたかどうか。三浦は政策、制度、援助が実態として繋がっていること、一体的な存在であることを承知しつつ、研究のレベルでは自己の基礎科学である社会学を適用しうる政策と制度に研究の範囲を限定していたかにみえる。星野の場合には、政策、制度、援助の実態的なつながりに眼を向ける以前に、自己の基礎科学である政治学を適用することのできる政策に研究の対象を限定していたかと思われる。

たしかに、政策を捉えるために活用されてきた経済学、社会学、政治学、あるいは援助を捉えるために動員されてきた心理学、精神医学、教育学などの既成科学の方法論、認識論レベルで、政策研究と援助研究を統合することは不可能であろう。経済学、社会学、政治学と心理学、精神医学、教育学を直接的に統合することなど非現実的であり、ありえないことである。しかし、それが不可能であるということをもって、政策、制度、援助が一体的につながり、統合されて社会福祉を構成しているという事実を分断し、両者を別個のものとして扱おうとする姿勢は社会福祉研究の自己否定ともいうべきものである。

われわれにとって必要なことは、社会福祉が政策、制度、援助という相対的には区別可能でありながら、相互に規制しあい、依存しあう三通りの要素が一体化されたもの、一連のプロセス、過程として存在しているという実態、事実を的確に把握することを可能にするような科学のありようを追求することである。その第一歩は、社会福祉の研究には学際的なアプローチが必要不可欠であること、それ以外にアプローチの方法がないことを是認することである。例えば、政策の研究については経済学、法学、政治学、社会学などの知見と技術、制度研究については社会学、行政学、経営学などの知見と技術、援助研究については心理学、精神医学、医学、看護学、教育学などの知見と技術が必要とされる。そのような社会福祉の政策、制度、援助の全体をどれか一つの科学、例えば経済学によって把握し、分析し、理論化することは、到底不可能である。それを可能にしようと思えば、適用する科学のもつ射程に収まり切れない部分は社会福祉の範囲から除外してしまうほかはない。社会福祉の研究は、まずは学際科学として進める以外にないのである。

しかし、単なる学際科学であれば、社会福祉学の研究は、それぞれの基礎科学によって自己目的的に切り取られ、分析加工され、提出されたバラバラな知見や研究の寄せ集めにすぎないものとなる。それでは、社会福祉の全体像、その基本的な性格、構造、機能を的確に把握し、認識することは不可能であろう。多様な知見や技術を一定の目的とルールにもとづいて整理し、必要な知見や技術を開発しつつ、系統化し、体系化するという作業が必要とされる。そのような作業が一定の成果をあげえたとき、それは単なる学際科学から複合科学、融合科学とよばれるものに進化する。そして、最終的には、融合科学として、既成の科学とは次元を異にしつつも、しかし一箇の独立した方法をもつ科学の体系として確立することになろう。

以上のことは、これまでさまざまな機会に論じてきたことであり、本書の第1章第7節、第3章第1節においてすでに言及してきたことの再確認である。わが国の社会福祉学の状況は、徐々に複合科学、融合科学とよびうる体系的な知見と技術をもつ段階に到達しつつあるといって過言ではないであろう。

第4節　社会福祉の施策過程

思わず長い道程になってしまったが、最終節を迎えることになった。

われわれは、ここまで多様な争点や焦点について論じてきた。最後に、その結果を踏まえつつ、社会福祉の全体像に迫る手掛かりを確実なものとするため、社会福祉の施策過程を捉える枠組について議論をさらに進めておきたい。

一　施策過程としての社会福祉

あらかじめ断るまでもないことであるが、以下の議論において取りあげる政策は、社会福祉の制度を構成する個別の事業（社会福祉事業＝プログラム）に根拠を与えたり、その運用・運営の方針などにかかる政策である。個別政策とよんでよいかもしれない。これにたいして、社会福祉が一定の歴史的な時期に国家の政策として成立する根拠、その経緯や経過、性格などに関する問題（存立根拠問題）については、ここでは扱わない。その意味での政策については、すでに本書

第3章第3節の社会福祉の「存立根拠」問題、第4章第1節の社会福祉のマクロ環境——社会構成体と社会福祉で論じておいた。必要に応じて該当する箇所を参照されたい。

さて、以下の議論は、**図4-8**「社会福祉の施策過程」を拠所として進める。

図4-8にみられるように、われわれのいう社会福祉の施策過程の基本的な構造は、政策システム、制度システム、援助システムからなる三位一体構造である。そのことを前提に、われわれは、社会福祉の施策過程を「政策過程」「制度過程」「援助過程」「評価過程」の四通りの過程から構成されるものとしている。ここでシステムという用語を過程に変更しているのは、それぞれのセクションについて構造よりも動態に焦点化したいからである。加えて、政策過程では、**図4-7**において政策策定システムに相当するところを「政策課題の設定過程」「政策立案過程」「政策決定過程」という三通りのセクションをもつ過程に膨らませている。また、援助過程を構成する援助展開過程の部分については、図中右側にその内容を追加している。さらに、**図4-8**においては、これまでの議論では社会福祉（本体）の外側に位置づけてきた利用支援過程を援助提供過程と援助展開過程の中間に組み込んでいる。利用支援過程の意義をより明確なものにするためである。

社会福祉の第一の契機は、生活問題（個人、家族、地域社会の生活にかかる社会問題）の認定である。生活問題が政策の対象になるためには、問題の社会的起源性と要社会的対応性についての社会と政策主体（通常は国・自治体）の認識が重要な意味をもっている。ただし、それが政策課題として設定されるには❶内閣・首長の政策方針、❷関係議員の働きかけ、❸当事者団体・支援団体の働きかけ、❹関係業界団体の働きかけ、❺マスメディアの動向、❻国際条約など海外の動向、❼関連政策の遂行状況、❽先導的開発的事業の動向などが直接的な契機となる。政策課題の設定に関して留意すべきは、生活問題のすべてが、あるいは生活問題がそのままのかたちにおいて政策課題として設定されることにはならないということである。すでに言及したことであるが、政策主体は、その視点（政策化の意図や目的）に応じて、生活問題の一定の部分を切り取って（フレーミングして）政策課題とする（対象化する）。同一の問題であっても、政策主体がそれを

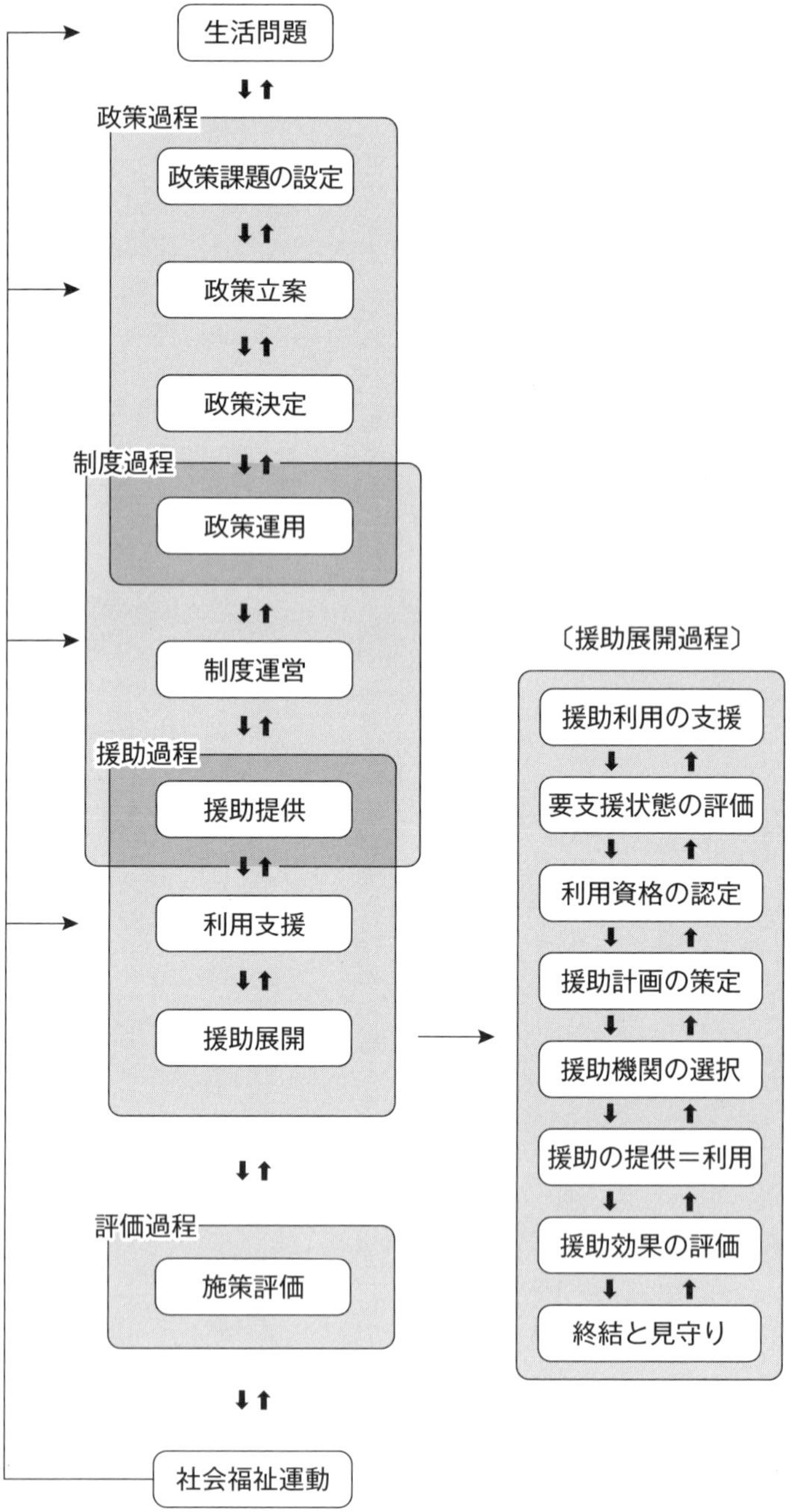

図 4-8　社会福祉の施策過程　　古川孝順　作成

どのようにフレーミングする（意味づけし、切り取る）かによって、対応のしかたに違いがうまれる。例えば、同じ保育問題への対応も、女性労働力の活用という視点と子どもの発達権保障という視点では異なった内容となる。

政策課題が設定されれば、つぎは政策立案である。国の施策であれば、担当吏員により法案の準備が行われる。この過程では、政策課題の精査、政策手段の吟味、先行政策の遂行状況や成果についての評価、関連施策との整合性の確保などが課題となる。法案が作成されるまでには、審議会等による審議、有識者、関連団体からの意見聴取も実施される。

政策決定過程の概略はつぎの通りである。政策立案の過程において法案がまとまれば、省内の手続き、閣議決定を経て国会に上程される。国会においては衆議院、参議院とも関連する委員会による審議を経た後、それぞれの本会議の審議にかけられる。審議の過程においては、必要な修正が加えられたうえで法律の制定ということになるが、衆議院、参議院における採決にあたって付帯決議が付けられることがある。審議の経過や修正の経緯については、それぞれの議事録による確認が可能である。自治体においてもほぼ同様の手続きと過程を経て条例が制定される。

政策が決定されれば、つぎは政策運用の過程になる。政策の文言化としての法律が制定され、施行される。しかし、それだけで政策が遂行できるわけではない。法律はいわば政策の梗概であり、実施するためには内閣による政令（施行令）、政策を管轄する省による省令、さらには通達や通知などの補助法令が策定される。新規の政策（法律）を実施するにあたって、実施要領などの手引き（マニュアル）が作成されることも数多い。

こうして、政策を実施する準備が整えば、局面は制度過程に移行することになる。制度過程は、先に言及したように、政策運用過程と援助提供過程にブリッジを架けているが、中心になるのは制度運営過程である。政策を具体化するため、制度的枠組を設置し、運営管理する過程である。制度過程の主体は主として自治体である。自治体のうち、都道府県が中心になるか、市町村が中心になるかは、政策の内容によって異なる。都道府県が中心になっているのは郡部の生活保護、児童福祉サービスや母子福祉サービスの一部、市町村が中心になっているのは生活保護、児童福祉サービス、高齢者福祉サービス、障害者福祉サービスである。一九九〇年代まで、社会福祉施策における自治体の役割は、機関委任事務、団体委任事務として位置づけられていたものであるが、二〇〇〇年代以降は法定受託事務である生活保護以外の福祉サービスは自治事務として位置づけられている。その分だけ、自治体、なかでも市町村の役割が拡大したことになる。しかも、この傾向は、市町村と地域社会を中心とする地域包括ケアの展開が重視されるようになってこのかた、一層強まっている。加えて、大多数の自治体が、みずからを主体とする独自の施策を実施しており、このことも自治体の役割を拡大することになっている。

さて、制度過程を担う自治体は、政策運用過程における政令、省令、通達、実施要領などの策定をうけて、条例や規則を設定し、政策によって設計された法令上の制度を実際的な制度として具体化し、その運営管理に必要とされる財源、情報、組織・機関・施設、要員などを準備する。さらに、自治体は、政策の実体化を意味する援助を提供するために必要とされる財源、情報、組織・機関・施設、専門職員を準備し、運営管理する。この援助提供過程には、援助の利用にかかる相談助言、利用資格の認定、援助の実際的提供、援助提供の委託などの活動が含まれる。

援助は各種のセンター、保育所、施設などによって実施、展開されるが、その過程は、図4–8にみるように、❶援助利用の支援、❷要支援状態の評価、❸利用資格の認定、❹利用計画の策定、❺援助機関の選択、❻援助の提供＝利用、❼援助効果の評価、❽終結と見守り、から構成される。

援助過程に含まれる利用支援過程においては、❶福祉サービスについての情報提供や広報活動、❷潜在的利用者の援助提供機関へのアクセスを支援する活動、❸利用者による援助利用状況についてのモニタリング活動、❹権利擁護へのアクセス支援などの活動が含まれる。

評価過程においては、❶政策課題の設定にはじまる政策過程、制度過程、援助過程が効果的効率的かつ的確に遂行されてきたか、❷政策によってどのような成果がえられたか、❸それが政策としてどのような効果をもったかを評価し、そこでえられた結果をそれぞれの過程にフィードバックする活動が行われる。評価の種類としていえば、❶はプロセス評価、❷はアウトプット評価、❸はアウトカム評価である。

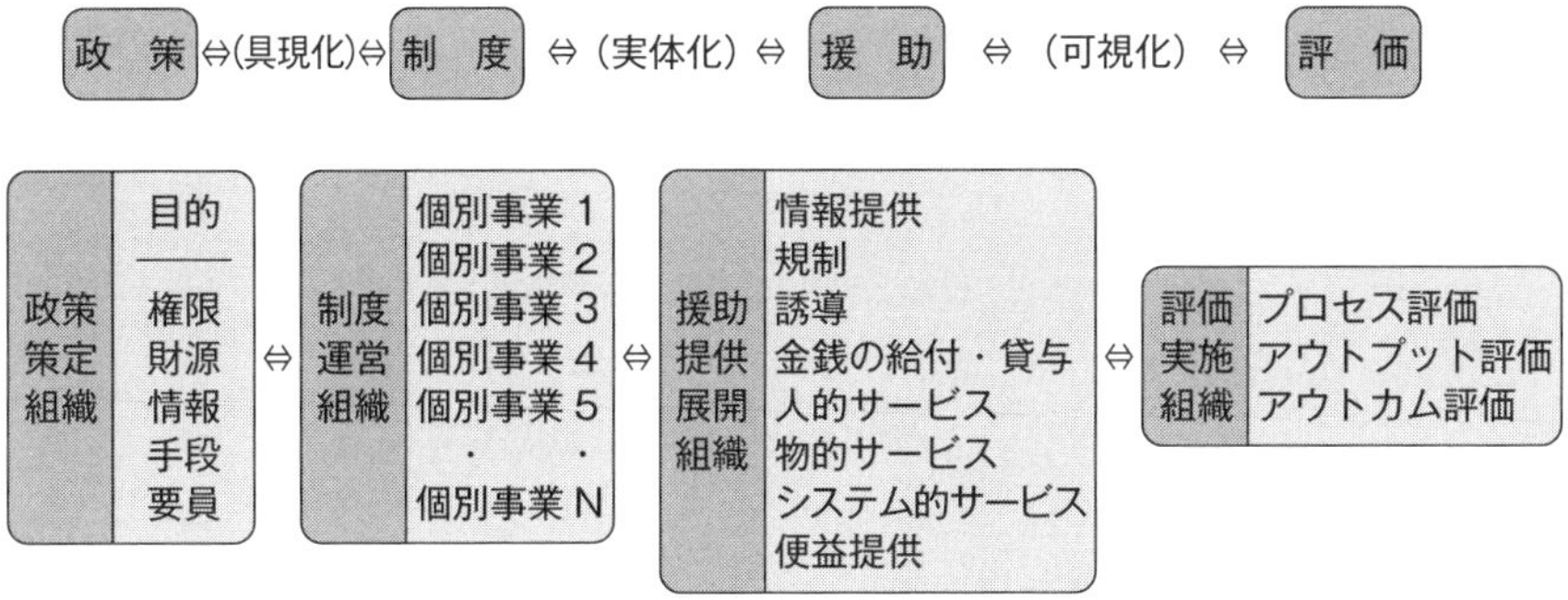

図 4-9　政策・制度・援助・評価の構成　　古川孝順　作成

社会福祉運動は、生活問題の当事者や支援者団体、関連団体、地域住民、市民を主体とし、社会福祉の課題としての生活問題の発見、社会的認識の拡大、政策的対応の陳情や要求に関わるところからはじまり、政策課題の設定以下の政策過程、制度過程、援助過程、評価過程にいたる施策過程の全般についてモニタリングし、その結果を生活問題への社会的関心の活性化、施策過程の各ステージにフィードバックする運動である。長い社会福祉史の節目々々において、社会福祉のありように大きな影響力を及ぼしてきた。

二　政策・制度・援助・評価の構成

最後に、社会福祉の施策過程を形成する政策、制度、援助、評価という各システムはどのような内容をもって構成されているのか、改めて考察しておこう。図4－9「政策・制度・援助・評価の構成」はそのことを示している。

政策システムについては、政策策定組織と目的、権限、財源、情報、手段、要員から構成されている。政策策定に関わる組織は、直接的には厚生労働省を中心に社会福祉を担当する省庁の官吏ということになるが、省庁や内閣、当事者や支援者の団体、施設経営者その他各種のステークホルダー（利害関係者）ということになる。政策システムのいま一方の内容は、政策そのものということになるが、ここでは政策を構築するにあたって必要となる要素をあげている。権限、財源、情報、手段、要員については特に説明を要しないであろう。手段というのは、政策目的を達成するための手段のことであり、対応すべき課題の内容と目的に応じて選択的に採用される。例えば、障害者差別の防止については禁止規定による規制、障害者の雇用支援については雇用の義務づけと納付金による誘導、生活困窮者の保護については現金の給付と生活指導などのサービスが目的達成の手段として採用されている。政策にかかる目的の設定、手段の選択は、政策主体が政策課題を設定するにあたって生活問題（問題状況）をどのようにフレーミングしているか、そのありようによって異なる。

制度システムの内容は、制度運営組織と個別事業から構成されている。制度運営組織は、事業全体の運営管理にあたる組織と個別事業の運営にあたる組織に区別される。事業全体の運営管理にあたるのは自治体の該当する部局と吏員であり、事業の運営にあたるのは自治体の公設公営の施設であればその組織、社会福祉法人の組織などであろう。ここでいう個別事業は、社会福祉の内容をなす個別のプログラムのことであり、具体的には生活保護事業、ホームレス支援事業、児童福祉事業、母子福祉事業、障害者福祉事業、高齢者福祉事業、介護福祉事業など、多様な社会福祉事業のすべてがこれに該当する。

援助システムは、援助提供組織と援助展開組織からなる援助提供展開組織と援助の手段から構成されている。援助提供組織は各種センター、施設などを意味し、援助展開組織は各種専門職やそのチームなど具体的に援助を実施する組織のことである。従来、われわれは援助の手段について、金銭の給付・貸与、人的サービス、物的サービス、システム的サービス、便益提供としてきたが、ここでは援助を広義に設定し、情報提供、規制、誘導を含めることにした。規制、誘導については政策システムにおいて言及した。人的サービスは一定の専門的な資質をもつ人びとによる役務（援助活動）の提供という形態をとる援助のことであり、役務の提供ともいう。物的サービスは、衣食住、学用品などの生活資料の提供、車イスなどの貸与、住宅改良などの現物形態をとる援助のことである。システム的サービスは、施設入居サービスのように人的サービスと物的サービスが結合しているサービスのことである。

評価システムは評価実施組織とプロセス評価、アウトプット評価、アウトカム評価から構成されている。評価実施組織は、自己点検評価の場合は当該組織であるが、第三者評価の場合は第三者によって構成された評価機関となる。プロセス評価、アウトプット評価、アウトカム評価についてはすでに前項において一部言及したところであるが、ここで若干付言しておきたい。まず、評価の出発点となる目的や数値目標の設定のしかたは、政策主体による課題設定のしかたによって異なる。また、目的や数値目標の設定のしかたは、政策過程のステージによっても違ったものとなる。特に、援助過程における目的や数値目標は、政策過程におけるそれとは異なることが多い。例えば、介護政策が経費削減を目的に要支援サービスの縮減を求める介護政策についていえば、要介護認定の絞込みによる要支援サービス受給者の減少は経費削減という政策目標を基準に評価すれば目的の達成に貢献したことになろう。しかし、要支援段階における介護サービスの提供がむしろ予後の好結果（介護費用の縮減）に繋がるという介護専門職の問題設定のしかたからすれば逆効果という評価になろう。

社会福祉における効果とは何か、それを切り分け、評価活動を通じて可視化する評価活動の推進が社会福祉の改善、発展に寄与するところは大きいと思われる。しかし、そのためには、社会福祉の多様な主体がそれぞれに対応する生活問題をどのように切り取り、どのように目的を設定するのか、制度過程や援助過程においてそれをどのように受けとめ、どのように目的や目標の設定を行うか、慎重に見極め、対応することが求められる。

註

(1) 生江孝之『社会事業要綱』、社会福祉古典叢書四『生江孝之集』（鳳書院、一九八二年）所収、一五ページ。
(2) 大友信勝・長岡正己編著『社会福祉原論の課題と展望』高菅出版、二〇一三年、一二四ページ。
(3) 池田敬正『現代社会福祉の基礎構造――福祉実践の歴史理論』法律文化社、一九九九年、八六～八七ページ。
(4) F・テンニエス、杉之原寿一訳『ゲマインシャフトとゲゼルシャフト』岩波文庫、一九五七年、一三五～一三七ページ。
(5) K・ポランニー、野口建彦・栖原学訳『大転換――市場社会の形成と崩壊』東洋経済、二〇〇九年、市場経済の勃興と崩壊――悪魔のひき臼、第7章スピーナムランド法、第8章スピーナムランド法以前と以後、（一三三～一八〇ページ）、市場経済の勃興と崩壊――社会の自己防衛、二三五～四〇〇ページ。ポランニーを理解するうえでは、若森みどり『カール・ポランニー――市場社会・民主主義・人間の自由』（NTT出版、二〇一一年）、同『カール・ポランニーの経済学入門―ポスト新自由主義時代の思想』（平凡新社、二〇一五年）を参考にした。
(6) 古川孝順「社会福祉のパラダイム転換」（拙編『社会福祉21世紀のパラダイム――理論と政策――』誠信書房、一九九八年、所収）。なお、「社会福祉のパラダイム転換」は本著作選集第4巻『社会福祉学』に収録している。
(7) 孝橋正一『全訂　社会事業の基本問題』ミネルヴァ書房、一九六二年、一八二ページ。
(8) 孝橋正一、同右、四三ページ。
(9) 孝橋正一、同右、六一～六二ページ。
(10) 仲村優一『社会福祉概論』誠信書房、一九八四年、二〇ページ。
(11) 岡村重夫『社会福祉原論』全国社会福祉協議会、一九八三年、五九～六七ページ。
(12) 古川孝順『生活支援の社会福祉学』有斐閣、二〇〇七年。
(13) Wilensky, H.L. & C. H. Lebeaux, Industrial Society and Social Welfare, The Free Press, 1965, pp. 138 ~ 140.
(14) 三浦文夫『社会福祉経営論序説――政策の形成と運営――』硯文社、一九八〇年、三九～五六ページ。
(15) 池田敬正、前掲書、二四～二五ページ。
(16) 三浦文夫、前掲書、第3章社会福祉経営の概念、第4章社会福祉経営の枠組、を参照されたい。

(17) 池田敬正、前掲書、二四～二五ページ。
(18) 高澤武司『社会福祉のマクロとミクロの間――福祉サービス供給体制の諸問題』川島書店、一九八五年。
(19) 京極高宣『社会福祉学とは何か』全国社会福祉協議会、一九九五年。
(20) 三浦文夫の所説については前掲書、星野信也の所論については星野信也「社会福祉学の失われた半世紀――国際標準化を求めて――」(鉄道弘済会『社会福祉研究』八三号、二〇〇二年)を参照されたい。

結び

社会福祉学のスケルトン

ここまでかなり錯綜し、あるいは重なりあった議論を展開してきた。加えて、社会福祉学についての系統的な議論という観点からいえば、取り残した部分も多い。最後に、そのような部分を含め、ここまでの議論の展開を箇条書き的に整理し、社会福祉学の簡略なスケルトンを示すことで本書の結びとしたい。

1　研究対象としての社会福祉

社会福祉学の研究対象である社会福祉とは何か。社会福祉学が一箇の科学であろうとすれば、まず研究の対象を同定しなければならない。

一　社会福祉の範囲——開放体系としての社会福祉

何をもって社会福祉というか、その範囲や内容は、国・地域によって、また時代によって異なり、範囲や内容を確定することには困難がつきまとう。第二次世界大戦以後に限定しても幾つかの事業（プログラム）が社会福祉事業のリストから除外され、介護サービスをはじめ幾つかの事業が追加された。これからもそのような変化が多々ありうると思われる。その意味で、社会福祉の範囲や内容は変化するもの、開放体系（オープンエンドの体系）を構成するものとして捉えておきたい。

二　自発的社会福祉と施策としての社会福祉

社会福祉は、自発的社会福祉と施策としての社会福祉に区分して捉えることができる。自発的社会福祉は人びとのあいだで自発的、主体的に行われる生活支援の活動や事業を意味し、そのような自発的社会福祉が国や自治体によって社会的、公共的な施策として行われるようになったものが施策としての社会福祉である。ただし、自発的社会福祉のすべてが施策化されるわけではない。こんにちにおいても、施策的社会福祉の周囲には多様な自発的社会福祉が展開されており、そのうちの一部はやがて施策化される可能性をもつが、なかには施策化を拒み、自発的であることを重視して行われている活動や事業も存在する。そのいずれもが、社会福祉である。

三　歴史的社会的所産としての社会福祉

社会福祉は歴史的社会的所産であるといわれる。社会福祉の歴史的な起点をどこに求めるか、いかなる施策や活動をもって社会福祉とするかは、社会福祉の概念規定のしかたによって異なってこよう。しかし、いずれにしても、社会福祉が近代なり、現代なりのある時点において一挙に成立し、出現したわけではない。近代のみならず、それ以前の時代を含め、個人的な互助や共助の活動は別にしても、多少とも組織的、社会的な色彩をもって展開された慈善や慈恵的な活動を含め、慈善事業・救貧事業、社会事業、社会福祉を一体的に把握することが求められる。

2　社会福祉の概念規定

社会福祉の範囲を確定することの難しさは、それを概念的に規定することの困難さに帰結する。社会福祉の概念規定は、厳密性ということよりも、社会福祉についての大まかな理解をえるうえで有益であれば、それで足りる。簡易版の規定と通常版の規定を示しておこう。

一　社会福祉の規定❶——簡易版

人びとの生活の不安、困難、支障などの生活上の諸問題（生活問題）に対処するとともに、その自立生活を支援・促進するとともに社会の安定・発展に資することを目的に実施される社会的、公共的な生活支援施策ならびに活動をいう。

二　社会福祉の規定❷——通常版

社会福祉とは、現代の社会において社会的にバルネラブルな状態にある人びとにたいして、社会的、公共的な施策として提供される多様な生活支援施策の一つであり、各種の生活支援施策に先立ち、またそれと並んで、あるいはそれを補い、人びとの自立生活を支援し、その自己実現、社会参加、社会への統合を促進するとともに、社会の公共性と公益性を確保し、包摂力と求心力を強め、その維持発展に資することを目的として、国、自治体、民間の組織、住民などによって展開される施策（政策・制度・援助）の体系及びそれらに関わる諸活動、またそれらを支え、方向づける専門的な知識や技術の総体である。

3　社会福祉の舞台としての四相構造社会

社会福祉の目的、構造、機能について明らかにするためには、社会福祉が成立し、展開する舞台（場＝シチュエーション）としての社会について知る必要がある。社会福祉は社会のなかで誕生し、かつ社会のありように影響を及ぼす存在である。

一　総体社会の四相構造

われわれがそこに生まれ、生活し、活動している社会の総体を総体社会という。総体社会は共生システムとしての共同社会、経済システムとしての資本主義社会、政治システムとしての市民社会、規範システムとしての文化社会という四通りの位相から成り立っている四相構造社会である。

二　社会形態の変動

総体社会の四通りの位相のうち、基底、根幹になるのは共同社会である。それがなければ総体社会それ自体が成り立たない。しかし、総体社会のありように大きな影響力をもつのは、人びとの生存と生活を支える物品やサービスの生産と流通の機構である経済システム、資本主義経済である。そのような資本主義経済の成立、発展、変容を基準に社会の変動を捉えると、近代社会は、資本主義成立期の社会、資本主義発展期の社会、資本主義変容期の社会に区分することができる。これに社会の基底にある共同社会、市民社会、文化社会のもつ諸要素を加味し、総体社会の歴史的変動を捉えると、それは共同社会（ゲマインシャフト）、利益社会（ゲゼルシャフト）、協同社会（ゲノッセンシャフト）に区分することができる。

三　起点としての基層社会

共同社会、利益社会、協同社会は、近代以降における社会の変動を時系列的、段階論的に把握したものであるが、段階が進むにしたがって、前の社会が完全に消滅し、新しい社会が出現するというものではない。共同社会が利益社会に移行しても、共同社会的な要素が消滅するわけではない。資本主義の発展とともにその上部構造的なありようは大きく変動するにしても、利益社会の基底には共同社会としての要素が受け継がれている。協同社会においてもその事情は変わらない。協同社会の基底には共同社会としての要素と利益社会としての要素が受け継がれている。そのような社会の変動を超えて底流している共同社会としての要素を「基層としての共同社会」、すなわち「基層社会」として把握することにしたい。

共同社会、利益社会、協同社会は歴史的社会であり、その根底にあって総体社会を支える社会、それが基層社会である。基層社会は、人類の生存、生活にかかる本源的属性としての共生性、共同性、利他性を原基とする共生原理によって構成され、歴史的社会を基底として支えるのみならず、基層社会を脅かす社会変動にたいして自己を防衛し、復元し、保存する方向に作用する力動性を有している。

端的にいえば、社会福祉の起点は、そのような基層社会の力動性にある。しかし、もとより、それが自動的、自己組織的に社会福祉を形成するわけではない。歴史社会のもっている社会的、経済的、政治的、文化的などの諸要素によって規定され、あるいは逆に影響を与えながら、慈善事業・救貧事業、社会事業、そして社会福祉が形成されてきた。

四　生活システム

共同社会を基盤に、資本主義社会、市民社会、文化社会というそれぞれの位相と関わりながら営まれ、維持されている生活の仕組み、枠組を生活システムという。生活システムは生活維持システムと生活支援システムに区分される。生活維持システムは人びとの生活を成り立たせる仕組みを意味するが、近代以降、資本主義経済の発展にともない、大多数の人びとは、自分自身の労働力を賃金と交換し、市場において生活手段を購入し、その消費することによって労働力を再生産するというかたちで生活を成り立たせている。その過程において多様な要因によって形成される生活にかかる不安、困難、支障などを生活問題という。そのような生活問題に対処するべく形成されるのが生活支援システムとしての多様な社会的生活支援施策であり、その一つが社会福祉である。

4　社会福祉の対象

社会福祉が対応している生活問題とは、どのようなものか。生活問題はいかなる理由、根拠にもとづいて社会的、公共的な対応が求められるのか。

一　生活問題

社会福祉の対象は生活問題である。生活問題は、労働問題とともに、近代社会の不可避的な社会問題を構成する。簡略にいえば、後者の労働問題は労働市場や労働力の消費の過程（職場）において形成される問題状況を意味し、生活問題は労働力の再生産（労働力の世代的再生産を含む）の過程において出現し、形成される問題状況である。

二　社会的起源性と要社会的対応性

ある種の問題状況が社会問題となるには、その状況が社会的な起源をもつ、あるいは個人や家族の対処能力を超える状況にあり、かつそれへの対応が社会的、公共的に行われる必要があるという認識のあることが基本的な要件となる。

三　生活問題

近代以降、資本主義経済の発展にともない、大多数の人びとは、多様かつ複雑な社会的ネットワークのなかで、自分自身の労働力を賃金と交換し、市場において生活手段を購入し、それを消費することによって労働力を再生産するというかたちで生活を成り立たせている。その過程において多様な要因によって形成される生活の不安、困難、支障などが生活問題である。

四　生活問題の多様化、複雑化

生活問題の根幹は労働力の商品化に関わる問題状況である。しかし、現代社会にあっては、さらに多様な生活上の問題が存在し、社会的、公共的な対処が求められる状況にある。そこに共通しているのは、個人、家族、地域社会が社会的な不利益や被害を受けやすい状況、すなわち社会的にバルネラブルな状況である。

五　生活問題の施策対象化

社会福祉はそのような生活問題にたいする施策であるが、生活問題のすべてが施策の対象になるわけではない。量的にも、質的にも、施策の対象になるのは生活問題のうち、施策の主体によって切り取られた部分である。政策主体による問題状況の切り取り、対象化の過程においては、問題状況についての解釈（意味づけ）、従来施策の経過、投入可能な財源、要員の質と量、関与するステークホルダーの利害などを踏まえた枠取り（フレーミング）が行われる。

5　社会福祉の存立根拠

現代社会において、社会福祉とよばれる施策や活動が存立するのは何故か。社会福祉を理解するには、その存立のメカニズムとダイナミズムを明らかにしなければならない。以下、イギリス、アメリカ、わが国を想定しながら要約する。

一　起点としての基層社会

社会福祉の起点は、基層社会のもつ自己組織性、自己防衛性、自己復元性、自己保全性という力動性、原初的には、類的存在である人間の社会に認められる原基的な属性である。基層社会は、それ自体を護り、復元し、保全するために、人びとの相互扶助、助けあい活動、利他的活動を現出させる。それが社会福祉の起点となる。ただし、直接的な成立・展開の契機や形態は、社会構成体のありようとともに変化する。

二　共同社会と救貧事業・慈善事業

絶対王政末期から産業革命前夜、封建制度が崩壊し、商業や産業の萌芽的な発展がみられる過程で形成される大衆的な困窮、乞食、浮浪にたいして歴史的共同社会は、慈善的活動を拡大しつつ、貧民の処罰、就労、移動の制限を目的とする救貧法令の制定を求めた。近代における生活支援施策の原初的な形態、原風景である。

三　利益社会と救貧事業・共済事業・慈善事業

産業革命前夜、農業革命が進行する過程において、地方の地主や農業資本家によって家父長主義的なスピーナムランド制度が導入される。この制度は、後に救貧制度の人道主義化とも評されるが、実際には伝統的な共同社会を蚕食《さんしょく》し、農民たちの生活や労働の習慣を破壊するものであり、産業資本主義の確立とともに、救貧否定の救貧法ともよばれる新救貧法体制を現出させた。他方、この時期には、児童労働を制限し、将来労働力の確保を意図する工場法の制定、失業、疾病、老齢に対応する共済制度である友愛組合の萌芽的な発展がみられる。さらに、この時期を特徴づけるのは産業資本主義の繁栄を背景にする慈善事業の世俗化と拡大である。

四　協同社会と社会事業

一九世紀の後半、一八七〇年代以降、資本主義の金融独占化、国民国家の成立、友愛組合や労働組合の発展、生活協同組合の萌芽がみられるなかで、帝国主義政策の推進と表裏の関係において、労働保護立法、社会保険とともに社会事業が成立する。そこには、工場制度によって都市に集住した労働者の社会を基軸にし、資本主義的な利益社会の肥大に抵抗し、基層社会の防衛、復元、保全を求める力動性を契機とする協同社会の形成をみてとることができる。また、この時期には、共済組合の発展と社会保険の成立によるその変容、慈善事業の組織化・科学化・専門職業化がみられた。

五　福祉国家と社会福祉

第一次世界大戦後の資本主義の行き詰まり、社会主義国の誕生、第二次世界大戦の危機を契機に、イギリスに福祉国家体制が誕生し、社会福祉はその一翼を形成する。社会福祉は、社会権的生存権の保障を基軸に、困窮者、子ども、障害者、貧困者など広く国民の生活上の諸問題に対処して、社会への参加と統合を促進する施策として位置づけられる。福祉国家は協同国家の大いなる発展を意味していた。しかし、それは頂点であり、社会主義の凋落と新自由主義の拡大により、歴史的な共同社会への揺り戻し、先祖帰りがはじまった。基層社会のもつ力動性に遡及し、協同社会の再構築が必要とされる。

6　社会的生活支援施策と社会福祉

社会福祉は現代社会に特徴的な社会的生活支援施策群の一つであり、社会福祉のもつ性格、構造、機能は、それらの関連する諸施策との関係において、解明されなければならない。

一　社会福祉と一般生活支援施策

現代社会の社会的生活支援施策には、社会福祉のほか、人権施策、司法施策、消費者施策、健康施策、教育施策、文化施策、雇用施策、所得施策、居住施策、保健施策、医療施策、被災者施策、まちづくり施策が含まれる。社会福祉以外の生活支援施策を一般生活支援施策といい、それが社会福祉のメゾ環境を形成している。

二　社会福祉のL字型構造

社会的生活支援施策の一つとしての社会福祉は、一般生活支援施策に並立する固有の領域を構成するとともに、一般生活支援施策に水平に重なりあう領域を有している。そのような社会福祉の形状を、社会福祉のL字型構造という。社会福祉は居宅によるケアを期待できない子ども、障害者、高齢者などへのケア、虐待への対応など一般生活支援施策に期待しえない事業や一般生活支援施策にたいしてそれらを先導し、あるいは相互に補完しあう相補的諸事業をあわせもつ施策として、社会的生活支援施策において独自固有の位置を占めている。

三　社会福祉のブロッコリー型構造

かつての前史としての社会事業以来、初期の社会福祉は独自固有の生活支援施策としての位置づけを獲得したとはいえ、一般生活支援施策にたいする関係はそれらを代替したり、補完するというものであった。しかし、二〇世紀末の転換期以降、生活問題の多様化、複合化、高度化に対応して、生活支援の基軸になる施策、多分野横断的な対応の柱として位置づけられるようになっている。このため、社会福祉には、個別的かつ統合的なアプローチとともに、連携（媒介、調整、協働）的、開発的なアプローチが求められる。

7　施策過程としての社会福祉

社会福祉学の研究史を通じて、政策と援助（技術）あるいはソーシャルポリシーとソーシャルワークは区別されるべきもの、拮抗関係にあるものとみなされてきた。しかし、社会福祉の政策は最終的な局面では援助の提供という形態をとり、そうでなければ政策はその目的を達成することができない。逆に、援助は政策という枠組のなかで提供されるのが一般的であり、社会福祉専門職の資格それ自体が政策による認定を拠所にしている。政策と援助は、実態的には一連のもの、一体的なものであり、そのことを前提にする研究の視点と枠組が必要とされる。

すなわち、施策としての社会福祉は、政策過程にはじまり制度（運営）過程、援助過程を経て評価過程にいたる連続したプロセス、過程として存在しており、一体的に捉えることが求められる。ただし、このことは、社会福祉のすべてが国、自治体による施策として展開されるという意味ではない。施策としての社会福祉の周辺には、民間の団体や組織によって独自に社会福祉にかかる活動や事業が展開されている。しかし、そのような活動や事業においても、同様に、政策（ないし計画）の策定から評価にいたる過程が存在している。

8　社会福祉の政策過程

社会福祉の政策過程においては、政策課題の設定、政策の立案、そして政策の決定が行われる。政策過程においては、まず客体になる生活問題のうちどの部分を政策の課題として取りあげるかが設定される。この過程において、政策の目的、活用しうる権限、財源、情報、手段、要員などの要素を勘案しつつ、政策課題の設定が行われる。ついで、政策の企画・立案の過程に移り、政策目的の精査、想定される利用者の設定、政策の運用、実施にかかる権限の配分、財源調達の方法、方策手段、要員の種類や資格などを含む法案（あるいは条例案）が検討される。その過程において、審議会、検討会などを通じた学識経験者、当事者・支援者団体、関係事業者、議員などから意見聴取も反映しつつ法案の取りまとめが行われ、部局の会議、省議（庁議）、閣議（庁議）決定などの手続きを経て、国会（議会）に上程され、審議決定される。

9　社会福祉の制度（運営）過程

法律の制定そして施行というかたちで政策が運用段階に移ると、政令、省令、通達などのかたちで、法律の解釈、取り扱いの基準が示される。さらには実施要項・マニュアルなどが作成され、それらにもとづき自治体は政策の実体化を図る。より具体的には、自治体は政策を制度化し、個別に事業（プログラム）の立ちあげを行う。自治体は、政策として設計された事業を実施するために、必要な専門的な機関や施設その他、事業の委託、事業者の指定などを行い、必要な職員を雇用する。さらに、利用資格について運用の基準を設け、利用者の審査、事業実施の過程や結果の評価を実施する。

また、自治体は、利用者を想定した事業の実施（援助提供）のシステムを稼働するとともに、それらが適切に運営されているかどうかを指揮管理するシステムを構築する。条例などにより自治体独自の施策が実施される場合においても手続きや過程はほぼ同様である。

10　社会福祉の援助過程

社会福祉の援助過程の主要な要素は、具体的な援助の展開である。援助は、国・自治体によって設計された援助提供システムによる、利用者にたいする利用の支援、具体的な援助の提供、評価というプロセスにおいて実施される。援助のなかには、国民一般を対象とする児童虐待等にかかる行為の禁止、障害者にたいする差別の禁止などの規整措置、補助金制度等を活用した事業者にたいする誘導措置なども含まれる。しかし、援助の中心は利用者にたいする直接的な援助の提供であり、金銭（所得）の供与、人的サービス（役務）・物的サービス（物品・機器・住宅改良）・システム的サービス（保育・養護・介護など）の提供、社会的便益（税・旅費などの減免）の提供がその内容となる。なかでも、個別的かつ全体的な対応が求められる社会福祉の援助においては、専門職による人的サービス、具体的には保育、養護、療護、介護などのケアの形態をとる人的サービスと、相談、助言などのソーシャルワークの形態をとる人的サービスが重要な役割を果している。

11　援助の展開過程

援助の展開過程を図式的に示すと、社会福祉における援助は、基本的には、援助利用の支援→要支援状態の評価→利用資格の認定→援助計画の策定→援助組織の選択援助の提供＝利用→援助効果の評価→終結と見守り→……、という過程を通じて提供され、利用される。社会福祉の援助を効果的に行うためには、生活の全体性を前提に、利用者の福祉ニーズのアセスメントを確実に行い、的確な計画のもとに援助を展開し、モニタリングによる微調整の過程を経て、援助効果を評価し、終結と見守りに結びつける必要がある。

12　社会福祉の評価と改善

施策としての社会福祉には、その目的と目標が設定され、それを実現するために必要となる権限、財源、情報、要員が準備され、手続きが定められている。したがって、改めて指摘するまでもないが、社会福祉においても、プロセス評価、アウトプット評価、アウトカム評価、そして施策の改善、というPDCAサイクルが重視される。プロセス評価、アウトプット評価は理解しやすいが、アウトカム評価は、たとえば介護予防事業に関していえば、介護予防の成果（アウトプット）がみられたとして、その成果が介護保険の保険料負担、租税負担に、さらには地域社会や国民一般の介護問題意識にどのような影響を与えているかを評価することである。アウトカム評価（インパクト評価）は、アウトプット評価を踏まえつつ、つぎの段階における介護に関する政策のありように大きな影響を与える。

13　社会福祉援助の知識と技術

社会福祉の援助を展開するには多様な知識や技術が必要となるが、知識や技術の内容は社会福祉の領域によって少なからず異なっている。社会福祉一般に適用される知識と技術はソーシャルワークである。ソーシャルワークは伝統的に、ケースワーク、グループワーク、コミュニティワークなど領域ごとに発展してきたが、近年ではそれらを統合したアプローチの必要性を指摘するジェネラル（ジェネラリスト）ソーシャルワークが重視されるようになっている。また、ソーシャルワークは伝統的に個人、家族、集団のもつ福祉ニーズに対応してきた。しかし、近年においては、社会変革、社会開発などを射程に入れようとする方向にある。他方、わが国では、養護理論、療護理論、介護理論など、居住形態をとる生活施設における援助（ケア的援助）に必要とされる知識や技術の体系化が進められてきた。わが国ではそのような施設援助論とソーシャルワークは伝統的に別個の領域として扱われてきたが、最近では、一部において、レジデンシャルソーシャルワークというかたちで両者を交錯させ、結びつけようとする試みも行われるようになってきている。

さらに、社会福祉援助の最近の発展としては、ケアマネジメントやコミュニティソーシャルワークがある。介護におけるケアマネジメントには制度的ケアマネジメントとしての制約が認められるが、本来的にはソーシャルワークによる援助過程の一部分として位置づける必要があろう。コミュニティソーシャルワークは、地域福祉の領域におけるソーシャルワークの展開としてはじまったものといえようが、近年における社会福祉それ自体の変化とともに、新たな知識や技術として重要な領域を形成しつつある。

14　地域福祉型社会福祉

社会福祉における分権化、地域化が求められ、地域福祉型社会福祉への転換が提起されてすでに四半世紀余が経過する。この間、社会主義体制の崩落、新自由主義の浸透、格差と貧困の拡大など、資本主義社会は新たな変動を経験し、社会福祉も大きな転機に差しかかっている。二〇世紀を迎え、地域福祉に一定の発展がみられ、地域包括ケアの必要性が提起されるという状況のなかで、わが国の社会福祉は援助の形態において地域福祉型に転型したかにみえる。

近年、個々の子ども、障害者、高齢者やその家族は、所得の低位性を含め、多様な生活問題をかかえており、日常的な生活の場である地域社会のなかで、社会福祉のみならず、保健、医療、住宅、教育など多分野横断的な援助が求められている。しかし、他方、わが国においては、超少子高齢化、地域人口の減少、地域産業の後退がみられるなかで地域社会そのものの弱体化が指摘されている。そうしたなかで、いかにして地域福祉型社会福祉を構築することが可能なのか。地域福祉型社会福祉を内実のあるものにするためには、地域福祉型社会福祉を地域社会という場における社会福祉から、地域社会による社会福祉に、さらには地域社会のための社会福祉、地域社会を支え、発展させる社会福祉として形成する必要があろう。

時として、地域社会への期待は、歴史的共同社会、なかでもそこにおける親族協救、隣保相扶的な互助、共助体制への回帰と結びつけて理解され、また少なからずそれが求められている。いわば、日本型ソーシャルキャピタルへの期待である。しかしながら、地域福祉型社会福祉を支える可能性をもつのは、自由放任主義的、個人主義的利益社会の弊害を共同社会の基底にある基層社会のもつ自己組織、自己防衛、自己復元、自己保全という力同性をバネに形成されてきた協同社会（ゲノッセンシャフト）である。姿を変え、かたちを変えて繰返される利益社会による協同社会の蚕食、侵蝕に厳しく対抗して、自立的かつ自律的に生きる市民、地域住民による自発的、主体的互助活動、社会的組織としての共助のネットワーク、そして基本的、最終的な支援組織としての公助の組み合わせという生活支援の枠組を構築する必要がある。そこに、地域福祉型社会福祉の可能性が存在している。

15 社会福祉学の性格

社会福祉学の性格は、まず第一に、それが基本的に課題志向的科学であり、設計科学であることに求められる。第二に、社会福祉学の性格は、学際科学的であることに求められる。社会福祉学は、社会福祉を分析し、その特質を理解し、その改善、変革を実現するためには、社会福祉の施策過程のそれぞれのステージにおいて、哲学、経済学、法学、政治学、社会学、経営学、心理学、教育学、医学、看護学、建築学などの関連諸科学の知識や技術を利用し、活用する。

ただし、社会福祉学は関連諸科学の単なる寄せ集めではないし、社会福祉は関連諸科学の草刈り場的な研究の対象ではない。社会福祉学は、社会福祉の発展を期し、人びとの生活の安心、安定、安寧の増進をはかるという目的のもとに、社会福祉の実態分析を推進し、より適切な施策を策定し、より効果的な援助を提供し、展開するうえで必要な視点を定め、枠組を設定し、必要とされる関連諸科学の知識や技術を選択し、活用する。社会福祉はそのような手続きのもとに、関連諸科学を活用した分析の結果を評価し、整序し、体系化をはかる。そのようにして蓄積され、体系化された知識や技術の総体が社会福祉学である。社会福祉学は、学際科学としてはじまり、複合科学、さらには融合科学として発展する。社会福祉学の研究者にとっての大きな課題、そして試練は、いわば一人学際科学としてその研究をはじめ、社会福祉学の発展を期さなければならない、ということである。

以上、本書の第1章~第4章において考察してきたことを、社会福祉学のスケルトンとして再構成したものである。われわれが本書において展開してきた議論を改めて整序し、要約したものといってもよい。

社会福祉学のスケルトンというかたちで改めてとりまとめてみると、系統性という観点からみて過不足のある部分や議論として不十分な部分も少なくない。しかし、この段階で直ちに不足する部分を補い、議論の組み直し、あるいは修正ができるはずもない。いまやそれら諸点については、読者諸氏のご批判、ご叱責に委ねるほかはない。

近年社会福祉学の若手研究者のなかで社会福祉の全体像について議論することにたいする関心が希薄化してきているように思われる。われわれの見当が間違っているかも知れず、社会福祉学の領域に限ったことではないかもしれない。社会福祉学の研究が深まり、研究の対象も拡大し、一人で社会福祉学の全体を鳥瞰することが困難になっていることも事実であろう。研究が細部にわたればそれだけ、あるいは深くなればそれだけ、社会福祉の全体が見えづらくなり、全体像を描くことへの関心が希薄化するという傾向に陥ることは否めない。しかし、そのことは、自分自身の立ち位置がどこにあるのか、自分自身の研究が社会福祉の全体、社会福祉学の全体のなかでどのような位置にあるのか、的確につかめないという心もとない状況をうみだすことになろう。研究者として一考に値する陥穽であるように思える。井のなかの蛙大海の広さを知らず、という言葉がある。研究の森の深みにとらわれる人びとにたいする警句として聞こえる。しかし、この言葉は、されど空の高さを知る、と続くという。森のなかに分け入ってはじめて、森の大きさ、偉大さを思うことができる、ともいえそうである。

社会福祉学の若手研究者たちに、個別研究の成果を抱いて、空の高みから、森の全体に迫るような研究に果敢に取り組むことを期待したい。

履歴

氏　名　古川孝順（一九四二年二月一八日生）

学　歴　一九六〇年　佐賀県立佐賀高等学校卒業
一九六〇年　日本社会事業大学社会福祉学部入学
一九六四年　日本社会事業大学社会福祉学部児童福祉学科卒業
一九六六年　東京都立大学大学院人文科学研究科心理学専攻修士課程修了

学　位　一九九四年　博士（社会福祉学）（日本女子大学）

職　歴　一九六七年　熊本短期大学専任講師
一九七一年　日本社会事業大学専任講師
一九七五年　日本社会事業大学助教授
一九八二年　日本社会事業大学教授
一九九一年　東洋大学社会学部教授
一九九九年　東洋大学社会学部学部長
一九九九年　西九州大学大学院客員教授
二〇〇三年　東洋大学大学院社会学研究科委員長

二〇〇四年　東洋大学朝霞新学部設置準備委員会委員長
二〇〇四年　東北福祉大学大学院客員教授
二〇〇五年　東洋大学ライフデザイン学部学部長
二〇〇六年　東洋大学大学院福祉社会デザイン研究科委員長
二〇〇六年　文京学院大学大学院客員教授
二〇〇七年　東洋大学福祉社会開発研究センター所長
二〇一〇年　東洋大学生涯学習センター所長
二〇一一年　日本福祉大学大学院客員教授
二〇一二年　西九州大学社会福祉学部教授・副学長
二〇一二年　東洋大学名誉教授
二〇一八年　公立大学法人長野大学社会福祉学部教授・学長特別補佐
二〇一八年　西九州大学名誉教授

社会活動

一九九五年　日本社会福祉学会総務担当理事（事務局長）
一九九七年　日本社会事業学校連盟副会長
一九九八年　日本社会福祉学会渉外担当理事
一九九九年　文部科学省大学設置・学校法人審議会専門委員会委員

二〇〇一年　㈳日本社会福祉士養成校協会副会長・常務理事
二〇〇三年　文部科学省大学設置・学校法人審議会専門委員（通信制教育部会・専門職大学院部会）
二〇〇三年　㈳日本社会福祉教育学校連盟副会長
二〇〇三年　大学基準協会評価委員
二〇〇四年　日本社会福祉学会副会長
二〇〇六年　社会福祉系学会連絡協議会会長
二〇〇六年　日本学術会議連携会員
二〇〇六年　社会福祉士国家試験委員会委員長
二〇〇七年　日本社会福祉学会会長
二〇〇八年　日本社会政策関連学会協議会代表
二〇〇九年　日本学術会議包摂的社会政策に関する多角的検討分科会委員長
二〇〇九年　介護福祉士養成大学連絡協議会会長

研究業績

【1】単　著

1 『子どもの権利』有斐閣、一九八二年
2 『児童福祉改革』誠信書房、一九九一年
3 『社会福祉学序説』有斐閣、一九九四年
4 『社会福祉改革』誠信書房、一九九五年
5 『社会福祉のパラダイム転換──理論と政策』有斐閣、一九九七年
6 『社会福祉基礎構造改革』誠信書房、一九九八年
7 『社会福祉の運営』有斐閣、二〇〇一年
8 『社会福祉学』誠信書房、二〇〇二年
9 『社会福祉原論』誠信書房、二〇〇三年
10 『社会福祉学の方法』有斐閣、二〇〇四年
11 『社会福祉原論』（第2版）誠信書房、二〇〇五年
12 *Social Welfare in Japan : Principles and Applications.* Trans Pacific Press. Melbourne. 2007.
13 『福祉ってなんだ』岩波書店（岩波ジュニア新書）、二〇〇六年

14 『社会福祉研究の新地平』有斐閣、二〇〇八年
15 『社会福祉の拡大と限定』中央法規出版、二〇〇九年
16 『社会福祉学の探究』誠信書房、二〇一二年
17 『福祉改革研究――回顧と展望』中央法規出版、二〇一二年
18 『社会福祉の新たな展望』ドメス出版、二〇一二年
19 『社会福祉学の基本問題』中央法規出版、二〇一九年
20 『社会福祉研究の構築』中央法規出版、二〇一九年

【2】共　著

1 『社会福祉論』（庄司洋子・定藤丈弘との共著）一九九三年（執筆箇所＝序章「転換期の社会福祉」、第1章「社会福祉の概念と枠組」、第2章「社会福祉の歴史的展開」、第3章「戦後日本の社会福祉と福祉改革」、第4章「社会福祉の対象(1)」、第6章「社会福祉の供給体制(1)」、第7章「社会福祉の供給体制(2)」）

2 『援助するということ』（岩崎晋也・稲沢公一・児島亜紀子との共著）有斐閣、二〇〇二年（執筆箇所＝第一章「社会福祉援助の価値規範――社会と個人の交錯するところ」）

【3】監　修

1　『社会福祉の理論と運営』（社会福祉理論研究会編）筒井書房、二〇一二年（執筆箇所＝「序に代えて」）

2　『社会福祉学の学位に挑む』筒井書房、二〇一四年（執筆箇所＝「社会福祉学研究の方法」）

【4】編　著

1　『社会福祉供給システムのパラダイム転換』誠信書房、一九九二年（執筆箇所＝序章「社会福祉供給システムのパラダイム転換――供給者サイドの社会福祉から利用者サイドの社会福祉へ」、第1章「福祉改革――その歴史的位置と性格」、第19章「利用者の権利救済――オンブズマン制度素描」）

2　『社会福祉21世紀のパラダイムⅠ――理論と政策』誠信書房、一九九八年（執筆箇所＝序章「社会福祉21世紀への課題」、第1章「社会福祉理論のパラダイム転換」）

3　『社会福祉21世紀のパラダイムⅡ――方法と技術』誠信書房、一九九九年（執筆箇所＝第1章「社会福祉基礎構造改革と援助パラダイム」）

4　『子どもの権利と情報公開』ミネルヴァ書房、二〇〇〇年（執筆箇所＝1－1「研究の目的と方法」、2－1「研究の目的と方法」）

5　『生活支援の社会福祉学』有斐閣、二〇〇七年（執筆箇所＝序章「生活支援の社会福祉学」）

【5】共編著

1 『児童福祉の成立と展開』（浜野一郎・松矢勝宏との共編著）川島書店、一九七五年（執筆箇所＝第Ⅰ部序章「資本主義社会と児童福祉」、第1章「児童の救貧法的救済」、第2章「児童問題と児童保護」、第3章「児童福祉の成立」）

2 『社会福祉の歴史』（右田紀久恵・高沢武司との共編著）有斐閣、一九七七年（執筆箇所＝序章「社会福祉政策の形成と展開」、1「重商主義の貧民政策」、5「自助・貧窮・個人責任の論理」、7「ニューディールの救済政策」）

3 『現代家族と社会福祉』（一番ヶ瀬康子との共編著）有斐閣、一九八六年（執筆箇所＝第五章Ⅲ「児童福祉の契機と背景」）

4 『社会福祉施設——地域社会コンフリクト』（庄司洋子・三本松政之との共編著）誠信書房、一九九三年（執筆箇所＝「はじめに——社会福祉施設——地域社会関係の新しい地平を求めて」、第一章「社会福祉施設——地域社会コンフリクト研究の意義と枠組」、第三章「施設——地域コンフリクトの発生と展開」）

5 『社会福祉概論』（松原一郎・社本修との共編著）有斐閣、一九九五年（執筆箇所＝序章「これからの社会福祉」、第1章「社会福祉の概念と機能」、第4章「社会福祉の対象——問題とニーズ」）

6 『介護福祉』（佐藤豊道・奥田いさよとの共編著）有斐閣、一九九六年（執筆箇所＝序章「介護福祉と政策課題」、第12章「介護福祉政策の展望」）

7 『社会福祉概論Ⅰ』（蟻塚昌克との共編著）全国社会福祉協議会、一九九七年（執筆箇所＝第1章第1節「社会福祉の概念と枠組み」、第1章第3節「社会福祉理念の発展」）

8 『社会福祉概論Ⅱ』（蟻塚昌克との共編著）全国社会福祉協議会、一九九七年（執筆箇所＝第1部第1章「社会福祉の運営問題」、第2章「社会福祉のシステム構成」、第3章「社会福祉の運営システム」、第4章「社会福祉運営の原理と枠組」）

9　『社会福祉原論』（阿部志郎・京極高宣・宮田和明との共編著）中央法規出版、一九九七年（執筆箇所＝第1章第1節「社会福祉の概念と枠組み」）

10　『世界の社会福祉9――アメリカ・カナダ』（窪田暁子・岡本民夫との共編著）旬報社、二〇〇〇年（執筆箇所＝第1部Ⅰ「アメリカ合衆国の歴史と社会」、Ⅱ「社会福祉の歴史」、Ⅲ「社会福祉の構造」）

11　『新版・社会福祉原論』（阿部志郎・京極高宣・宮田和明との共編著）中央法規出版、二〇〇一年（執筆箇所＝第1章第1節「社会福祉の概念と枠組み」）

12　『新版・社会福祉概論』（蟻塚昌克との共編著）全国社会福祉協議会、二〇〇一年（執筆箇所＝第1章第1節「社会福祉の意義と理論」、第2節3「社会福祉理念の発展」、第2章「社会福祉運営の原理と構造」、第7章「社会福祉をめぐる動向」）

13　『改訂・介護福祉論』（佐藤豊道・奥田いさよとの共編著）有斐閣、二〇〇一年（執筆箇所＝序章「介護福祉と政策課題」、第12章「介護福祉政策の展望」）

14　『新版・社会福祉の歴史』（右田紀久恵・高沢武司との共編著）有斐閣、二〇〇一年（執筆箇所＝序章「社会福祉政策の形成と展開」、1「重商主義の貧民政策」、5「自助・貧窮・個人責任の論理」、7「ニューディールの救済政策」、20「社会福祉基礎構造改革」）

15　『戦後社会福祉の総括と二一世紀への展望Ⅲ――政策と制度』（三浦文夫・田端光美・髙橋紘士との共編著）ドメス出版、二〇〇二年（執筆箇所＝第3部第2章「社会福祉政策の再編と課題」）

16　『現代社会福祉の争点（上）』（秋元美世・副田あけみとの共編著）中央法規出版、二〇〇三年（執筆箇所＝1「規制改革と社会福祉」、2「社会福祉事業範疇の再編成」）

17 『現代社会福祉の争点（下）』（副田あけみ・秋元美世との共編著）中央法規出版、二〇〇三年（執筆箇所＝1「措置制度と利用制度」）

18 『ライフデザイン学入門』（内田雄造・小澤温・鈴木哲郎・髙橋儀平との共編著）誠信書房、二〇〇五年（執筆箇所＝序章「ライフデザイン学の構想」）

19 『エンサイクロペディア社会福祉学』（岡本民夫・田端光美・濱野一郎・宮田和明との共編著）中央法規出版、二〇〇七年（執筆箇所＝Ⅰ「21世紀社会福祉の戦略　1総論」、Ⅲ「社会福祉の歴史的展開　1総説、2日本の社会福祉⑧高度経済成長と社会福祉の拡大、⑩基礎構造改革の展望、4アメリカの社会福祉①アメリカ社会生成期の救貧と慈善」、Ⅳ「社会福祉の思想・理論と研究の方法　2社会福祉の理念と思想⑥自立の思想、4社会福祉研究の方法と課題①社会福祉の対象、施策、機能、方法」、Ⅴ「社会福祉の対象・施策・機能　1総説、2社会福祉の対象③福祉ニーズ、4社会福祉の機能①社会福祉の福祉的機能、⑩社会福祉の社会的機能」）

20 『現代の児童福祉』（田澤あけみとの共編著）有斐閣、二〇〇八年（執筆箇所＝第三章「児童福祉援助の視点」、第六章「児童福祉サービスの供給と利用」、第一二章「児童福祉21世紀の課題」）

21 『現代社会と福祉――社会福祉原論』（後藤玲子・武川正吾との共編著）中央法規出版、二〇〇九年（執筆箇所＝第1章「現代の福祉と福祉政策」、第9章「福祉政策と社会福祉制度」）

22 『現代社会と福祉――社会福祉原論（第2版）』（後藤玲子・武川正吾との共編著）中央法規出版、二〇一〇年（執筆箇所＝序章「視点と枠組」、第2章「福祉と福祉政策」、第8章第1節「福祉政策の理念」、同第2節「福祉政策資源の配分システム」）

23 『一番ヶ瀬社会福祉理論の再検討』（岩田正美・田端光美との共編著）ミネルヴァ書房、二〇一一年（執筆箇所＝第一章「一番ヶ瀬社会福祉学の成立と意義――戦後社会福祉学研究の転機」）

【6】分担執筆

1 『児童臨床心理学』（子どもの生活研究所編）垣内出版、一九六九年（執筆箇所＝第5章「児童臨床施設と利用（児童相談所／教育相談所／学校／児童福祉施設）」）

2 『家族・福祉・教育』（社会学セミナー3）（湯沢雍彦・副田義也・松原治郎・麻生誠編）有斐閣、一九七二年（執筆箇所＝16「児童問題の構造」）

3 『児童福祉論』（一番ヶ瀬康子編）有斐閣、一九七四年（執筆箇所＝第Ⅰ部第二章A「児童問題の論理」、E「児童福祉への展開」、第五章「児童福祉の分野と方法」、第Ⅱ部第三章「児童福祉労働者問題」）

4 『社会保障論』（小山路男・佐口卓編）有斐閣、一九七五年（執筆箇所＝第21講「社会福祉（2）・児童福祉」）

5 『養護問題の今日と明日』（一番ヶ瀬康子・小笠原祐次編）ドメス出版、一九七五年（執筆箇所＝Ⅲ「福祉労働の規定要因」）

6 『児童政策』（一番ヶ瀬康子編）ミネルヴァ書房、一九七六年（執筆箇所＝第1章第3節「現代の児童福祉政策――アメリカ児童福祉政策の成立過程を中心に」）

7 『児童の権利』（佐藤進編）ミネルヴァ書房、一九七六年（執筆箇所＝第2章「わが国における児童の権利の生成――児童福祉政策・立法の史的展開」）

8 『社会福祉の社会学』（副田義也編）一粒社、一九七六年（執筆箇所＝第二部第三章「高度成長期の児童福祉」）

9　『現代日本の社会福祉』（日本社会事業大学編）勁草書房、一九七六年（執筆箇所＝第1部「地方自治体の社会福祉政策」）

10　『現代の福祉』（真田是編）有斐閣、一九七七年（執筆箇所＝第7章「児童と福祉――児童問題と児童サービス」）

11　『児童と社会保険』（坂寄俊雄・右田紀久恵編）法律文化社、一九七七年（執筆箇所＝Ⅱ－1「資本主義国の児童の社会保障――イギリスの児童保障」、2「アメリカの児童保障」、3「スウェーデンの児童保障」、5「ＩＬＯ・国際児童年」）

12　『社会福祉の形成と課題』（吉田久一編）川島書店、一九八一年（執筆箇所＝第17章「社会福祉政策史分析の基準」）

13　『社会保障読本』（地主重美編）東洋経済新報社、一九八三年（執筆箇所＝第7章「主要制度の現状――社会福祉」）

14　『日本の社会と福祉』（講座福祉国家6）（東京大学社会科学研究所編）東京大学出版会、一九八五年（執筆箇所＝第4章「戦後日本における社会福祉サービスの展開過程」）

15　『社会福祉の現代的展開』（日本社会事業大学編）勁草書房、昭和六一年（執筆箇所＝第1部「社会福祉の拡大と動揺――70年代の動向素描」）

16　『福祉における国と地方』（伊部英男・大森彌編）中央法規出版、一九八八年（執筆箇所＝第1部「戦後福祉政策の展開と福祉改革」〈庄司洋子との共著〉）

17　『福祉サービスの理論と体系』（仲村優一編）誠信書房、一九八九年（執筆箇所＝「戦後社会福祉の展開と福祉改革問題」）

18　『児童福祉法制改革の方向と課題』（全国社会福祉協議会児童福祉法制研究会編）一九九一年（執筆箇所＝第4章「児童福祉体系の再編成の課題」）

19 『人文書のすすめ』（人文会25周年記念委員会編）人文会、一九九三年（執筆箇所＝「日本的福祉の現状」）

20 『転換期の福祉改革』（山下袈裟男編）ミネルヴァ書房、一九九四年（執筆箇所＝第2章「地域福祉の供給システム」）

21 『21世紀社会福祉学』（一番ヶ瀬康子編）有斐閣、一九九五年（執筆箇所＝序章「日本社会福祉学の展望と課題」）

22 『先進諸国の社会保障――アメリカ』（藤田伍一・塩野谷祐一編）東京大学出版会、一九九九年（執筆箇所＝第4章「社会保障の歴史的形成」）

23 『社会福祉の国家比較研究の視点・方法と検証』（阿部志郎・井岡勉編）有斐閣、二〇〇〇年（執筆箇所＝第一部第二章「比較社会福祉学の視点と方法」）

24 『生活のための福祉』（岸本幸臣編）コロナ社、二〇〇四年（執筆箇所＝第一章「社会福祉の視点と枠組み」）

25 『福祉政策理論の検証』（日本社会福祉学会編）中央法規出版、二〇〇八年（執筆箇所＝第三部第四章「政策と理論問題に関わる若干の考察」）

26 『社会保障法・福祉と労働法の新展開』（荒木誠之・桑原洋子編）有斐閣、二〇一〇年（執筆箇所＝第11章「生活支援施策の再構築と社会福祉」）

27 『地域におけるつながり・見守りのかたち』（東洋大学福祉社会開発研究センター編）中央法規出版、二〇一一年（執筆箇所＝序章「福祉社会の形成あるいは福祉社会化」）

28 『対論　社会福祉学』（全5巻）（日本社会福祉学会編）中央法規出版、二〇一二年（執筆箇所＝「刊行にあたって――変革期社会福祉学の展望」）

【7】個別論文

1 「施設児の研究――不安尺度による」日本社会事業大学社会事業研究所『社会事業研究所年報』第3号、一九六五年所収

2 「マターナル・ディプリベイション理論についての二、三の検討」日本社会事業大学社会福祉学会『社会事業研究』No.5、一九六五年所収

3 「子どもの権利と発達」日本社会事業大学社会福祉学会『社会事業研究』No.6、一九六七年所収

4 「養護施設の今後」日本社会事業大学社会事業研究所『社会事業研究所年報』第5号、一九六七年所収

5 「児童養育の私事性と保育所」熊本短期大学『熊本短大論集』No.37、一九六八年所収

6 「親の児童養育責任と児童福祉」熊本短期大学『熊本短大論集』No.38、一九六九年所収

7 「現代における児童養育の特質――私事性と社会性」熊本短期大学『熊本短大論集』No.39、一九七〇年所収

8 「児童福祉における対象把握について」熊本短期大学『熊本短大論集』No.40、一九七〇年所収

9 「障害児問題への接近」熊本短期大学『熊本短大論集』No.41、一九七〇年所収

10 「児童福祉における対象の問題」日本社会福祉学会『社会福祉学』No.10、一九七〇年所収

11 「非行問題理解の枠組」青少年問題研究会『青少年問題』第20巻第1号、一九七三年所収

12 「児童福祉対象把握の枠組」日本社会事業大学社会事業研究所『社会事業研究所年報』第9・10合併号、一九七三年所収

13 「アメリカ社会福祉史の方法をめぐって」（W・トラットナー著／古川孝順訳『アメリカ社会福祉の歴史』）川島書店、

一九七八年所収

14 「児童福祉」全国社会福祉協議会『月刊福祉』第61巻第12号、一九七八年所収

15 「アメリカ母子扶助法成立史論」社会福祉法人真生会社会福祉研究所『母子研究』No.2、一九七九年所収

16 「わが国児童福祉の現状と課題」鉄道弘済会『社会福祉研究』第24号、一九七九年所収

17 「戦後児童福祉政策・立法の展開素描」中央学術研究所『真理と創造』第13号、一九七九年所収

18 「ニューディール救済政策」社会事業史研究会『社会事業史研究』第8号、一九八〇年所収

19 「戦後アメリカにおける福祉改革」総合労働研究所『季刊労働法』別冊第8号（『現代の社会福祉』）一九八一年所収

20 「児童福祉の自立と動揺」全国社会福祉協議会『月刊福祉』第66巻、一九八一年所収

21 「養護施設退園者の生活史分析」（庄司洋子・大橋謙策・村井美紀との共著）日本社会事業大学『社会事業の諸問題』29集、一九八一年所収

22 「戦後社会福祉サービス展開過程分析ノート」日本社会事業大学『社会事業の諸問題』30集、一九八四年所収

23 「社会福祉展開史分析基準再論ノート――生活保障システムの歴史的展望」日本社会事業大学『社会事業の諸問題』31集、一九八五年所収

24 「養護施設における進路指導の実態――中間報告」全国養護施設協議会『全国養護施設長研究協議会第39回研究発表大会資料集』一九八五年所収

25 「現代の貧困と子どもの発達保障」『子どもの人権』（「ジュリスト増刊総合特集」No.43）有斐閣、一九八六年所収

26 「比較社会福祉の視点――予備的考察」日本社会事業大学『社会事業の諸問題』32集、一九八六年所収

27 「占領期対日福祉政策と連邦緊急救済法」社会事業史研究会『社会事業史研究』第15号、一九八七年所収

28 「脱『施設社会化』の視点」（庄司洋子・村井美紀・茨木尚子との共著）日本社会事業大学『社会事業の諸問題』34集、一九八八年所収

29 「福祉改革への視点と課題」日本社会事業大学社会事業研究所『社会事業研究所年報』第24号、一九八八年所収

30 「中卒養護施設児童の進路選択——家族的要因との関わりを中心に」（庄司洋子・村井美紀との共同執筆）全国養護施設協議会『全国養護施設長研究協議会第42回研究発表大会資料集』一九八八年所収

31 「これからの福祉施設」児童手当協会『児童手当』11・12月号、一九八八年所収

32 「福祉改革3つの視点」全国社会福祉協議会『月刊福祉』第72巻第3号、一九八九年所収

33 「民生・児童委員活動の実態と展望」（庄司洋子との共著）日本社会事業大学社会事業研究所『社会事業研究所年報』第25号、一九八九年所収

34 「新しい社会福祉供給＝利用システムと民生・児童委員の役割」（村井美紀・宮城孝・茨木尚子・庄司洋子・三本松政之・岡本多喜子・小松理佐子との共著）日本社会事業大学社会事業研究所『社会事業研究所年報』第26号、一九九〇年所収

35 「福祉ニーズ＝サービス媒介者としての民生・児童委員」日本社会事業大学社会事業研究所『社会事業研究所年報』第26号、一九九〇年所収

36 「社会福祉改革のなかの児童福祉」鉄道弘済会『社会福祉研究』第52号、一九九一年所収

37 「福祉改革問題への視座」熊本短期大学社会福祉研究所『熊本短期大学社会福祉研究所報』19・20号、一九九一年所収

38　「批判的社会福祉の方法」東洋大学『東洋大学社会学部紀要』第30－1号、一九九三年所収
39　「ホームヘルプ・サービス研究の枠組」東洋大学『東洋大学社会学部紀要』第32－1号、一九九四年所収
40　「国際化時代の社会福祉とその課題」日本社会福祉学会『社会福祉学』第35－1号、一九九四年所収
41　「社会福祉施設改革の展望と課題」鉄道弘済会『社会福祉研究』第60号、一九九四年所収
42　「社会福祉分析の基礎的枠組」熊本学園大学社会福祉学部『社会関係研究』一九九五年所収
43　「アメリカ社会福祉における公民関係の展望とその教訓――19世紀の末から20世紀初頭を素材として」社会事業史研究会『社会事業史研究』第23号、一九九五年所収
44　「社会福祉の制度・政策のパラダイム転換」鉄道弘済会『社会福祉研究』第65号、一九九六年所収
45　「公的介護保険と福祉マンパワー問題」有斐閣『ジュリスト』№１０９４、一九九六年所収
46　「児童福祉施設の職員構成と専門性」全国社会福祉協議会『月刊福祉』第79巻第12号、一九九六年所収
47　「社会福祉二十一世紀への展望」朝日新聞社アエラムック『社会福祉学のみかた』一九九七年所収
48　「地域福祉の推進と民生委員・児童委員活動への期待」全国社会福祉協議会『月刊福祉』第80巻第14号、一九九七年所収
49　「戦後社会福祉の骨格形成」東洋大学『社会学研究所年報』第30号、一九九七年所収
50　「戦後社会福祉の拡大過程」東洋大学『社会学研究所年報』第31号、一九九八年所収
51　「社会福祉事業範疇の再構成」鉄道弘済会『社会福祉研究』第76号、一九九八年所収

52 「社会福祉改革論の理論的含意」大阪府立大学社会福祉学部『社会問題研究』第49巻第2号、二〇〇〇年所収
53 「社会福祉学研究の曲がり角」鉄道弘済会『社会福祉研究』第82号、二〇〇一年所収
54 「社会福祉学研究法とソーシャルワーク研究法」相川書房『ソーシャルワーク研究』第29巻第4号、二〇〇五年所収
55 「社会福祉における理論と歴史の交錯」社会事業史学会『社会事業史研究』第32号、二〇〇五年所収
56 「生活支援学の構想」東洋大学ライフデザイン学部『ライフデザイン学研究』第1号、二〇〇六年所収
57 「格差・不平等社会の社会福祉——多様な生活困難への対応」鉄道弘済会『社会福祉研究』第97号、二〇〇六年所収
58 「生活支援施策の史的展開」社会事業史学会『社会事業史研究』第97号、二〇一〇年所収
59 「ライフデザイン学部の到達点と課題」東洋大学ライフデザイン学部『ライフデザイン学研究』第6号、二〇一一年所収
60 「人間らしく『住まう』ことを支援する」鉄道弘済会『社会福祉研究』第110号、二〇一一年所収
61 「人間中心の社会福祉を構想する理論的枠組み——主体形成に向けた新たな対象論」鉄道弘済会『社会福祉研究』第113号、二〇一二年所収

【8】翻　訳

1　『社会福祉論の展望（下巻）』（P・E・ワインバーガー著、小松源助監訳）ミネルヴァ書房、一九七二年（分担箇所＝4－3「集団養護の再評価」、5「家庭における処遇」、5－7「専門職としてのソーシャルワークの確立をめざして」）

2　『社会福祉論の展望（上巻）』（P・E・ワインバーガー著、小松源助監訳）ミネルヴァ書房、一九七三年（分担箇所＝2－4「社会改良におけるソーシャルワーカーの役割」、5「政治的活動と個別的処遇」、6「社会改良から社会保障へ」、8「政府と家族の役割」）

3　『現代アメリカの社会福祉論』（P・E・ワインバーガー著、小松源助監訳）ミネルヴァ書房、一九七八年（分担箇所＝第Ⅰ部「ユダヤ主義とリベラリズム──保守的見解」、同「社会福祉の機能的視点」、第Ⅲ部「福祉改革と家族扶助計画」、第Ⅳ部「スラムにおけるワーカーの体験──福祉は慈善にすぎない」）

4　『アメリカ社会福祉の歴史』（W・トラットナー著）川島書店、一九七八年

5　『アメリカ社会保障前史』（R・ルバヴ著）川島書店、一九八二年

6　『戦後社会福祉行政と専門職制度』（N・タタラ著、菅沼隆との共訳）筒井書店、一九九七年（分担箇所＝第1章「SCAPの活動とソーシャルワーク理論」、第5章「ポスト占領期ソーシャルワークの始まり」、結論）

【9】辞典等

1 『社会福祉の基礎知識』（項目執筆）（小倉襄二・小松源助・高島進編）有斐閣、一九七三年

2 『社会福祉辞典』（項目執筆）（仲村優一・一番ヶ瀬康子・重田信一・吉田久一編）誠信書房、一九七四年

3 『児童福祉法50講』（項目執筆）（佐藤進・高沢武司編）有斐閣、一九七六年

4 『ワークブック社会福祉』（項目執筆）（仲村優一・高沢武司・秋山智久との共編）有斐閣、一九七九年

5 『現代社会福祉事典』（項目執筆）（仲村優一・岡村重夫・阿部志郎・三浦文夫・柴田善守・嶋田啓一郎共編）全国社会福祉協議会、一九八二年

6 『現代福祉レキシコン』（項目執筆）（京極高宣監修）雄山閣、一九九三年

7 『社会福祉士・介護福祉士のための用語集』（項目執筆）（定藤丈弘・川村佐和子との共編）誠信書房、一九九七年

8 『福祉社会事典』（項目執筆）（庄司洋子・木下康仁・武川正吾・藤村正之編）弘文堂、一九九九年

9 『社会福祉士・介護福祉士のための用語辞典』（項目執筆）（川村佐和子・白澤政和との共編）誠信書房、二〇〇六年

10 『社会福祉発達史キーワード』（項目執筆）（金子光一との共編）有斐閣、二〇〇九年

索引

■あ行

秋吉貴雄……153, 216
アダムス、J……108
アプローチ（接近方法）としての固有性……241
新たな福祉国家……130
池田敬正……169, 180, 193, 220, 225, 249, 252
一番ヶ瀬康子……31, 48, 165, 180, 190, 208, 213
一般生活支援施策……50, 229, 283
インターディシプリン……68
ウイレンスキー、H・L……240
ウェルフェア……132
運営説……192
運動説……190
エイベルスミス、B……120
エリザベス救貧法……84
援助過程……158, 261
援助システム……22, 56, 255
援助提供システム……256
援助展開システム……256
援助の展開過程……286
援助論……161
エンゼルプラン……128
大河内一男……184, 208, 227
岡村重夫……34, 80, 188, 208, 231
小川政亮……208

■か行

外在的改革……123
学際科学……68, 259, 290
革新主義運動……104
課題志向科学……67
感化教育……94
感化法……94
環境整備的施策……238
機関委任事務……127
技術説……186
規整型施策……237
基礎所得保障……134
規範科学……5, 159
規範（価値）システム……22, 235
規範システム……17, 207, 276
救護法……112
救貧……100
救貧法……101, 105
京極高宣……253
共済事業……89
行財政改革……126
共生システム……17, 207, 235, 276
共同社会……17, 84, 99, 207, 235, 276, 281
協同社会……99, 277, 282
クロポトキン……81
経済システム……17, 207, 235, 276
ケースワーク……108
ゲゼルシャフト……99, 221, 277
ゲノッセンシャフト……99, 222, 277
ゲマインシャフト……99, 221, 277
健康保険……101
公共政策学……152

厚生省……112
孝橋正一……28, 164, 185, 208, 213, 227, 258
高齢者保健福祉推進十か年戦略……127
ゴールドプラン……127
国際ソーシャルワーカー連盟……168, 187
国民皆保険皆年金体制……124
個人主義……104
個人貧……97, 104
個性記述科学……66
国家福祉……95
個別性と統合性……243
個別的社会サービス……121, 169
コミュニティオプティマム……136
米騒動……110
固有説……188
コンテクスト志向……155

■さ行

サッチャー、M……122
佐藤進……208
真田是……165, 190, 208
三相構造社会……44
三位一体構造説……254
GHQ三原則……123
COS……92
シーボーム報告……121
視角……11
自己責任主義……86, 104, 132
自己責任主義（原理）……78
視座……10
施策過程としての社会福祉……284
施策システム……22
施策統合説……169
施策としての社会福祉……274
慈善事業……89, 92, 106, 281
慈善組織協会……102, 106
失業保険……101
指定管理者制度……136
視点……12
自発的社会福祉……188, 274
資本主義社会……17, 207, 235, 276
市民権的基本権……85
市民社会……17, 207, 235, 276
社会改良……99, 104
社会改良主義……183
社会改良説……182
社会関係……35
社会共同……194, 220, 225
社会共同説……193
社会権的生存権……114, 124, 282
社会行動システム……22, 56
社会サービス……121
社会事業
……24, 28, 42, 104, 109, 110, 182, 184
——の定義……24, 28
社会事業研究所……24
社会政策……29, 110, 184, 227
社会責任主義……132
社会責任主義（原理）……78
社会的援助技術……106, 109
社会的生活支援施策……232, 235, 282
社会的バルネラビリティ……215
社会の自己防衛……223
社会貧……97
社会福祉……24, 31, 34, 42, 132, 150
——のイントラシステム……20
——のL字型構造……19, 50, 151, 232, 283
——の援助過程……286
——の概念規定……23, 275

——の拡大……189
——の限定……189
——の原風景……80
——の構成要素……16, 45
——の固有性……241
——の三層構造説……250
——の施策過程……260
——の政策過程……285
——の制度（運営）過程……285
——の存立根拠……17, 46, 175, 195, 280
——の対象……46, 278
——の定義……32
——の内部環境……246
——の内部構造……20, 53
——の二定点構造説……247
——の範囲……273
——の評価と改善……287
——のブロッコリー型構造……19, 52, 283
——のマクロ環境……16, 42, 206
——のメゾ環境……16, 19, 50, 226, 283
——の歴史……75
——の歴史分析……77
社会福祉援助技術……42
社会福祉解体論……190
社会福祉学……3, 64, 150
——の研究対象……5
——の性格……290
——の目的……151
社会福祉学研究……3
社会福祉関係八法改正……127
社会福祉基礎構造改革……129, 131
社会福祉施策研究……61
社会福祉施策の計画化……128
社会福祉的な事象……5
社会福祉法人……137
社会保険……101, 105, 125
社会保障……169
社会保障法……115
社会民主主義……130
社会連帯主義……183
自由放任主義……86
就労支援施策……133
就労福祉……132
恤救規則……93
障害者プラン……128
初期救貧法……83
新救貧法……88, 281
スピーナムランド制度……87, 281
生活維持システム……17, 47, 210, 278
生活協同組合……90, 281
生活構造論……48
生活支援システム……17, 47, 211, 239, 278
生活システム……17, 47, 278
生活保護……125
生活問題……32, 278
政策運用システム……256
政策過程……157, 261
政策策定システム……256
政策システム……22, 56, 255
政策説……184
政策論……161
政治システム……17, 207, 235, 276
生存権……115, 124
制度運営システム……256
制度過程……157, 261
制度システム……22, 56, 255
世俗的慈善事業……92
設計科学……5
セツルメント運動……103, 108

戦後福祉改革……124
先導的・相補的固有性……241
専門社会事業……42, 186
相互支持……82
相互扶助……81, 82
総体社会……17, 207, 235, 276
ソーシャルウェルフェアポリシー……162
ソーシャルポリシー……161, 232
ソーシャルワーク……42, 109, 110, 161, 169, 186, 288
ソーシャルワーク単立説……167
促進的施策……238

■た行

第三の道……130
対象システム……22
代替的補充性……230
タウンゼント、P……120
高澤武司……253
高島進……165, 180, 190, 208
竹内愛二……164, 186, 208, 258
多元性志向……156
田子一民……182, 208
団体（委任）事務……127
地域共生社会……139, 220
地域共同体……83
地域福祉……140
地域福祉型社会福祉……288
地方分権化……135
チャーチル、W……118
中央慈善協会……95
デボリューション……135
テンニエス、F……99, 221
トインビーホール……103
トランスディシプリン……69

■な行

内在的改革……123
仲村優一……230
ナショナルミニマム……99, 136
生江孝之……183, 208, 212
二者一体説……171
二者択一説……164
二者統合説……165
二者分離説……166
日本型福祉社会……126
日本国憲法第二五条……115
ニューディール政策……115

■は行

パーソナルソーシャルサービス……121, 169
バーネット、S……103
ハリントン、M……122
バルネラブル……215
ハルハウス……108
範疇扶助……105
PPP……136
評価過程……261
貧困調査……97
ブース、C……96
複合科学……68, 260, 290
福祉国家……95, 119, 211, 282
福祉国家批判……122
福祉サービス……121, 125
福祉社会……211, 239
福祉見直し……125
文化社会……17, 207, 235, 276
分析科学……5
分析の視点……10

分析の枠組……13
並立的固有性……241
並列的補充性……230
ベーシックインカム……134
ベバリッジ委員会報告……118
法則定立科学……66
防貧……100
方面委員……112
法律による社会福祉……188
補完的施策……238
星野信也……166, 248, 258
補足的補充性……230
ポランニー、K……223

■ま行
マルサス、R……86
マルティディシプリン……68
三浦文夫……166, 192, 208, 248, 252, 258
問題志向……153

■や行
湯浅誠……78
友愛組合……89, 102, 281
友愛訪問員……103
融合科学……69, 260, 290
吉田久一……180
四相構造社会……17, 43, 207, 276
四相構造社会アプローチ……43, 77, 142, 208

■ら行
ラウントリー、S……96
利益社会……99, 277
リッチモンド、M……107
領域としての固有性……241
利用支援システム……22, 56
利用者民主主義……129
理論志向科学……67
理論モデル……179
臨床科学……66
臨床の知……66
ルーズベルト、F……116
ルボウ、C・N……240
歴史形成説……180
歴史的社会的所産としての社会福祉……274
連携性と開発性……243
労働組合……91, 281
労働者保護政策……98
ロンドン慈善組織協会……92, 102

■わ行
ワークフェア……132
ワイマール基本法（憲法）……115

古川孝順社会福祉学著作選集　第1巻

社会福祉学の基本問題

二〇一九年二月二五日　発行

編　著　古川　孝順
発行者　荘村　明彦
発行所　中央法規出版株式会社
〒110-0016　東京都台東区台東三-二九-一　中央法規ビル
営　業　TEL　〇三-三八三四-五八一七
　　　　FAX　〇三-三八三七-八〇三七
書店窓口　TEL　〇三-三八三四-五八一五
　　　　FAX　〇三-三八三七-八〇三五
編　集　TEL　〇三-三八三四-五八一二
　　　　FAX　〇三-三八三七-八〇三二
https://www.chuohoki.co.jp/

装幀・本文デザイン　株式会社ジャパンマテリアル
印刷・製本　株式会社アルキャスト

セット定価　本体四六、〇〇〇円（税別）
全七巻　分売不可
落丁本・乱丁本はお取り替えいたします。